KB120080

중앙아시아와 이슬람

중앙아시아언어문화연구소

민속

| 추천사

김 아 영(PhD, 한국이슬람연구소 소장)

중앙아시아 연구 분야의 대표적 학자중의 한 사람인 피터 B. 골든(Peter B. Golden)은 한국어로도 번역된 저서 Central Asia in World History의 한국어판 서문에서 한국과 중앙아시아의 관계가 비교적 오래되었다고 강조합니다. 그 결과 우즈베키스탄, 카자흐스탄, 키르키스스탄, 타지키스탄, 러시아와 우크라이나에 흩어져 사는 한인 공동체가 50만 명에 이르며, 한국학계의 중앙아시아 연구가 계속 성장하고 있음을 강조합니다. 중앙아시아를 헝가리 대평원에서 만주의 삼림지대와 한반도의 변경지역에 이르는 광대한 지역으로 정의한 골든은 그래서 이 지역의 민족들이 유럽과 아시아 전역의 역사와 문화에 깊은 영향을 미쳤다고 평가합니다.

본서의 저자들이 강조하고 있는 대로 중앙아시아는 여러 문명과 종교, 그리고 근대 세계의 형성에 중요한 역할과 주도권을 가지고 있었던 집단들이 만나고 교류했던 지역입니다.

그 중에서도 이슬람 제국의 문화적 황금기로 불리는 아바스 왕조의 '지혜의 집'과 '아바스 혁명'의 중심에 중앙아시아인들이 있었습니다. 그 후 제정 러시아와 소비에트 연방을 거쳐 독립 후의 부흥 운동에 이르기까지 이슬람의 종교와 문화는 이 지역의 오늘을 형성해 온 가장 강력한 문화적 동력이며 세계관입니다.

이 지역에서 연구하고 활동하고 있는 연구자들로 이루어진 중앙아시아 언어문화연구소에서 중앙아시아의 이슬람, 그리고 그와 상호 작용의 역사를 가지고 있는 기독교에 대한 깊이 있는 연구를 통하여 본서, '중앙아시아와 이슬람'을 출간한 것은 문화사적으로도 깊은 연관이 있는 국내 중앙아시아 연구사에 큰 기여가 될 것으로 기대합니다.

중앙아시아 내에서의 이슬람의 전개에 대한 역사적 고찰 뿐만이 아니라, 동시대인들의 종교와 문화에 대한 태도의 변화, 수니파가 주를 이루면서도 이슬람의 신비적인 전통인 수피즘의 주요 종단과 스승들을 배출한 지역적 특징을 가진 이슬람의 다양성에 대한 연구는 살아 움직이는 문화 속에서 상호 작용을 하며 살아가는 이 지역의 문화와 거주자들에 대한 실제적인 안목을 제공합니다.

오랜 시간 함께 연구한 결실인 본서를 통하여 중앙아시아의 다양한 종교와 문화에 대한 이해의 지평이 확장되기를 기대합니다.

| 추천사

정 세 진(한양대 아태지역연구센터 교수)

중앙아시아는 실크로드 문명, 문화, 몽골제국을 비롯한 유목 민족의 역사적 공간이었으며, 제정러시아와 소련에 의한 식민지대였습니다. 이 지역은 문화적으로 투르크성, 아시아성, 페르시아 문화, 이슬람 등의 역사적 소통 지대였습니다. 특히 중앙아시아는 8세기 이후 이슬람을 수용하여 지금까지 종교적, 문명적 특성을 가지면서 중앙아시아 권역권의 대표적 특성으로 그 중요성을 담보하고 있습니다.

본 저서는 중앙아시아 이슬람의 전통적, 관습적, 민속적 특성을 전체적으로 서술하면서 국내 중앙아시아 연구에 기여를 하고 있습니다.
본 저서는 다음의 우수한 특징을 가지고 있습니다.

첫째, 본 저서는 대중서 성격보다는 학술적 내용이 더 풍부하게 기술된 특징이 있습니다. 그럼에도 일반 시민들도 이슬람의 본질과 성격, 중앙아시아 이슬람을 충분히 이해할 수 있도록 이슬람의 역사, 문명, 종교적 특성 등이 전체적으로 서술되어 있습니다.

둘째, 본 저서는 이슬람에 대한 기본적인 내용도 포함하면서 이를 중앙아시아 이슬람과 면밀하게 연계하고 있는 특성이 있습니다. 이는 이슬람의 본질과 중앙아시아 이슬람을 연계하여 이해하는 데에 큰 도움이 되고 있습니다.

셋째, 본 저서는 중앙아시아 이슬람의 역사, 이슬람 종단 특성, 1991년 독립 이후의 중앙아시아 이슬람을 전체적으로 조망하고 있어 특정 지역 이슬람 연구에 기여하고 있습니다.

마지막으로 본 저서는 후반부에 카자흐스탄의 이슬람을 역사적 이슬람, 민속적 이슬람, 독립 이후의 이슬람 상황 등 다양한 방식의 자료를 통해 중앙아시아 및 카자흐스탄 이슬람에 관심을 가지는 국내 연구자와 일반 시민들에게 큰 도움을 주는 내용으로 구성되어 있습니다.

중앙아시아 이슬람에 대한 저서를 출간한바 있는 저는 본 저서를 기쁜 마음으로 추천합니다.

CONTENTS

한 수 아 (중앙아시아언어문화연구소 소장)

　우리에게 중앙아시아는 어떤 곳으로 다가오는가? 고려인이 사는 땅, 이따금 일어나는 정치적 사건들[01], 한국대통령의 순방소식 등으로 인해 관심을 끌기도 하고, 역사적으로 실크로드가 지나는 땅으로 인식되기도 한다. 사실 한국인에게 중앙아시아는 친근한 것 같으면서도 상당히 낯선 곳이다.

　중앙아시아 지역에 대한 규정은 다양하다. 그런데 현대적 의미에서 중앙아시아는 카자흐스탄, 우즈베키스탄, 키르기스스탄, 타지키스탄, 그리고 투르크메니스탄의 5개국을 의미한다.[02] 이곳은 구소련이 지배했던 카스피해 동쪽의 중앙아시아지역을 가리킨다. 반면에 카스피해 서쪽지역은 코카서스 지역으로 불리는 경향이 있다. 아제르바이잔은 과거 구소련권에 속해 있

---

01. 예를 들어 2022년 1.5일 카자흐스탄 폭동사태
02. 기본적으로 구 소련에서 독립하여 러시아의 영향권하에 있는 국가들을 모두 묶어서 CIS(독립국가연합)라고 하지만 중앙아시아 5개국을 별도로 묶는 경향도 존재한다. 예를 들어 2023년 5월 18일 중국 시안에서 열렸던 중앙아시아 5개국 +중국 정상회의 그리고 2023년 9월19 미국 뉴욕에서 열렸던 미국과 중앙아시아 5개국 정상회의가 그 예이다.

었고 투르크어를 사용하면서 인구의 대부분이 무슬림이지만 조지아, 아르메니아와 함께 코카서스 3국으로 불린다.

중앙아시아 5개국은 민족, 언어, 문화의 면에서 다양하지만 유사성도 지닌다. 이 지역을 묶는 요인은 무엇인가? 성동기는 러시아의 영향력이 다른 지역과 중앙아시아 지역을 비교하는 중요한 변수라고 보았다.[03] 한편 정세진은 중앙아시아 지역의 정체성을 대변해줄 수 있는 이데올로기로서 이슬람을 든다.[04] 즉 지리적인 위치뿐만 아니라 러시아와 연관된 국제정치적인 측면, 그리고 이슬람이 바로 중앙아시아를 하나의 지역으로 묶는 공통적 요소라고 할 수 있다.

많은 사람들은 국제정치적인 측면에서 이 지역에 관심을 갖고 있다. 1991년 중앙아시아 국가들이 구소련에서 독립했다. 하지만 지금도 정치 경제적인 면에서 막강한 영향력을 행사하는 러시아와 더불어 서방국가들, 그리고 최근에는 중국과의 관계가 강화되면서 중앙아시아를 둘러싼 새로운 '그레이트 게임(The New Great Game)'이 전개되는 것을 본다. 러시아는 나토에 대항하기 위해, 중앙아시아 국가들을 포함한 안보조직을 만들었다.[05] 중국은 자국중심의 국제기구로서 중앙아시아 국가들을 끌어들여 '상하이 협

---

03. 성동기, "현대중앙아시아 지역연구와 러시아', 슬라브학보 제19권 1호, 2004, 270.

04. 정세진, 중앙아시아 민족정체성과 이슬람, 한양대학교출판부 2012, 145.

05. 집단안보조약기구(CSTO, Collective Security Treaty Organization): 테러 · 마약 · 조직범죄 공동 대응 및 긴급상황 시 군사기지 제공을 통한 회원국의 안보 확보 목적으로 2002년 창설되었다. 회원국은 러시아, 카자흐스탄, 벨라루스, 아르메니아, 키르기스스탄, 타지키스탄 등 6개국이며 투르크메니스탄은 유엔의 영세중립국으로 가입하지 않았고, 우즈베키스탄은 가입후 탈퇴하였다.

력기구(SCO)'를 구성했다.[06] 최근에는 중국과 미국이 각각 중앙아시아 '5개국+1' 정상회담을 개최하였다. 중국-중앙아시아 5개국 정상회의는 미국 등 서방 진영의 동쪽 세력 확장을 저지하기 위해 하나의 울타리를 치기 위한 것으로 볼 수 있으며 미국이 이를 견제하기 위해 미국-중앙아시아 5개국 정상회의를 개최한 것이다.[07] 이들 중앙아시아 5개국에서 수년 전부터 '탈러시아'의 목소리가 커지고 있고 러시아-우크라이나 전쟁으로 인해 이들 지역에서 러시아의 영향력이 다소 줄어들기는 했지만, 핵심 영역에서 러시아는 여전히 막강한 영향력을 행사하고 있다.

그런데 국제정치적인 관심에 비해서 중앙아시아 국민들의 일상적인 삶과 세계관을 형성하고 있는 이슬람에 대한 관심은 상대적으로 부족한 실정이다. 이슬람에 대한 관심을 갖더라도 알카에다나 IS같은 급진 이슬람이 이 지역에 얼마나 영향을 주는 지에 대한 것이 많다. 이것 역시 일종의 국제정치적 관점인 것이다. 중앙아시아의 이슬람이 주목받지 못한 또 다른 이유는 이 지역이 역사적으로 혹은 문화적으로 실크로드의 일부로 취급되었기 때문일 수 있다. 실크로드라는 개념은 자칫하면 이 지역의 중요성이나 독특성을 보기 보다는 동서교류의 관점에서 지나가는 길로 이 지역을 취급하게 할 수 있다. 이것은 중국 및 유럽중심의 편향된 사고로서 과거부터 중앙아시아를 바르게 이해하는데 도움이 되기 보다는 피상적이고 주마간산격으로 이

---

06. 1996년 중국·러시아·카자흐스탄·키르기스스탄·타지키스탄이 중심이 되어 출범했으며 2001년 우즈베키스탄이 가입한후 꾸준히 회원국이 늘어나고 있다.

07. CSF 중국전문가포럼, https://csf.kiep.go.kr/issueInfoView.es?article_id=50350&mid=a20200000000

지역을 바라보도록 호도하였다.

중앙아시아에서 이슬람 문화는 중앙아시아 국민들의 정신체계와 행동양식에 지속적으로 영향 미치고 있으며 "중앙아시아 이슬람의 문화적 정치적 체계를 분석하는 것은 오히려 중앙아시아 각국의 국내외적 상황과 그 전망을 모색할 수 있는 매우 중요한 일이 된다."[08]

실제로 이곳은 인구학적인 면에서 이슬람권이다. 예를 들어 'World population review' 2023에서 제시하는 무슬림 인구를 살펴보자. 아래에는 중앙아시아 5개국의 무슬림 인구 비율을 다른 이슬람국가들과 비교하여 제시하였다.[09]

중앙아시아 국가의 무슬림 인구비율(인구수)	이슬람권이라고 알려진 국가들의 무슬림 인구비율
우즈베키스탄 89%(2,992만)	인도네시아 86%, 시리아 83%
타지키스탄 97%(925만)	파키스탄 96%, 튀르키예 98%
키르기스스탄 90%(585만)	방글라데시 91%, 요르단 92%
투르크메니스탄 93%(561만)	이집트 94%, 사우디아라비아 92%
카자흐스탄 70%(1,361만)	말레이시아 61.3%, 아랍에미레이트 66%, 카타르 64%, 바레인 74%

08. 정세진, 중앙아시아 민족정체성과 이슬람, 145.
09. https://worldpopulationreview.com/country-rankings/muslim-population-by-country

위의 자료를 보면 우리가 일반적으로 이슬람국가라고 생각하는 나라들과 중앙아시아 국가들의 무슬림 인구비율이 비슷하다는 것을 알 수 있다. 2023년 현재 중앙아시아 5개국 무슬림 인구수는 6,319만명에 달한다.

그런데 이 지역을 이슬람권이라고 인식한다 하더라도 이슬람 세계에서 중앙아시아 이슬람은 그다지 중요하게 취급되지 않는 경향이 있다. 그것은 중앙아시아의 이슬람역사를 잘 모르거나 일종의 편견에 의한 것이다.

이슬람역사에서 중앙아시아 이슬람은 매우 중요한 역할을 했다. 첫번째로 꾸란과 더불어 이슬람 경전의 기둥으로 간주되는 하디스의 수집에 결정적인 역할을 했다. 하디스는 전체 6종류가 있는데 그 중 4개가 중앙아시아, 지금의 우즈베키스탄 지역인 호라산과 부하라지역 출신에 의해서 기록되었고 하디스 중에 가장 권위있는 것으로 인정되는 알 부하리판도 바로 그 지역 출신이 만든 것이다. 다른 지역의 무슬림들은 우즈베키스탄이 어디인지를 몰라도 알 부하리의 고향은 안다고 한다.

그리고 수피즘은 중앙아시아에서 번성하였고 여러 지역에 큰 영향을 주었다. 예를 들어 우리가 수피즘하면 떠올리는 세마춤으로 유명한 튀르키예의 루미파도 중앙아시아 호레즘 출신의 쿠브라이파의 영향하에서 생겨난 것이다. 또한 세계 여러 나라의 무슬림들이 중앙아시아에 있는 수피종단 창시자들의 영묘를 방문하고 있다.

게다가 이곳은 법학, 천문학과 의학, 역사학, 수학 등의 분야에서 세계사적인 업적을 낸 위대한 이슬람배경의 학자들을 배출했다. 약 9세기에 트랜

스옥시아나 지역이 이슬람화된 이후 1-2세기만에 중요한 이슬람 자료를 만들어내고 세계적인 이슬람 인물들이 탄생한 것이었다.

한편, 중앙아시아 이슬람에 대한 관심이 적은 또 다른 이유는 이곳을 이슬람 신앙이 약한 곳 혹은 이곳의 이슬람을 혼합주의적인 피상적인 이슬람이라고 생각하기 때문일 수 있다.

그러나 중앙아시아 이슬람은 중동의 이슬람보다 뒤떨어진 이슬람이 아니라 그것과는 다른 이슬람의 다양성을 대표하는 하나의 모델로 간주할 필요가 있다. "이슬람이라는 종교는 하나이지만, 이슬람은 하나가 아니다. 이식된 장소에서 지역과 문화에 맞게 새로운 문화와 색체를 띠고 다시 태어나 지역성을 갖게 되었다. 이런 다양한 이슬람을 지역과 국가에 따라 개별적으로 파악하고 분석하는 작업은 반드시 필요하다."[10]

중앙아시아 이슬람은 이슬람 세계내에서 다양성을 제공할 뿐만 아니라 관용적인 이슬람의 모델이 될 수 있다. 중앙아시아 이슬람에 단순히 초원문화나 샤머니즘 등 전통종교의 영향만이 아니라 보다 관용적이고 융통성이 있는 이슬람의 교리적 학문적 기반이 있었다는 것을 기억할 필요가 있다. 이곳은 교조주의적 이슬람이 아닌 보다 유연한 이슬람체계를 제공하는 것으로 존중되어야 한다. 중앙아시아 무슬림들은 자신들의 이슬람신앙의 독특한 역사적인 전통들을 보존해 왔다. 중앙아시아의 유목민들이 점차 무슬림이 되어가면서 그들은 자신들의 독특한 이슬람 민속제의를 발전시켰다.

---

10. 오은경, "중앙아시아 이슬람과 종교적 신크레티즘(Syncretism)", 신범석편, 중앙아시아 이슬람의 역사적 경험과 문화, 진인진, 2017

그것은 오래된 샤머니즘의 전통과 수니파 신앙을 결합시켜서 새로운 형태의 신앙행위로 나아가는 것이었다. 이렇게 형성된 이슬람의 성격이 이슬람 세계에 다양성을 제공하고 특히 이슬람의 급진주의, 테러리즘에 반하여 평화와 공존을 지향하는 이슬람의 한 모델이 될 수 있다.

이 책은 중앙아시아의 이슬람을 소개함으로써 이 지역을 보다 깊이 이해하는 것을 돕고 동시에 중앙아시아 이슬람의 특징과 현재의 모습을 제시함으로써 중앙아시아 이슬람에 대한 편견이나 몰이해를 줄이고자 하는 목적으로 쓰여진 것이다.

이 책의 장점은 무엇보다 현지에 사는 사람들이 쓴 책이라는 것이다. 저자들의 대부분은 전문적인 학자들은 아니지만 현장연구자로서 연구의 객관성을 유지하고자 노력했다. 이 책을 쓰면서 사용한 많은 자료들은 이곳에 오지 않고도 얼마든지 구할 수 있는 것들이 아니라 현지 자료, 인터뷰, 현장 설문조사 등을 활용한 것이다.

물론 이 책의 한계도 존재한다. 우선 카자흐스탄을 중심으로 현재 이슬람 상황을 기술함으로써 중앙아시아내에서의 이슬람의 다양성을 제대로 반영하지 못한 면이 있다. 카자흐스탄은 러시아와 가깝고 역내에서 기독교를 믿고 있는 러시아인 인구 비율이 가장 높다. 그러므로 카자흐스탄에서 무슬림 인구의 비중은 중앙아시아 지역내에서 가장 작으며 이슬람 종교성의 강도 역시 가장 약하다고 볼 수 있다. 하지만 이 책을 통해 중앙아시아 지역내 이슬람의 특징과 상황을 전반적으로 이해하는 데는 무리가 없을 것이다.

이 책은 중앙아시아 지역 이슬람의 특징을 수니 하나피파, 수피즘, 민속이슬람이라는 관점에서 기술한다. 동시에 중앙아시아 지역을 관통하는 이슬람의 다른 한가지 특징이 구 소련배경하에서 만들어졌다. 중앙아시아 국가들은 갑작스럽게 독립하여, 군대마저 세울 시간이 없었고 러시아의 군대로 국경을 지키는 일까지 일어났다. 스탈린이 설정한 국경을 그대로 받아들이고 사회체제도 대부분 소련식 체제를 이어받아 사용하게 된다. 그것은 종교적인 영역도 마찬가지다. 이슬람에 대한 종교정책의 경우도 소련시절의 정책이 그대로 이어지게 되고 국가의 종교통제로 인해 공식이슬람과 비공식이슬람이 존재한다.

이 책에서 이 지역의 이슬람을 학문적으로나 분석적으로는 수니이슬람과 수피이슬람 그리고 민속이슬람으로 구분하여 설명하고 있지만 실제로 그러한 구분은 중앙아시아 민족들의 삶속에서 자주 흐려진다. 어떤 때에 같은 무슬림이 지역 성인의 무덤을 찾아가서 기도를 하고 또 다른 때에는 모스크에서 이맘을 돕는 역할을 하기도 한다. 때로는 모스크에 가서 기도하고 라마단 금식을 하면서도 자신의 병을 치료하기 위해 신령하게 여기는 온천을 찾아가거나 무당에게 가서 아픈 아이를 치유하고 출산을 위해 축복을 빌기도 하는 것이다.

다음에는 이 책의 구성과 내용을 간단히 소개하고자 한다.

1부는 역사적 관점에서 중앙아시아 이슬람을 기술한다. 우선 1장에서는 중앙아시아 지역이 세계사와 이슬람교의 발전에 기여한 점들을 흥미롭게 제시하면서 중앙아시아를 부각시킨다. 2장은 중앙아시아에 이슬람이 들어온 7세기부터 소비에트 시기에 이르기까지 중앙아시아의 역사를 서술하고 있다. 이 글은 러시아의 진출이후 근대의 역사를 14-15세기 이후 중앙아시아에 존재했던 이슬람 단일 문화권의 붕괴로 본다. 현재 러시아와 중국 그리고 이슬람 국가들의 영향력이 존재하고, 여기에 서구권의 영향력이 가세하여, 종교와 문화의 다양성을 이루어 내고 있다는 것이다. 3장은 제정 러시아 및 소비에트 시대의 역사를 서술하면서 이에 영향을 받은 중앙아시아 이슬람이 어떤 특징들을 가지게 되었는지를 정리하였다.

2부는 중앙아시아 이슬람의 정체성을 다루고 있다. 4장은 수니 하나피파가 어떻게 중앙아시아에서 발전했는지를 서술하고 있다. 저자는 이것이 중앙아시아 이슬람이 타지역의 이슬람에 비해서 포용적이고 온건한 방향을 갖게 된 이유라고 말한다. 5장은 중앙아시아 지역에서 천여년 동안 흥망성쇠를 겪었던 수피즘을 살펴본다. 수피즘은 유목에 기반을 두었던 중앙아시아 민중들에게 이슬람을 전파하는데 지대한 역할을 했고 중앙아시아인의 의식과 삶을 형성해 왔을 뿐만 아니라 정치, 경제, 사회, 문화, 종교적으로 큰 영향을 미쳤다. 6장은 이슬람이 유입되기 훨씬 전부터 중앙아시아에 존재해왔던 샤머니즘 등 토속신앙이 영향을 준 민속이슬람의 특징과 그것이 이슬람의 유지와 발전에 어떤 역할을 했는지를 서술한다.

3부는 카자흐스탄을 중심으로 구 소련에서 독립한 이후 현재 이슬람의 모습을 설명한다. 7장은 제정 러시아와 소비에트 시절에 위축되었던 중앙아시아 이슬람이 독립 후 어떤 모습이 되었는지를 소개한다. 8장은 구소련의 유산을 이어받은 이슬람 정책과 기관들, 그리고 대표적인 모스크들을 소개하고 있다. 9장은 중앙아시아에 근본주의 이슬람이 어떻게 영향을 미치고 있는 지 그리고 이에 대한 정부의 반응과 정책을 서술한다. 10장에서 12장은 일상생활에 미치는 이슬람의 영향력 혹은 무슬림들의 삶을 살펴보고 있다. 10장은 경제활동의 측면, 11장은 전통절기, 12장은 생애(통과)의례를 서술한다. 13장은 중앙아시아 특히 카자흐스탄의 청년세대들이 어떤 종교성을 가지고 있는 지를 분석하였다. 이들은 독립이후 태어났거나 교육받은 세대로, 높은 인구 비중을 차지할 뿐만 아니라 이슬람 종교성이 이전 세대보다 강하다고 할 수 있다.

4부는 이슬람이 전파되기전 혹은 이슬람과 더불어 이 지역에서 유행하였던 기독교의 전파에 대해서 서술하고(14장) 지금 남아있는 그 유산들을 설명한다(15장). 중앙아시아 이슬람을 주로 소개하는 이 책에서 기독교를 언급하는 이유는 중앙아시아 지역에 이슬람뿐만 아니라 역사적으로 많은 종교들이 존재했고 한때 이슬람이 아닌 종교, 예를 들어 기독교가 흥왕했었다는 것을 언급함으로써 이 지역의 종교적 다양성의 역사적 토대를 제시하고자 함이다. 이를 통해서 1부에서 언급했던 중앙아시아의 사회 종교적 특징 즉 동양과 서양이 서로 역동적으로 만나며 다양한 문화와 종교가 공존하는 지역으로서의 성격이 되살아나기를 바라는 것이다.

이 책은 중앙아시아 지역이 교류와 융합이라는 특징을 지닌 곳으로 본다.

그것은 유라시아대륙의 중앙에 위치한 지리적인 면 때문만이 아니라 역사적 문화적으로도 동서양, 투르크와 페르시아, 아랍 그리고 정주문명과 유목문명간의 교류와 융합을 이루어 냈기 때문이다. 이 지역에 존재하는 이슬람의 특징, 즉, 온건하고 혼합적이며 포용성이 있는 특징 역시 크게 보면 이러한 교류와 융합의 결과라고 할 수 있다. 저자들은 폐쇄성과 배타성을 지닌 이슬람 근본주의 내지는 극단주의가 성행하는 이 시대에 중앙아시아에 살아가는 무슬림들이 이러한 교류와 융합의 특징을 이어 나가기를 바라고 있다.

우리에게 중앙아시아는 어떤 곳으로 다가오는가?

제 1 부
중앙아시아의 중요성과 역사

제 1부는 독자들로 하여금, 중앙아시아 이슬람의 역사를 이해함으로,

그 중요성을 파악할 수 있도록 구성되었다.

투르키스탄의 야사위 영묘

1장
중앙아시아가 세계사와
이슬람교에서 가지는 중요성
[8세기부터 15세기를 중심으로]

공 재 영

이 글에서 중앙아시아는 시르다리야강 북쪽의 킵차크 초원 지대부터 아무다리야강 남쪽의 호라산 지역까지 서쪽으로는 카스피해까지, 동쪽으로는 쿤룬산맥까지의 영역을 지칭한다. 현대의 국가로는 카자흐스탄, 우즈베키스탄, 투르크메니스탄, 키르기스스탄, 타지키스탄 등의 나라들의 영역을 지칭한다. 이 중앙아시아 지역은 지금도 '비단길(실크로드)[01]'이라는 말이 남아 있을 정도로, 인류가 무역하기 시작하면서 자연스럽게 동양과 서양을 잇는 가교, 중개 무역의 역할을 담당했던 지역이다. 이 지역은 8세기 이전의 유목문화와 헬레니즘 문화, 페르시아 문화 등에서 파생한 문화들의 교류와 융합이 나타났다. 대표적으로 쿠산 왕조 때까지 이어져 온 간다라 미술과 사마르칸트의 아프라시압 궁전 벽화, 타지키스탄 판지켄트 유적 벽화[02] 등

---

01. 소그드인(Sogdian)들의 비단 '가로짜기' 제작 기술을 연구해 보면 흥미롭다.

02. Penjikent murals: Azarpay, Guitty etc. (1981), "Sogdian Painting: The Pictorial Epic in Oriental Art, University of California Press, 93. / 참고 학술지: Compareti, Matteo (2012), "Classical elements in Sogdian art: Aesop's fables represented in the mural paintings at Penjikent". University of California, Berkeley | UCB · Department of Near Eastern Studies, Iranica Antiqua. XLVII: 303-316

을 들 수 있다.

중앙아시아의 기존 정주민들의 오랜 투쟁[03]이 있었지만, 탈라스 전투 (Battle of Talas: 751) 이후부터 이슬람 세력이 이 지역 전역에 주된 정치 지배층을 차지하게 된다. 그리고 9세기부터 이 지역 패권을 장악한 사만왕국 (Samanid empire: 819-999) 때에 이슬람교를 중심으로 정치 체제가 확립되고, 문화, 종교, 철학 등의 발전이 이루어진다. 다음에 카라한칸국(Kara-Khanid Khanate: 840-1212)이 중앙아시아 동쪽을 차지하고, 서쪽의 사만왕국까지 정복하면서 패권을 장악한다. 이때 투르크 민족들의 이슬람교 집단 개종이 이루어진다. 이후 서부 투르크족이었던 셀주크족은 페르시아와 소아시아지역까지 장악하고, 십자군 전쟁을 촉발한[04] 셀주크제국(Seljuk dynasty: 1041-1186)을 형성하기도 했다. 이후에 12세기 중반에 서요(카라 키타이 Qara Khitai: 1124-1218)와 13세기 초기에 몽골의 침입(Mongol invasion of Khwarazmia: 1219-1221)으로 잠깐의 정치 세력의 교체는 있었지만, 이 지역은 무슬림들이 주된 지배 세력이 되었다. 15세기에 티무르제국 (Timurid dynasty: 1370-1507) 시기가 되면 중앙아시아 지역은 완벽한 이슬람 문화권이 된다.[05]

---

03. 압둘 아지지 영묘(Abdul Aziz Bab Mausoleum : 카자흐스탄 침켄트 근처의 사이람(Sayram)에서 766년에 있었던 전투에 무슬림 지도자의 무덤)에 관한 민속 이야기들과 티무르제국의 울루그 벡의 기독교인들의 학살 사건들을 봤을 때에, 766년부터 1449년까지 기존 정주민들의 투쟁이 있었다고 봐야 한다.

04. 1071년 만지케르트전투(Battle of Manzikert)는 셀주크 투르크 군대가 비잔틴 제국군에게 승리하고, 비잔틴 황제를 생포한 사건, 이후에 비잔틴의 아나톨리아 지배력이 상실됨.

05. 티무르의 4대 계승자인 울루그 베그 통치 기간의 박해를 통해서 기독교인들이 전멸됨.
   1) Mark Dickens, (2001), "Nestorian Christianity In Central Asia" , p.18,
      https://www.academia.edu/398258/Nestorian_Christianity_In_Central_Asia
   2) Mark Dickens, (2019), "Syriac Christianity in Central Asia", p.613

이 글은 이런 역사의 과정에서 중앙아시아에 살았던 사람들이 세계사적으로 어떤 중요한 역할을 감당했는지에 대해서 생각해 보고, 또한 이슬람교에는 어떠한 영향을 주었는지에 대해서 살펴보려고 한다.

1. 중앙아시아가 가지는 세계사적인 중요성

중앙아시아에 살았던 사람들이 세계사에 영향을 준 시기는 이슬람의 황금기와 연관이 있다. 이슬람 세력의 확장은 비잔틴과 사산조 페르시아의 끊임없는 전쟁(Byzantine-Sasanian War: 602 -628) 때문에 가능했다. 이후에 우마이야 칼리프 시대의 '아랍민족주의'는 이슬람제국을 유지하지 못하게 만들었다. 왜냐면 여러 지역 민족의 요구에 부응하지 못했기 때문이다. 그 후에 아바스 칼리프 시대가 시작되면서 아랍민족주의에서 벗어난 다민족주의와 이슬람교의 '공동체(움마)' 개념이 보편화되면서 이슬람교를 믿는 사람들은 모두 평등하다는 개념이 확산됨으로 '이슬람의 황금기(Islamic Golden Age)'를 약 백 년 간 이어가게 된다.[06] 여기서 말하는 이슬람의 황금기는 영토나 군사적인 면에서의 황금기가 아니다. 영토는 후우마이야 왕조(756-1031)가 북아프리카 서부, 스페인 등을 차지했기 때문에 더 줄어들었다.

https://www.academia.edu/42671100/Syriac_Christianity_in_Central_Asia
3) Armenian: Thomas of Metsoph (Thovma Metsopetsi: 1378 - 1446): 15세기 아르메니아 역사학자/Thomas of Metsoph, (2021), The History of Tamerlane and His Successors by Vardapet T'ovma Metsobets'l, Robert Bedrosian, trans, New York: Sophene, 19
4) Darwin, John, (2009), After Tamerlane: The Rise and Fall of Global Empires, 1400-2000, London, Bloomsbury, 29
06. 아이라 M 라피두스, (2009), 이슬람의 세계사 1, (신연성 역), 이산출판사, 119-120

여기서 말하는 '이슬람의 황금기'는 문화의 황금기였다. 그것을 가능케 했던 것은 아바스 칼리프들이 바그다드에 세웠던 '지혜의 집'[07]이라는 연구 기관을 통해서였다. 이 곳에서는 아랍과 페르시아, 중앙아시아 지역의 학자들이 교류했고 심지어는 동방기독교인들도 포함되어 있었다.[08] 바그다드의 지혜의 집은 동서양의 문화, 학문들이 교류하고 융합해서 발전하는 장소였다. 그런데 여기서 우리가 잘 모르고 있는 사실은 아바스혁명(Abbasid Revolution: 747-750)이 중앙아시아 서부 사막지대인 화레즘, 지금의 투르크메니스탄 지역인 메르브(Merv: Mary)에서부터 시작되었다는 점이다. 우마이야 칼리프 시대에서 배척 받던 무함마드의 가문이었던 아바스 가문과 페르시아 수니파 세력, 투르크 용병들 심지어는 시아파들의 연합체적인 성격을 띤 군대가 메르브를 점령하고 서진해 나가면서 아바스 칼리프 시대를 이루었다. 여기에서도 교류와 융합의 중심에는 중앙아시아 사람들이 있었다. 특히 호라산의 아부 무슬림(Abu Muslim al-Khurasani: 718-755)이라는 장군을 통해서 '아바스혁명'이 이루어지게 된다.[09]

이처럼 8세기 '지혜의 집'과 '아바스혁명'에 결정적인 역할을 한 중앙아시아인들은 15세기까지 교류와 융합을 통해서 세계사에서 네 가지 영역에서 중요한 역할을 담당했다. 시간 순서대로 첫 번째로는 수학, 두 번째로는 철학, 세 번째로는 의학, 네 번째로는 천문학에서다.

1) 수학의 발전

07. ibid., 160 지혜의 집은 '바이트 알 히크마 (Bayt al-Hikmah)'라고도 쓰임,
08. ibid., 159-161
09. ibid., 124

지금도 널리 통용되고 있는 '알고리즘'이라는 말의 어원이기도 한 수학자가 있다. 그는 서양에서는 '알고리스무스(Algorismus)'라고 널리 알려진 알 호라즈미(Al-Khwarizmi: 780-850)이다. 그는 인도에서 도입된 아라비아 숫자를 이용하여 사칙연산을 만들고, 0과 위치 값을 사용해서 1차, 2차 방정식을 만들어냈다. 알 호라즈미라는 이름에서도 알 수 있듯이 그는 카스피해 동쪽 척박한 사막 지대 화레즘 출신이다. 그의 책들 중 제일 유명한 책은 라틴어로 번역된 「대수학」[10]으로 중세 수학의 큰 이정표를 남겼다. 그리고 다른 책들도 14세기까지 서양에서 번역되었다. 알 호라즈미의 대수학의 개념을 철학자로 더 유명한 알 킨디(Al Kandi: 801-873)와 알 파라비가 계승 발전시켰다. 또한 알 호라즈미는 지리학에도 관심을 가져서 프톨레마이오스의 지리학을 수정 보완해서 완성했다.[11]

2) 철학의 발전

철학자 알 파라비(Al-Farabi: 870-950)는 시르다리야강 유역, 지금의 카자흐스탄 침켄트 부근에서 태어나서 성장했다고 알려진다. 물론 그가 이란이나 타지키스탄에서 출생했다고 주장하는 사람들도 있다. 그리고 알 파라비의 스승 중에는 몇몇 네스토리우스파 교사들이 있었다. 대표적으로 요한나 이븐 하란(Yuhanna ibn Haylan)을 들 수 있다. 이슬람의 철학자들과 지식인들은 알 파라비를 아리스토텔레스를 이은 '제2의 스승'이라고 불렀다.

---

10. 「대수학 代數學 / Algebra / 복원과 상쇄의 책(al-Kitab al-mukhtasar fi hisab al-jabr wa'l-muqabala)」
11. 고마츠 히사오, (2005), 중앙유라시아의역사, (이평래 역), 소나무, 179-184

그의 아리스토텔레스의 주석은 서양에서 '알파레비우스(Alpharabius)의 주석'으로 번역되어서 서양 중세철학에 영향을 주었다. 또한 알 파라비는 음악에도 관심을 가져서 소그드어의 음계로 「음악평전」[12]을 쓰기도 했다. 그리고 그는 플라톤의 국가론을 기초로 정치 사회의 책 「이상 도시」[13]를 써서 현대에도 정치-사회학자들이 연구하고 있다.

3) 의학의 발전

이븐 시나(Ali ibn Sina: 980-1037)는 알 파라비와 마찬가지로 다방면에 영향을 준 사람이다. 이븐 시나가 쓴 철학 서적이 12세기의 이븐 루시드(Ibn Rushd: 1126-1198, Averroes)에게 영향을 미쳤다. 그러나 이븐 시나를 이야기할 때 가장 중요한 것은 그가 '의학의 왕자'라는 말을 들을 정도로, 의학 발전에 큰 영향을 주었다는 점이다. 그의 「의학전범」[14]이라는 책은 서양에서 "아비센나(Avicenna)의 의학책"으로 전해져서 17세기까지 유럽의 기초 의학서적으로 쓰였을 정도다.

그러나 이븐 시나는 다른 학자들과는 달리, 아바스 칼리프 시대의 '지혜의 집'에서 연구하지 못했다. 그의 시대는 혼란의 시대였다. 아바스 칼리프

---

12. 「Kitab al-Musiqa al-Kabir / the Great Book of Music」는 2개의 파트로 되어 있는데, 뒷부분은 유실되었다.

13. 「Ara Ahl al Madina al Fadila : See the people of the virtuous city」
    Abu Nasr al-Farabi, (1998), On the Perfect State, (Richard Walzer trans.), Kazi Publications, Inc.

14. Canon medicinae : Avicenna, (1973), The Canon of Medicine, (Oskar Cameron trans), AMS press

는 붕괴하고 있었다. 그가 어린 시절에 고향이었던 사만왕조의 수도, 현 우즈베키스탄의 부하라가 카라한칸국에게 점령되었다. 그는 유랑민으로 페르시아지역을 전전하면서 연구하고 군의관으로 여러 전투에 참여할 수밖에 없었다. 그래서인지 이븐 시나는 외과 수술에 대하여 많이 기록해 두었다. 그리고 당시 중동과 페르시아 지역에서 상상하기 힘든 제왕절개 수술도 했다.

[그림: 이븐 시나 제왕절개 수술][15]

15. [그림 출처] Thomas Sonar (2020), 3000 Years of Analysis: Mathematics in History and Culture, (Morton Patricia, Keith William Morton trans.), Birkhäuser, 99 [photo: H. wesemüller kock]

4) 천문학의 발전

천문학은 공식적으로 바그다드에서 825년 천문대가 건설되면서 시작되었다고 본다.[16] 중동 지역에서 천문학을 계속해서 발전시켜 오다가 몽골 일칸국(Ilkhanate: 1259-1336)이 세워질 때쯤 페르시아 북서부 지역의 아제르바이잔 마라헨(Maragheh)천문대[17]가 1259년에 새롭게 건립되었다. 이후 티무르의 손자 울루그 베그(Ulugh Beg: 1394-1449)는 기존의 성과를 집대성해서 천문학을 발전시켰다.

울루그 베그는 티무르 제국의 북부 지방의 영주로서의 한계에도 불구하고 1424년부터 시작해서 1429년에, 현 우즈베키스탄 지역인 사마르칸트에 천문대를 완성했다. 이 천문대에서 관측한 지구의 공전 주기는 1분 2초 차이로 현대의 관측과도 거의 차이가 없었다.[18] 또한 별을 관측한 '천문표'는 라틴어로 번역되어서 유럽에 소개되었다.[19] 그러나 그는 아들의 반란 탓에 비참하게 죽었고, 그의 천문대도 사라져 버리고 말았다. 거의 같은 시기 조선의 세종이 1434년 간의대(천문대)를 만들었고, 원나라의 수시력과 명나

---

16. Al-shammisiyyah observatory / 참조> 요즘에는 인도 지역에서의 천문대가 있었다는 주장도 있다. 브라마굽타 (Brahmagupta: 598 - 668) 연구 필요.

17. 훌라구칸이 허락하고, Nasir al-Din al-Tusi (1201-1274)의 주도로 이루어진 천문대 공사

18. 마노 에이지, (2009), 티무르조 문화 : 교양인을 위한 중앙아시아사, (현승수 역), 책과함께, 273

19. 나가사와 가즈토시, (1990), 실크로드의 역사와 문화, (이재성 역), 민족사, p.260
참고) 라틴어 번역본: Editions of the star catalogue prepared for Ulugh Beg (d.1449) were eventually produced in Europe, though not before the work of Tycho Brahe. (Oxford: Typis Henrici Hall, 1665)

라 대통력 그리고 아랍의 회회력[20]을 참고해서 천문서인 「칠정산」[21]을 만들었다. 이후에 이슬람 지역의 천문대는 오스만 투르크에서 1577년에 새롭게 만들어졌고, 유럽의 천문대는 덴마크의 우란니보그(Uraniborg)에 1580년이 되어야 세워졌다.

위에서 살펴본 것처럼, 중앙아시아 사람들은 9세기의 이슬람 황금기 시대부터 수학, 철학, 의학의 발전에 크게 이바지했고, 15세기에 와서는 천문학 발전에도 큰 영향력을 미쳤다. 그래서 세계사의 발전 과정 중에서 징검다리 역할을 해주었다. 그것이 가능했던 것은 중앙아시아의 지역적 특징이기도 한 교류와 융합에서 찾아볼 수 있다.

2. 중앙아시아가 이슬람교에서 가지는 중요성

이슬람교는 초기 팽창기를 지나서 아바스 칼리프의 시대에 와서 아랍과 페르시아 문화를 융합함으로 문화 부흥시기를 맞이한다. 이런 흐름 속에서 중앙아시아의 사람들은 이슬람교의 발전 가운데 중요한 세 가지 업적을 이

---

20. 회회력의 기원은 훌라구가 원나라의 쿠빌라이 칸에게 부하라 출신 천문학자 자말 웃딘을 보내면서 중동의 혼천의, 지구의, 천문 관측의를 등을 선물한 것에서 시작되었다. 자말은 프톨레마이오스 역법(알마게스트)을 전수하고 북경에 천문대를 설계했다. 이후 명나라 홍무제 시절에 원말명초 시절 명나라에 귀순한 무슬림 천문학자들을 시켜 자말 웃딘이 전수한 이슬람력과 알마게스트를 바탕으로 대통력을 제정하여 보급하였고, 이는 조선 칠정산에 영향을 준다. 참고) 부하라의 자말 웃딘(Jamal ad-Din Bukhari: ?-1286)
  - 박성래, (2002), 수시력 수용과 칠정산 완성: 중국 원형의 한국적 변형, 한국 과학사 학회지, 24-2호, 166~199
21. 칠정산내편, 칠정산외편: 1444년(세종 26)

루어냈다. 첫째로는 하디스의 완성, 둘째로는 이슬람 초기 수니파신학의 보존, 셋째 수피즘의 발전을 들 수 있다.

1) 하디스의 완성

이슬람교라는 종교 자체를 떠받치고 있는 두 개의 경전은 '쿠란과 하디스'이다. 그런데 하디스를 완성한 사람들이 중앙아시아 사람들이라는 사실을 많은 사람들은 모르고 있다. 먼저 하디스에 대해서 알려면 '순나'라는 개념을 알아야 한다. 순나(Sunnah)는 '이슬람교의 전통과 관습'을 말한다. 그리고 '하디스(Hadith)'는 '말하다'라는 뜻으로, 순나들 중에서도 무함마드가말하고, 행동한 것들을 수집한 책이다. 하디스는 이슬람 학자들이 누구나 관심을 가지고 수집했다. 이슬람 초기 신학의 기초를 놓은 수니 하나피즘의 창시자인 아부 하니파(Abu Hanifa: 699-767)도 약 1천개의 하디스를 모았다. 하디스의 완성을 이야기할 때 이슬람교에서는, 그 기록연대보다도, 그 수집된 기록물의 분량이 많을수록 가치를 부여한다. [22]

오늘날 가장 권위 있는 하디스 6권 중에서 5권이 중앙아시아 지역에서 만들어졌다. 그 중에서 가장 권위 있는 하디스로 여겨지는 것이 부하라의 하디스이다. 샤히 알 부하리(Sahih[23] al-Bukhari: 810-870)는 하디스를 수집,

---

22. 중앙아시아에서 만들어진 하디스
    ① Imam Bukhari (부하라: 우즈베키스탄, 846년, 7563 이야기)
    ② Muslim b. al-Hajjaj (호라산 니샤푸르: 이란 동북부, 875년, 7500 이야기)
    ③ al-Nasa'i (호라산 나사: 투르크메니스탄, 915년, 5270 이야기)
    ④ al-Tirmidhi (테르미즈: 우즈베키스탄 남부, 892년, 4400 이야기)
    ⑤ Abu Dawood (시스탄 Sistan: 아프칸 남서부: 888년, 5274 이야기)
23. Shih의 뜻은 genuine/authentic/sound/correct. 정품/진품/사운드/올바른.

선정할 때 [구전 - 음미 - 확신][24] 세 단계를 거쳐 선정했다고 주장한다. 그는 몇 년 동안의 중동 여행을 통한 면접 조사의 방식으로 하디스를 완성하였다. 알 부하리는 하디스를 846년에 완성시키고 사마르칸트 근교에서 24년 동안 하디스를 이맘들에게 가르쳤다. 필자가 보기에, 현재 이슬람신학이 중앙아시아에서부터 시작했다고 해도 과언이 아닐 것이다. 왜냐면 '하디스'가 없는 이슬람 신학이 성립할 수 있다고 생각하는 무슬림들은 극소수이기 때문이다.[25]

중앙아시아 지역의 무슬림들은 9세기- 10세기 초까지 무함마드가 말하고, 행동하고, 인정한 내용들을 알고자 하는 종교적인 열망이 있었다. 그 열망은 정치 경제적인 여건과도 연관이 있다. 8-9세기의 아바스 칼리프 국가의 황금기(750-861)와 중앙아시아 사만왕국(Samanid empire: 819-999)의 통치가 안정되었기 때문에 가능한 일이었다. 그런데 흥미로운 것은 아바스 칼리프 시대에는 중앙아시아 사람들이 참여해서 수학, 철학, 의학 등의 다양한 문화가 부흥한 반면에 중앙아시아의 사만왕국에서는 그런 문예 부흥과 정반대의 성격을 띤 하디스가 완성되면서 이슬람 법학주의가 강화되었다는 점이다.

여기서 하디스가 왜 중앙아시아 지역에서 완성될 수밖에 없었는지에 대해서 더 연구가 필요하다. 필자는 9세기의 이슬람교의 하디스 완성이 조로아스터교 문헌에 대한 반작용이 아닐까 추측해 본다. 실제로 조로아스터교

---

24. 구전(Sunna, 전통을 포함), 음미(Isnad, 세대적 연속성을 가진 구전의 전승), 확신(shahiha, 확실한 것)

25. Quranist을 참조해 보자. (Differences with traditional Islam, Quranists believe that the Quran is the sole source of religious law and guidance in Islam and reject the authority of sources outside of the Quran like Hadith and Sunnah.)

의 중세 문학 작품[26]들이 9세기-10세기에 집중적으로 나오기 때문이다. 조로아스터교의 책들이 얼마나 널리 전파되었는지는 알 수 없지만, 그 기록물이 9세기 이후에도 계속해서 발견되는 것은 이슬람교가 페르시아와 중앙아시아 지역에서 완전한 다수의 세력을 갖지 못했다는 점을 보여준다. 한편으로는 조로아스터교의 종교 행위에 대한 엄격성이 하디스 완성에 촉매제 역할을 했다고도 볼 수 있다.[27]

2) 이슬람 수니 하나피신학의 보존과 발전

이슬람 수니파신학은 신학자들의 견해에 따라서 '하나피, 샤파이, 말리크, 한발'로 크게 네 부류로 나눈다. 그 중에서도 정통 이슬람신학이라고 한다면 하나피파(Hanafism)를 들 수 있다. 9세기가 되어 가면서 각 지방에서 하나피신학이 분화되는데, 크게 보면 시리아와 팔레스타인, 이라크 중심이었던 아샤리파(Asharism)[28], 그리고 페르시아와 중앙아시아 지역에 영향을 미쳤던 마투리드파(Maturidism)로 나누어진다. 이렇게 중앙아시아는 수니하나피신학을 이루는 한 축을 공고하게 이루어냈다.

수니 하나피의 마투리디파는 사마르칸트의 알 마투리디 (Abu Mansur al-Maturidi: 855-944)로부터 기인한다. 그는 사마르칸트의 정주민(타지크족,

---

26. 조로아스터교의 경전들 - Avesta: 9 세기 판본 , Shayast ne-Shayast: 8-9th, Shikand-gumaning Vizar (theology of zoroasterian): 9th, Arda Viraf: 9-10th, Dadestan-i Denig (Religious Judgements): 9th, Denkard (Acts of Religion): 10th
27. Magnusson, Andrew David (2014), Muslem - Zoroastrian relations and religious violence in early Islamic discourse, 600-1100 C.E, University of California, Santa Barbara, 10
28. 알 아사리(Abū al-Ḥasan al-Ashʿarī : 873 - 936)가 이라크 바스라에서 시작한 수니 하나피 분파

투르크족)이 아니라, 사이드(Sayyid)로 본다.[29] 그는 이슬람 하나피신학을 변증하는 책을 남겼다. 지금까지 번역되고 있는 「유일신에 관한 책: Kitab al-Tawhid」[30]은 이슬람교 안에 들어온 이단들을 정죄하고 또한 타종교에 대해서도 비판적인 태도를 견지하고 있다. 그리고 마투리디는 이슬람의 일반적인 전통과 하나피의 전통을 다 받아들이고 쿠란과 이성과 믿음을 강조하고 있는 반면에 상대적으로 하디스의 권위를 낮춘다.[31] 그리고 그는 아부 하니파가 말한, 샤리아에서 언급하지 않는 현지 전통들은 관습법(Qanun)으로 용인[32]하라는 의견을 받아들여서 중앙아시아에서 무덤숭배 같은, 비아랍권 문화들도 용인해 주었다. 이와 같이 중앙아시아 마투리디신학은 초기 하나피신학을 보존하고 발전시키는 역할을 감당했다. 더 구체적인 사항은 4장에서 논하도록 하겠다.

3) 수피즘의 발전

---

29. Abu Ayyub al-Ansari of Madinah's family
    Ulrich Ruodolph (2015), Al-Maturidi and development of Sunni Theology in Samarqand, (Rodrigo Adom trans), Leiden, Boston, 131

30. Shaykh Abu Mansoor al-Maturidi, (2019), The Book of Monotheism ; Kitaab at-Tawheed : Alla and the universe, A manual of Sunni Theology, (Sulaiman Ahmed trans.), , British Maturidi publications

31. Ricolsaacs, Alessandro Frigerio, (2018), Theorizing Central Asian Politics, the State, Ideology and Power Springer, 108

32. John Paul Lamalan, 'Abu Hanifah: The Quintessence of Islamic Law', Cotabato Polytechnic College, 11
    https://www.academia.edu/36676877/Ab%C5%AB_H_an%C4%ABfah_The_Quintessence_of_Islamic_Law

이슬람교의 수피즘(Sufism)은 타종교의 신비주의와 유사하게 초월적인 존재와의 만남, 합일과 같은 과정을 추구한다. 이 수피즘이 중앙아시아에서 시작되었다고 말할 수는 없다. 수피즘 즉 이슬람 신비주의 운동은 이슬람교 초창기부터 여러 사람들에게서[33] 나타난다. 또한 수피즘이 중앙아시아에서 처음으로 '종단'으로 만들어졌다고도 말할 수 없다. 바그다드와 침켄트에서 거의 동시에 종단이 형성되었지만 일반적으로 바그다드의 카디르야 종단을 수피종단의 시작으로 본다.[34] 그렇다면 중앙아시아가 수피즘에 미친 영향력은 무엇일까?

중앙아시아가 페르시아 계열의 사람들에게 지배될 때는 수피즘의 신학적 논리적인 토대가 마련되었고, 중앙아시아 패권이 투르크 계열의 사람들에게로 넘어갔을 때에는 조상 숭배 사상과 샤머니즘적인 요소와 결합해서 수피즘의 대중화를 이루었다. 좀 더 구체적으로 설명하자면, 중앙아시아 사람들은 수피즘의 근거를 마련해 주었고, 수피즘 수도사들의 역사를 기록해 두고, 수피즘의 수행 방법들을 개발하고, 실제로 수피즘 수도사들이 이슬람을

---

33. 이슬람 초기의 신비주의자들: Abd-Allah ibn Muhammad ibn al-Hanafiyayah (?-716), Abdullah Shah Ghazi (?-720, buried in Karachi), Hasan al-Basri (642-728, buried in Az Zubayr), Habib al-Ajami (?- 738, buried in Basra), Dhul-Nun al-Misri (?-862, Cairo), Al-Hakim al-Tirmidhi (760-869, Termez), Junayd(Abul-Qasim ibn M. Al-Junayd al-Baghdad, 835-910), Bastami (Bayazid Bastami 804-875, Bastam)

34. 이슬람교 초기 수니파 수피 종단들
    <Qadiriyya> 이라크 북부 바그다드: Abdul Qadir Gilani (1077-1166)
    <Yasawiyya> 카자흐스탄 중부 침켄트: Khoja Ahmad Yasawi (1093-1166)
    <Kubrawiyya> 우즈베키스탄 히바 (화레즘): Najm al-Din Kubra (1145-1221)
    <Chishtiyya> 아프가니스탄 시스탄: Mu'in al-Din Chishti (1143-1236)
    <Rifaiyya> 이라크: Ahmad ibn Ali al-Rifai(1106-1182) 유명한 사이드 가문, 발칸반도, 남아시아, 동아프리카
    <Shadhitryya> 모로코 : Abu Madyan Shuaib (1126-1197)

포교하여, 정치 체계 변화에 영향을 주었다는 것이다.

　수피 종단들이 형성되기 전에 이슬람 수피즘을 정립한 사람들이 있었다. 그 사람들은 이슬람 철학, 신학, 수피즘을 공부할 때에 비켜 갈 수 없는 알 가질리(Al-Ghazali: 1058-1111)와 그의 동생 아흐마드 가질리(Ahmad Ghazali: 1061-1126)이다. 알 가질리는 중앙아시아 호라산 투스 출신으로 서구 학자들이 많이 연구해온 사람이다. 알 가질리는 그의 책 「철학자의 부조리 Incoherence of the Philosophers」에서 철학적 사고에 대해서 비판하고, 「종교의 부흥 The Revival of Religious Sciences」에서 정통 이슬람 신학에 대해서 옹호하고, 그의 말년에 페르시아어로 저술한 「행복의 연금술 The Alchemy of Happiness」에서는 정통 이슬람 신학과 수피즘이 어떻게 연관되는지 설명한다. 어떤 학자는, '행복의 연금술'이 영혼구원과 관련하여 기독교의 교리와 유사하다고 말하기도 한다.[35] 한편, 그의 형의 명성에 가려져서 많이 알려져 있지 않지만, 동생 아흐마드 가질리는 수피즘을 이해하는데 중요한 역할을 담당한다. 그는 니샤푸르 아타르에게 많은 영향을 주기도 한 인물이다. 그는 그의 책 「순수한 영혼의 세계에서 온 영감」[36]을 통해서 수피즘을 설명하고 있다. 이 가질리 형제들을 통해서 수피즘의 신학적이고 논리적 근거가 마련되었다.

　또한 중앙아시아 사람들은 수피즘이라는 이슬람 사회의 현상들을 역사로 기록함으로써 지금 현시대에 수피즘을 학문적으로 연구할 수 있는 토대

---

35. 하이텔베르그 요리문답과의 유사성을 주장
　　박성은, (2015), 알 가잘리의 행복의 비밀인 영혼의 구원에 이르는 길 - 기독교 관점으로, 기독교학문학회, 32호, 7-8 / https://www.worldview.or.kr/library/article/2291
36. Ahmad Ghazzālī, (1986), Sawānih: Inspirations from world of pure spirits, (Nasrollah Pourjavady trans.), London Iran university press, 2-4

를 마련했다. 「새들의 회의」[37]라는 책을 써서 현대 서구에서 유명해진 니샤푸르 아타르(Attar of Nishapur/Farid ud-Dīn: 1145-1221)는 「성인들 전기」[38] 라는 책을 통해서 96명의 수피 성인들을 기록했다. 그리고 14세기 낙쉬반디(Baha al-Din Naqshband: 1318-1389)는 중앙아시아의 혼란한 시대에 수피즘을 새롭게 만들고, 수도 방법들[39]을 정리했다. 그리고 15세기에 낙쉬반디야 수피였던 마우라나 자미(Nūr ad-Din Jami: 1414-1494)는 수피즘에 대한 많은 책[40]들을 계승 발전해서 기록함으로 수피즘의 인물들과 역사에 대한 이해를 높였다.

수피즘이 발전하는 과정에서 이슬람 사회의 붕괴가 도리어 수피즘 수도사들이 더 열심을 가지고 이슬람교를 포교하는 하나의 계기가 되었다. 야사위야 수피종단이 형성될 때에 중앙아시아는 카라키타이(서요)의 침략으로 동카라한 왕조가 1124년에 무너지고, 서카라한 왕조까지 카트완 전투(Battle of Qatwan: 1141)에서의 참패로 무너진 상태였다. 정치 지배층 세력이 이슬람에서 불교로 변경되는 과정 속에서 수피즘 운동이 오히려 활성화되었다. 그리고 몽골에게 침략을 받았을 때도 히바의 쿠브라야 수피종단[41] 사람들이 흩어지면서 결과적으로 아나톨리아의 코나에서 마우라야(루미)

---

37. 「Manṭiq-uṭ-Ṭayr: The Conference of the Birds/Bird Parliament」
38. 「Tazkirat al-Awliya: Biographies of the Saints」
39. Eleven Naqshbandi principles / 참조) Dhikr , Haḍra
40. 「Baharestan (Abode of Spring)」 Modeled upon the 「Gulestan」 of Saadi
41. <Kubrawiyya> - Khiva (화레즘) Najm al-din Kubra(1145 -1221)

수피종단이[42] 형성된다. 그리고 시아파 성격도 가진 벡타시 수피종단[43]이 룸 술탄국의 비호아래 성장한다. 또한 호라산(아프가니스탄 헤라트)에서 시작 된 치스티야 수피종단[44]이 몽골 침략을 피해서 북인도로 가서 수피즘을 전 파했다.

더 결정적으로는 중앙아시아의 수피즘은 몽골의 칸들을 이슬람교로 개 종[45]시킴으로써 중앙아시아 지역에서 이슬람 세력을 확장시켰다. 야사위야, 쿠브라야 수피종단이 이 과정에 결정적인 역할을 했다. 또한 낙쉬반디야 수 피종단[46]은 아미르 티무르가 1370년에 서차가타이의 권력을 잡기까지 끊임 없는 혼란의 과정 속에서 태어났다. 이후에 낙쉬반디 종단은 티무르제국 칸 들의 정치적인 조언자의 역할[47]까지 감당하기 시작한다. 이후에 중앙아시아

42. <Mawlawiyya: Mevlevi > - Konya (튀르키예) Jalal al-din Rumi (1207-1273)
   루미의 아버지는 Baha'uddin Walad로 나줌 웃딘 쿠브라(쿠브라이종단)의 수제자 중에 한 사람
   이었다. 그리고 쿠브라의 또 다른 제자인 Najmeddin Razi(1177-1256)는 루미와 함께 아나톨리
   아에서 수피 종단을 세웠다.
43. 벡타시 베리(Haji Bektash Veli: 1209-1271)가 만든 수피 종단, 그는 호라산 니샤푸르 출생했고,
   몽골의 침략으로 유민이 되어 아나톨리아에 정착하고 수피 종단을 만들었다. Alevism, Alevi-
   Bektashi 라고도 함. 지금 튀르키예와 알바니아에 추종자들이 많다. 시아파와 혼합주의 요소가
   많아서 수니파에서는 이단으로 보기도 한다.
44. <Chishtiyya> 헤라트 → 인도북부 Muin al-din Hasan Chishti(1142 - 1236)
45. 제임스 A. 밀워드, (2013), 신장의 역사: 유라시아의 교차로, (김찬영, 이광태 역) 사계절, 255-
   260
   ① 킵차크칸국: 베르케칸(? -1266) - 부하라 사이프웃딘 바하르지(Sayfeddin Bakhezri: 1190-
   1261: 쿠브라야종단)에 의해서 개종함, 우즈베크칸(1282 -1342) 1) 바바 튀클레스 수피(종단 불
   분명) 2) 부하라 이븐 압달 하미드(야사위야종단) '활활 타오르는 화덕을 지날 때에 하나도 다치
   지 않은 기적'으로 보고 개종
   ② 일칸국: 가잔칸(1271 - 1305) - 사드르 웃딘 하마비 (쿠브라야종단)에 의해서 개종
   ③ 차가타이칸국(모굴리스탄): 투틀리크 티무르칸(1329-1363) - 자말 웃딘, 그의 아들 아르샤
   드 웃딘 (종단불분명)이 전사를 손도 대지 않고 내던지는 기적을 보고 개종
46. <Naqshbandiyya>- Bukhara (우즈베키스탄) Baha al-din al-Naqshbandi (1318-1389)
47. 대표적으로 호자 아흐라르(Khwaja Ahrar: 1404 - 1490)를 말할 수 있다.

에서는 이슬람 법학파들과 더불어 수피주의자들이 정치적 조언자의 역할을 감당했다.

결론

중앙아시아는 8세기부터 15세기까지 세계사적으로 교류와 융합을 통해서 수학, 철학, 의학, 천문학을 발전시키는 중요한 역할을 감당했고, 이슬람교에서 중요한 부분을 차지하는 하디스(Hadith), 하나피신학(Hanafi theology), 수피즘(Sufism)의 발전에 기여했다. 그 중에서도 '하디스'가 중앙아시아에서 완성되었다는 점이 가장 중요하다. 과연 하디스가 중앙아시아에서 완성되지 않았다면 지금의 이슬람교는 어떤 모습일까라는 질문을 던져보며 이 글을 마무리한다.

[그림 Islamic theologian with Quran (1902)][48]

48. 그림 Islamic theologian with Quran (1902) - Osman Hamdi Bey (Turkish, 1842 - 1910) https://artvee.com/dl/islamic-theologian-with-quran#00 (License: All public domain files can be freely used for personal and commercial projects.)

참고문헌)

아이라 M 라피두스, (2009), 이슬람의 세계사 1, (신연성 역), 이산출판사

제임스 A. 밀워드, (2013), 신장의 역사: 유라시아의 교차로, (김찬영, 이광태 역),
　　사계절

고마츠 히사오, (2005), 중앙유라시아의역사, (이평래 역), 소나무,

마노 에이지, (2009), 티무르조 문화: 교양인을 위한 중앙아시아사, (현승수 역),
　　책과함께

나가사와 가즈도시, (1990), 실크로드의 역사와 문화, (이재성 역), 민족사

Ulrich Ruodolph (2015), Al-Maturidi and development of Sunni Theology in
　　Samarqand, (Rodrigo Adom trans), Leiden, Boston

Shaykh Abu Mansoor al-Maturidi, (2019), The Book of Monotheism; Kitaab at-
　　Tawheed: Alla and the universe, A manual of Sunni Theology, (Sulaiman
　　Ahmed trans.), British Maturidi publications

Azarpay, Guitty etc. (1981), "Sogdian Painting: The Pictorial Epic in Oriental Art,
　　University of California Press

Compareti, Matteo (2012), "Classical elements in Sogdian art: Aesop's fables
　　represented in the mural paintings at Penjikent". University of California,
　　Berkeley | UCB · Department of Near Eastern Studies, Iranica Antiqua. XLVII

Thomas of Metsoph, (2021), The History of Tamerlane and His Successors by
　　Vardapet T'ovma Metsobets'I, Robert Bedrosian, trans, New York: Sophene

Darwin, John, (2009), After Tamerlane: The Rise and Fall of Global Empires, 1400-
　　2000, London, Bloomsbury

Magnusson, Andrew David (2014), Muslem - Zoroastrian relations and religious
　　violence in early Islamic discourse, 600-1100 C.E, University of California,
　　Santa Barbara

Ricolsaacs, Alessandro Frigerio, (2018), Theorizing Central Asian Politics, the State, Ideology and Power Springer,

Abu Nasr al-Farabi, (1998), On the Perfect State, (Richard Walzer trans.), Kazi Publications, Inc

Avicenna, (1973), The Canon of Medicine, (Oskar Cameron trans), AMS press

Ahmad Ghazzali, (1986), Sawānih : Inspirations from world of pure spirits, (Nasrollah Pourjavady trans.), London Iran university press

박성래, (2002), 수시력 수용과 칠정산 완성: 중국 원형의 한국적 변형, 한국 과학사 학회지, 24-2호

박성은, (2015), 알가잘리의 행복의 비밀인 영혼의 구원에 이르는 길- 기독교 관점으로, 기독교학문학회, 32호

Mark Dickens, (2001), "Nestorian Christianity In Central Asia"
https://www.academia.edu/398258/Nestorian_Christianity_In_Central_Asia

Mark Dickens, (2019), "Syriac Christianity in Central Asia"
https://www.academia.edu/42671100/Syriac_Christianity_in_Central_Asia

John Paul Lamalan, 'Abu Hanifah: The Quintessence of Islamic Law', Cotabato Polytechnic College
https://www.academia.edu/36676877/Ab%C5%AB_H_an%C4%ABfah_The_Quintessence_of_Islamic_Law

중앙아시아는 역사적 문화적으로
동서양, 투르크와 페르시아, 아랍 그리고 정주문명과
유목문명간의 교류와 융합을 이루어냈다.

2장
중앙아시아의 역사
[7세기부터 19세기의 이슬람 국가들을 중심으로]

공 재 영

중앙아시아는 크게 보면 서쪽의 사막 지역을 화레즘이라고 명명하고, 남쪽 산악 지역은 호라산, 중앙부 아무르다리야강과 시르다리야강 사이의 지역은 트란스옥시아나[01]라고 한다. 시르다리야강 북쪽은 킵차크초원 지역으로, 동쪽 지역은 파미르고원과 타림분지로 구성되어 있다.

---

01. Transoxiana: Land beyond the Oxus / 아무다르야강과 시르다리야강 사이에 지역 / 현재는 히바, 부하라, 사마르칸트, 타쉬켄트, 테르미즈, 크게 보면 페르가나 분지까지도 포함된다. = 아랍어로는: 마왈라안-나르 (MaWaraan-Nahr: what is beyond the river)라고 함.

이 글은 중앙아시아에 이슬람 세력이 들어온 7세기부터, 러시아가 이 지역을 장악하는 19세기까지 중앙아시아 민족들이 이루어 낸 나라들의 역사와 특이점을 간단히 소개해서 독자들의 중앙아시아 이슬람과 관련된 역사에 대한 이해를 높이려는 목적이 있다.

1. 이슬람 세력의 동방 원정 (670-766)

우마이야 칼리프국(Umayyad Caliphate: 661-750)이 중앙아시아 동방 원정(671-766)을 시작한 것은 정치적인, 경제적 요인이 있었다. 정치적으로는 사산조 페르시아의 잔당들을 처리한다는 목적[02]이 있었고, 경제적으로는 재정 악화를 막기 위한 조치[03]였다. 그리고 종교적 요인으로는 이슬람교 꾸란에서 불신자들에 대한 전쟁의 승리를 예언한 것과[04] 지하드(Jihad)[05] 의 가르

---

02. Gibb, H.A.R, (1923), The Arab Conquests in Central Asia, London: The Royal Asiatic Society, 16

03. 1) Hasson, (2002), Encyclopaedia of Islam, Volume XI, Leiden: E.J.Brill, 519-522, Ziyad ibn Abihi 총독 관련 기록 2) Kennedy, Hugh, (2004)., The Prophet and the Age of the Caliphates: The Islamic Near East from the 6th to the 11th Century , Harlow: Longman, 86

04. 꾸란 30장(로움) 1-5절
① 알리프 람 밈 ② 로마는 망하였으되 ③ 가까운 지역에서 비록 그들이 패배하였지만 승리를 거두리라 ④ 몇 년 안에 알라는 이전의 것과 이후의 것을 통치하시리니 그 때 믿는 사람들은 기뻐하리라 ⑤ 알라의 도우심으로 그분은 그분이 원하시는 자를 승리케 하시니 그분은 권능과 자비로 충만하심이라."
이 꾸란 내용을 통해서 성서의 백성(유대인과 기독교인 등을 포함함)이 불신자들에 대한 전쟁의 승리를 예언했다고 주장함. (한국어 꾸란, 최영길 번역, p.747) 각주 해설 참조

05. 지하드(Jihad: 노력하다, 고군분투하다. "striving" or "struggling") 중에서도 "불신자와 위선자

침이 배경이라고 볼 수 있다. 또한 우마이야 칼리프국의 원정의 시작은 서

돌궐칸국(Western Turkic Khaganate[06]: 583-659)이 붕괴되고, 혼란한 시기

였기에 더욱 더 시기 적절했다. 우마이야 칼리프국의 이라크 총독이었던 지

야드(Ziyad ibn Abihi: 665-673)가 670년 알 기파르(Al Hakim ibn Amr al

Ghifari: ? -671)를 장군으로 삼아, 지금의 이라크 바스라, 쿠파의 아랍 전사

5만 명을 주고, 지금의 투르크메니스탄의 메르브를 점령하고 주둔함으로

원정이 시작되었다.[07] 또한 정통 칼리프국의 3대 칼리프였던 오스만의 아들

이었던 사이드(Said ibn Uthman ibn Affan: ? -680)가 총독으로 임명되고,

부하라를 674년에 정복하였다.[08] 그러나 중앙아시아 원정이 잠정 중단되는

를 대항하여" 지하드하라는 꾸란의 구절들이 있다.: Quran 9장 73절 , 25장 52절, 66장 9절
cf. Quran 3장 142절, 8장 72,74절, 9장 19절 20절 88절, 16장 110절 etc
- 지하드의 군사적인 의미 강조하는 견해:
Bernard Lewis, (1988), The Political Language of Islam, University of Chicago Press, 72
Bonner, (2006), Michael Jihad in Islamic History: Doctrines and Practice, Princeton
University Press, 60-61
cf. Al-Bukhari, (1981), Shahi Al-Bukhārī: The Translation of the Meanings of Sahih Al-
Bukhari. Vol. v4, (Muhsin Khan trans.) Medina: Dar al-Fikr, 34-204. etc
- 지하드의 방어적인 의미 강조하는 견해 주장하는 책들:
Al-Dawoody, Ahmed (2015), The Islamic Law of War: Justifications and Regulations,
Palgrave Macmillan, 87
Ghamidi, Javed (2001), The Islamic Law of Jihad, Mizan. Dar ul-Ishraq, etc
참고) 우즈베키스탄 샤히진다(Shih-i-zinda : living King) 묘지군 : 선지자 무함마드 조카였던
쿠삼 이븐 아바스 (Kusam ibn Abbaas: 630 - 677)가 사마르칸트에서 이슬람교를 포교하다가
조로아스터교 사제들에게 붙잡혀서 순교함으로 방어적 의미에서의 지하드로, 이슬람 세력들의
중앙아시아 정복 전쟁의 명분을 더하여 주었다. 이곳은 지금 이슬람교 성지가 되었다.

06. Onoq Khaganate (On oq budun = Ten Arrow people)

07. Shaban, M.A. (1979), The Abbasid Revolution, Cambridge: Cambridge University Press, 32

08. Madelung, Wiferd, (1997), The Succession to Muhammand: A Study of the Early
    Caliphate, Cambridge: Cambridge University Press, 343

데 이는 열정적으로 동방 원정을 추진했던 우마이야 칼리프국의 2대 칼리프 야지드(Yazid ibn Muawiyah: 680-683)의 사망 때문이었다. 이후에 쿠타이바(Qutayba ibn M.al-Bahili: 700-715) 총독이 705년에 다시 공격을 시작해서 지금 우즈베키스탄의 사마르칸트와 화레즘 지역을 점령한다.

그리고 쿠타이바 총독의 장기 집권으로 트란시옥시아나 지역의 이슬람 제국의 통치가 공고하게 되기 시작한다.[09] 그 후에 아사드(Asad ibn Abdallah al-Qasri: 724-738)총독, 나사르(Nasar ibn Sayyar: ?-748)총독의 시기로 이어지는 740년대가 되면, 트란스옥시아나가 거의 다 점령되고, 소그드인이나 페르시아 계열의 현지민들이 무슬림화가 되기 시작한다. 그리고 아바스 연합군이 748년 메르브를 점령하고, 서쪽으로 진군하면서 우마이야 칼리프군을 무너뜨리고 750년에 이슬람의 황금기를 이루는 아바스 칼리프국(Abbasid Caliphate: 750-1258)을 형성하였다. 이 시기에 중앙아시아의 동부 지역, 시르다리야강 북쪽의 킵차크 초원과 타림분지까지 진출한 당나라 안서도호부의 고선지 장군(Gao Xianzhi: ?-756)이 사마르칸트까지 위협했다. 그래서 751년 지금의 키르키즈 탈라스 근방에서 아랍 연합군과 당나라 연합군이 싸우게 된다. 이 탈라스 전투(Battle of Talas)에서 이슬람 세력이 승리하고 나서, 지금의 카자흐스탄 침켄트 근처의 사이람[10]을 766년

---

09. Gibb, H.A.R, (1923), 56

10. 사이람 (Sayram) = 아랍어 Isfijab, Asfijab 1) White City 백색 도시 2) Shallow water 얇은 물가 등등으로 해석할 수 있다. / Muhammad Kashgari, Robert Dankoff and James Kelly · (trans.), "Compendium of the Turkic Dialects (Diwân lughāt al-Turk"(Cambridge, Harvard University Printing Office. II) p. 256
Cf. Sayram - Abdul-Aziz Baba Mausoleum 압둘 아지즈 무덤에 내려오는 구전

에 점령하고 주둔함으로써 중앙아시아 동부 지역까지 이슬람 세력권으로 들어온다. 이렇게 이슬람 세력이 90년 이상 지속해서 중앙아시아를 침략한 것은 단순한 약탈이나 일시적인 원정이 아닌 체계적인 정복을 통한 영토와 종교의 확장에 목적이 있었다. 이런 원정으로 중앙아시아에 온 아랍 사람들은 사이드 가문[11]을 이루기도 하고, 이슬람교 종교 지도자로 활약했다. 지금도 중동 아랍인들의 후손들[12]이 아직도 이란과 중앙아시아에 남아 있다.

2. 사만왕국

사만왕국(Samanid Empire: 819-999)의 통치자들은 원래는 사산조 페르시아의 호라산 지역의 유력한 가문의 후손들이었다. 사만 쿠다(Saman Khuda: ? - ?)[13]는 호라산 총독이었던 아사드(Asad ibn Abdallah al-Qasri)의 영향으로 조로아스터교에서 이슬람으로 개종하고 그의 아들의 이름을 아사드(Asad ibn Saman)라고 정한 사람이다.[14] 사만 쿠다의 손자 4명이 아

---

11. 사이드 (Sayyid: Sir, Lord, Master) 라는 뜻으로 무함마드의 직계 가문이나 하심 가문 사람들을 가리킨다. 중동, 아랍지역에서는 셰이크 (Sheikh: honorific) 거룩한이라는 말로도 쓰인다. 중앙아시아 지역에서는 호자 (Khoja: Lord, Master)라는 이름으로 쓰인다. 셰이크와 호자가 혼용되어서 쓰이기도 한다. 예를 들면 낙쉬반디 호자 아흐라르는 셰이크와 호자라는 말을 함께 사용하고 있다. (the Naqshbandi Shaykh Khwaja Ahrar)

12. Khorasani Arabic , Iranian Arabs

13. 사만 쿠다는 사산조 페르시아에 바흐람 가문(Bahram Chobin: House of Mihran, Sassanian Empire)에 속함

14. Gibb, H.A.R, (1923), 88 - 89

바스의 칼리프 알 아문(Al Mamun: 813-833)에게서 사마르칸트, 페르가나, 판지겐트, 헤라트의 통치권을 부여받게 되면서 사만 왕국이 시작된다. 연합체적인 성격을 띤 사만왕국을 하나로 통일한 것은 이스마일 사마니(Abu Ibrahim Ismail ibn Ahmad Samani: 892-907)때였고, 이후에 급속히 중앙아시아 북부, 남부 지역으로 영토를 팽창하기 시작한다. 그는 893년 카라한 칸국의 도시였던 탈라스를 점령하고, 네스토리우스파 기독교도들을 이슬람으로 개종시켰다.[15] 그리고 지금의 아랄해 인근인 화레즘 지역에서 조로아스터교를 신봉하던 아프리그드왕국(Afrighids: 305-995)을 복속시키고 이슬람교로 개종시켰다.[16] 그리고 그의 시대에 아랍어 문자를 받아들인 새로운 페르시아 문학의 시조인 루다키(Rudaki: 858 -940)가 활동했다. 또한 사만왕국 시대에 여러 학자들이 나와서 수학, 철학, 의학을 발전시켰다. 대표적으로 수학은 우즈베키스탄 화레즘 출신인 알 호라즈(Muhammad ibn Musa al Khwarizm: 780-850), 철학에서는 카자흐스탄 침켄트 출신인 알 파라비(Al Farabi: 870-950)가 유명하다. 그리고 아바스 칼리프국의 지혜의 집에서 연구하진 못했지만 의학 발전의 큰 영향을 준 우즈베키스탄 부하라 출신의 이븐 시나 (Ali ibn Sina: 980-1037)가 있다.[17] 또한 사만 왕국 시대에 중앙아시아 이슬람에 중요한 3가지 기초들이 형성된다.

---

15. Renee Grousset, (1991), The Empire of the Steppes: A History of Central Asia, (Naomi Walford trans.), Rutgers University Press, 142
16. R.N. Frye, (1999), The Samanids The Cambridge History of Iran, Vol. 4, Cambridge University Press, 138
17. 고마츠 히사오, (2005), 중앙유라시아의역사, (이평래 역), 소나무, 179-184

1) 하디스의 완성

하디스(Hadith)[18]는 꾸란과 함께 이슬람교의 경전의 두 기둥이다. 현재에
도 가장 권위 있는 하디스 6권 중에서 5권이 사만 왕국시대에 중앙아시아
지역에서 완성되었다. 그 중에서도 사만 왕국의 수도였던 부하라 출신인 알
부하리 (Al Bukhari: 810 - 870)가 수집한 하디스가 가장 유명하다. 사만왕
국 시대에 하디스가 완성되면서 초기 이슬람 신학(632 - 847)과 이후의 신
학은 차이점을 가지게 된다. [19]

2) 이슬람 수니 하나피신학 통합

이슬람 수니 하나피 신학은 지금의 이라크 지역을 중심으로한 아샤리신
학(Asharism/Abu al Hasan al Ashari: 873-935)과, 우즈베키스탄 사마르
칸트를 중심으로한 마투리디신학(Maturidism/Abu Mansur al-Maturidi:
853-944[20])으로 분화해 나간다. 또한 하디스의 해석과 적용 등의 문제로 부
하라 하디스 학자들과 사마르칸트 학자들의 논쟁들이 있을 때 사만 왕국의
지도자들은 적절히 조절하면서도, 수니파의 공통 '62신조'를 만들어서 수니

---

18. 순나(전통) 중에서도 무함마드가 말하고, 행동하고, 인정한(묵인한, 침묵한 silent) 것을 기록한 책
19. Addullah Demir (2017), 'Different Interpretations of Abu Hanifa: the Hanafi Jurists and
    the Hanafi Theologians', 튀르키예,, www.dergipark.gov.tr/ulum
20. 알 마투리디의 책, "일신론에 대한 변증서 Kitaab at-Tawheed"은 현재까지도 영미권에서 번역
    되고 있다.

하나피신학을 통합하려고 노력했다.

3) 꾸란 번역 (페르시아어 꾸란)

이슬람 초기 정복 시대부터 꾸란이 페르시아어로 부분 번역되던 것[21]을 사만 왕국의 이스마일 사마니 통치 기간에 페르시아어로 꾸란을 완역했다. 이후에 사만 왕국의 만수르 1세(Abu Salih Mansur: 961-976)는 유명한 이슬람 역사학자인 알 타바리(Jarir al-Tabari: 839-923)의 역사책과 꾸란 주석 (Tafsir al-Tabari)을 페르시아어로 번역해서 보급했다.[22] 이런 작업은 페르시아와 중앙아시아에 이슬람교를 깊이 뿌리내리게 만든 일이었다.

3. 투르크 왕국들

서돌궐칸국(583-659)과 돌궐제2칸국(Second Turkic Khaganate: 682-744)의 붕괴로 투르크 민족들은 여러 지역으로 흩어져서, 여러 지방 정권들의 용병이나 군사 집단으로 성장하고 있었다. 이후에 몽골 초원 지역의 오르혼 위구르왕국(Uyghur Khaganate: 744-840)의 붕괴 후 위구르 유민들

---

21. Salman al-Farisi (568 - 652) 의 번역들 / An-Nawawi, Al-Majmu' Sharh al-Muhaddhab, (Cairo, Matbacat at-'Tadamun n.d.), p.380
22. Marc Gaborieau etc, (2007), The Encyclopaeidia of Islam three, Leiden, Brill, - perisian Quran

이 남서쪽으로 이동하면서, 여러 도시 국가들[23]을 형성하였다. 그런데 이 유민들이 타림분지와 초원지대에서 카를룩 투르크(Karluk Turk)족과 융합되면서 형성된 것이 카라한칸국이다.

1) 카라한칸국

카라한칸국(Kara-Khanid Khanate: 840-1218)이 중요한 이유는 투르크 민족들 중에서 최초로 지배층들의 이슬람교 집단 개종이 있었기 때문이다. 카라한의 사투크 부그라칸(Satuq Bughra Khan: Abdul Karim: 942-958)이 934년에 이슬람교로 개종하면서 카라한칸국의 지배층들의 집단 개종이 있었다. 그리고 이후의 카라한칸국은 지속해서 타림분지 동쪽의 쿠차, 남쪽 호탄 지역에 있던 불교 정권들을 정복했다. 카라한칸국은 서쪽으로는 사만 왕국의 수도였던 부하라까지 점령하게 되면서 트란스옥시아나 지역을 통치하게 된다. 이전에 투르크어에 대한 체계적인 설명이 기록으로 남겨지지 않은 상황에서 카라한칸국에서는 아랍 문자를 차용해서 투르크어를 체계적으로 설명하고, 투르크어 문학을 발전시켰다. 대표적인 학자로는 마흐무드 알 카쉬가리(Mahmud Al-Kashgari: 1005-1102)와 유수프 하스 하집(Yusup has Hajip: 1019-1085)을 들 수 있다.

---

23. 장예 위구르(Ganzhou Uyghur : 894-1036), 투르판 위구르(고창, Qocho Kara-Khoja Uyghur
: 843-1335) etc

2) 가즈나왕국

사만왕국의 투르크 장군으로 중앙아시아 남부 지역을 정복했던 사부크티킨(Sabuktigin: 977-997)이 아프가니스탄 가즈나를 수도로 해서 사만 왕국에 반란을 일으키면서 세워진 가즈나왕국(Ghaznavid empire: 977-1187)은 지배층들이 투르크 민족이었다. 그의 아들 마흐무드(Mahmud of Ghazni: 998-1030)는 이라크, 이란, 중앙아시아의 남부 지역, 북인도까지도 영향권에 두었던 인물이다. 그의 북인도 정벌은 16세기의 무굴 제국까지 이어지는, 북인도에 투르크 이슬람 세력을 키우는 단초를 제공했다. 또한 이슬람 세계에서 최초로 술탄(Sultan)의 칭호를 받은 인물[24]로 신정일치의 칼리프 제도에서 정교분리로 방향성을 바꾼 인물이다. 그리고 그는 문예부흥에도 힘을 써서, 그의 통치 기간 페르시아 문학을 한층 더 발전시켰다. 대표적인 문학가로는 파르디우시(Abul Qasem Ferdowsi Tusi: 940-1025)를 들 수 있다.

3) 셀주크제국

셀주크제국(Seljuk empire: 1037-1194)은 화레즘 지역에서 정착해서 살

---

24. Kramers, J.H.; Bosworth, C.E.; Encyclopaedia of Islam, Second Edition. 'Sultan'
   https://referenceworks.brillonline.com/browse/encyclopaedia-of-islam-2/alpha/t?s.
   rows=100
   Esposito, John L., (2003), The Islamic World: Past and Present, Oxford University Press, 58,

던 셀주크 투르크족이 강성해지면서 주변의 투르크 민족들을 통합함으로
세워졌다. 그후 1040년 단다나칸 전투(Battle of Dandanaqan)를 통해서 중
앙아시아 호라산 지역의 가즈나 왕국을 붕괴시켰다. 그리고 서쪽으로 이
동해서 비잔틴 제국의 아나톨리아 지역까지 정벌하고, 결국에는 1071년 만
지케르트 전투(Battle of Manzikert)[25]를 통해서 아나톨리아 지역을 영구
적으로 지배했다. 이슬람 정통 칼리프 시대의 콘스탄티노플 포위(Siege of
Constantionple: 674-678)와 우마이야 칼리프 시대의 제2차 콘스탄티노플
포위(Siege of Constantionple: 717-718)를 통해서도 획득하지 못했던 아나
톨리아 영토를 투르크 민족들이 점령해서 이슬람 세력의 또 한번의 확장을
이루어 주었다.

　카라한칸국의 마흐무드 카쉬가리는 이 소식을 듣고, 바그다드에 가서
1072년부터 1074년에 걸쳐 "돌궐어대사전(Compendium of the languages
of the Turks/Diwan Lughat al Turk)"을 만들어서 셀주크 술탄에게 헌정
한다. 이 책은 현재에도 많은 투르크 언어권의 나라들에서 민족 언어의 기
원으로 보고 있는 책이다. 셀주크 시대에서 중요한 인물은 유명한 재상인
니잠 알 무크(Nizam al-Mulk: 1018 -1092)와 그의 동향 출신인 투스 지역
의 철학자 알 가질리(Al-Ghazali: 1058-1111)를 들 수 있다. 알 가질리는 철
학, 신학, 수피즘에 지대한 영향을 미친 인물이다. 문학에서는 니샤푸르 아
타르(Attar of Nishapur: 1145-1221)를 들 수 있다.

---

25. 이 전투의 결과로 비잔틴 제국에서 서유럽 지역에 원군을 요청하면서 십자군 전쟁이 일어나게 된다.

4. 서요(카라 키타이)와 몽골의 정복

요나라가 멸망하고 나서, 서쪽으로 이동하던 서요(카라 키타이 Qara Khitai: 1124-1218) 세력은 카라한 칸국의 수도 발라사군을 점령했다. 그리고 서요는 1141년 사마르칸트 근교에서 벌어진 카트완 전투(Battle of Qatwan)에서 셀주크 투르크의 산자르(Muizud Din Ahmad Sanjar: 1085-1157) 술탄이 이끄는 연합군에게 승리함으로 인해서 중앙아시아의 지배권을 가지게 된다. 이후에 일시적으로 화레즘왕국(Khwrezm empire: 1077-1231)이 중앙아시아의 패권을 되찾았지만, 곧 몽골의 침략으로 중앙아시아 북쪽 시르다르야강의 스텝 지역에는 주치칸국(Juchi Khanate: 1226-1378)[26], 트란스옥시아나와 지금의 타림분지 서쪽 지역에는 차카타이칸국(Chagatai Khanate: 1226-1370)이 생겼다. 1250년대에는 몽골의 바그다드 원정으로 이란 지역에는 훌레구칸국(Hulegu Khanate: 1256-1335)이 형성된다. 훌레구칸국, 즉 일칸국(Ilkahnate)은 비록 짧게 유지되었지만 그 시대에 라시드 앗딘(Rashid al-Din Hamadani: 1247-1318)을 통해서 「집사(集史)[27]」가 만들어지면서 세계사의 지평을 넓혔다.[28]

이 시기에 중앙아시아에서는 수피즘(Sufism) 운동이 활성화된다. 시르다리야강 북쪽 침켄트 지역, 중앙아시아 북쪽에서는 야사위 수피종단

---

26. 동명: 킵차크칸국, 금장칸국 (알든 오르다: Altan Ordo)
27. 「집사: 연대기의 집성, Jami al-Tawarikh : Compendium of Chronicles」
28. 라시드 앗딘, (2023), 집사, 전 5집, (김호동 역), 사계절
　　① 부족지 ② 칭기스칸기 ③ 칸의 후예들 ④ 일칸들의 역사 ⑤ 이슬람의 제왕

(Yasawiyya: Ahmad Yasawi: 1093-1166), 화레즘 히바 근처, 즉 중앙아시아 서부 지역에서는 쿠브라위 수피종단(Kubrawiyya: Najm al Din Kubra: 1145-1221), 그리고 아프가니스탄 시스탄 지역, 즉 중앙아시아 남부 지역은 치스티야 수피종단(Chishtiyya: Mu'in al-Din Chishti: 1143-1236)이 대표적이었다. 이 수피 종단들은 몽골의 침략으로 약해지기도 했지만, 이후에 몽골 칸들을 이슬람교로 개종[29]시키는데 결정적인 역할을 담당한다.

5. 티무르제국

티무르제국(Timurid empire: 1370-1507)이라는 말은 서양에서 붙여준 이름이다. 아미르 티무르(Amir Timur: 1370-1405)[30]는 그 명칭에서도 알 수 있지만, 한 번도 자신을 칸이라고 명한 바가 없다. 그는 최소한 1402년까지는 명목상의 차카타이칸국의 칸[31]을 세우고, 그를 돕는 '아미르(Amir)[32]'로 남아 있었다. 그리고 차가타이칸국의 칸의 딸과의 혼인[33]을 통해서 몽골 칸

---

29. 1장 각주 45번 참조
30. 동명: Tamerlane, Turan / 무덤: Gur-e-Amir / 직위: Beg, Sultan, Gur → 1) 법 law 2) 신랑 groom 참고: Guregen "Son-in-law", "Royal groom 존귀한 신랑" = Khurgen (Mongol)
31. Sultan Mahmud Khan (?/1384-1402)
32. Amir= Emir 같은 뜻이다. / 아랍어로는 '군대 사령관 Commander of army'이 뜻하다가 점차 '왕자, 귀족 prince or royal'과 함께 통치자들의 아들에게 부여되는 존칭으로 쓰인다. / 파슈툰어로는 리더 'leader' or 'boss' / 페르시아어로는 불멸 'immortal'을 뜻한다.
33. 티무르의 부인 Saray Mulk Khanum (1341-1408) → 그녀의 아버지는 카잔칸 (Qazan Khan ibn Yasaur: 1343-1346 Chagatai Khan)이었다.

의 정통성을 유지하려고 노력했다. 그는 몽골 야삭법[34]을 더 선호했고, 이슬람교의 샤리야법[35]을 존중하지 않았다. 이런 입장은 티무르제국의 승계자에 따라서 달라진다. 3대 세습자인 샤루흐(Shah Rukh: 1405-1447)는 야삭법보다 이슬람의 샤리아법을 강조했다.[36] 그리고 샤루흐의 장남으로 사마르칸트를 오랫동안 통치했던 울루그 베그(Ulugh Beg: 1447-1449)은 천문학과 여러 문학을 발전시켰지만, 샤리아법을 강조하며, 중앙아시아에서 그나마 남아 있던 기독교인들에게 박해를 가해서 완전히 사라지게 했다.[37]

이 시기에 중앙아시아에서는 투르크 몽골(Turco-Mongol)의 융합으로 인한 새로운 언어 체계인 차카타이어가 만들어진다. 이 차가타이어는 현재 우즈벡어, 위구르어에 기원이 되는 언어로 보고 있다. 이 언어로 기록된 차가타이문헌(Chagatai literature)은 그 시대를 알 수 있는 연구자료로 유용하게 쓰이고 있다. 대표 문인은 알리셰르 나보이(Ali-Shir Navoi: 1441-1501)가 있다. 그리고 수피즘에서는 현재 21세기까지 영향력을 미치고 있는 낙쉬

---

34. 야삭법 (Yassa , Yasa, Yasaq, Jazag): 칭기즈칸이 화레즘 원정 중 부하라에서 반포한 법령, 몽골의 전통 관습법을 말한다. 칭기즈칸의 양아들 시키 쿠투추(Shigi Qutuqu : 1178 - 1260)가 성문화하고, 차가타이칸이 법의 수호자로 임명되었다. 그러나 야삭법의 초기 원본은 발견되지 않았고, 이후에 칸들이 수정한 자료들이 부분적으로 남아 있다. (예: 도축법이 샤리야법과 극명히 다르다. 야삭법에서는 피가 땅에 떨어지면 안된다. 반면에 샤리야법에서는 도축할 때에 피를 다 흘려보내야만 한다.)

35. 샤리아법 (Sharia, Saria, Shara, Shariyah): 이슬람교 꾸란과 하디스(순나) 중에서 신성하고 불변한 법들

36. ① Ghiasian, Mohamad Reza (2018), Live of the Prophets: The illustrations to Hafiz-I Abru's "Assembly of Chronicles, Brill, 7 ② 이주엽, (2003), 16세기 중앙아시아 신흥국가들의 몽골제국 계성성 연구: 우즈벡, 카자흐칸국과 무굴제국의 지배계층을 중심으로, 단국대대학원, 50

37. Thomas of Metsoph, (2021), The History of Tamerlane and His Successors by Vardapet T'ovma Metsobets'I, Robert Bedrosian, trans, New York: Sophene, 19

반디 수피종단(Naqshbandiyya: Baha al Din Naqshband: 1318-1389)이 만들어진다.

6. 동차가타이칸국 (모굴리스탄)

몽골 칸국들의 칸들이 이슬람교로 개종할 때 차가타이칸국은 '야삭법의 수호자'로 부여된 전통을 지키려고 노력했었다. 그러나 동차가타이칸국 (모굴리스탄 Moghulistan: 1347-1680)을 계승한 투틀리크 티무르(Tughlugh Timur: 1347-1363) 때가 되면 이슬람교로의 집단 개종이 이루어진다. 그는 아르사드 우딘 (Maulana Arshad ud Din[38])을 통해서 개종했고 16만 명의 몽골 전사들에게 이슬람 신앙 고백을 하게 만들었다.[39] 그는 한 때 서차가타이 지역까지 원정하고, 차가타이칸국을 재통일했다. 그의 통치 기간에 에미르 티무르는 그의 신하였다. 이후에 동차가타이칸국에는 계속된 분열과 분쟁이 있었다. 약 백년 후에 유누스칸(Yunus, Hajji Ali: 1462-1487)은 티무르 제국의 샤루흐의 도움으로 유명한 학자였던 알리 야지드(Maulana Sharaf ad Din Ali Yazdi: ?-1454)[40]에게 교육을 받고, 1456년 동차가타이 지역으

---

38. 모굴리스탄의 역사: Dughlat Muhammad Haidar 1551, (2009), THE TARIKH-I-RASHIDI, (1898, N. Elias & Translated by E. Denison Ross.), Karakoram Books, Mohammed Murad Butt Place Srinagar Kashmir, 23
39. Renee Grousset, (1991), 344
40. 티무르의 전쟁사(Zafarnama)를 쓴 학자다.

로 돌아가서 중흥기를 이루어 냈다. 그러나 아이러니하게도 유누스칸은 티무르제국을 공격해서 타쉬켄트까지 점령했다. 그의 자손들 중에는 외손자인 무굴제국의 창시자 바부르(Zahir ud Din Muhammad Babur: 1504-1530)가 있고, 손자들은 위구르스탄의 만수르칸(Sultan Mansur Khan: 1503 - 1543), 만수르의 동생 사이드칸(Sultan Said Khan: 1514-1533)이 있다. 특히 사이드칸의 자손들은 현 위구르족의 문화에서 중요한 '12묵캄 (12 Muqam)'이라는 음악 체계를 만들어 냈다.

7. 샤이바니칸국

샤이바니칸국(Shaybani khanate: 1428-1510)은 주치칸국의 한 분파였던 샤이바니의 가문[41]으로부터 시작한다. 주치칸국이 여러 개의 소수의 칸국[42] 으로 분화하기 시작하면서 샤이바니 가문의 아불 하이르칸(Abul Khayr Khan: 1428-1468)과 함께 중앙아시아로 내려온 투르크 몽골 계열의 민족들이 샤이바니칸국을 형성했다. 샤이바니칸국은 킵차크 초원을 점유하고, 트란스옥시아나까지 내려오면서 티무르제국의 통치자들과 전쟁을 하고 결국에는 아불 하이르칸의 손자 무함마드 샤이바니(Muhammad Shaybani:

---

41. 주치의 다섯번째 아들 사이반(Shayban)의 가문
42. Kazan (1438 - 1552), Sibir (1468 - 1598), Astrakhan (1466 - 1556), Qasim (1452 - 1681), Nogai (1440 - 1634)

1500-1510)칸이 트란스옥시아나를 점령하게 된다. 그러나 샤이바니칸국 안에서 카자흐족과 우즈벡족 간의 전투가 일어나고, 시르다리야강 북쪽은 카자흐족이, 트란시옥시아나 지역은 우즈벡족이 점유하게 되는 것이 고착화된다.

한편 티무르의 사후에 여러 개로 분리되었던 이란 지역을 통일한 사파비제국(Safavid empire: 1501-1736)이 강력한 시아파 투르크 기병대[43]를 통해서 1510년 메르브 전투 (Battle of Merv)에서 샤이바니칸를 무찌르면서 중앙아시아 지역을 시아파와 순니파 권역으로 양분하는 결정적인 역할을 했다. 이 전투에서 사파비제국의 이스마일 샤(Shah Ismail: 1501-1524)는 전사한 무함마드 샤이바니칸의 해골을 보석으로 치장하여 술잔으로 만들었다고 전해진다.[44] 남겨진 샤이바니 가문들은 우즈벡칸국들을 건설한다.

8. 카자흐칸국

카자흐칸국(Kazakh Khanate: 1465-1781)은 샤이바니칸국의 아불 하이르 칸과 함께 내려왔던 카자흐족 케레이칸(Kerei Khan: 1465-1473)과 자니벡 칸(Janibek Khan: 1473-1480)이 분리 독립하면서 세워졌다. 이 두 형제는

---

43. 크즐바시(Qizilbash: red head)
44. Abraham Eraly, (2007), Emperors of the Peacock Throne: The Saga of the Great Moghul, Penguin books, 25

서로 연합하고, 형제 승계를 통해서 카자흐칸국을 이끌어 갔다. 우즈벡칸
국과의 전쟁을 승리로 이끈 카심칸(Qasim Khan: 1511-1521)의 시대가 되면
시르다리야강 북쪽 초원 지대가 안정을 누리고, 많은 모스크와 영묘가 건설
되어서 이슬람교가 번창했다.[45] 그래서 이 시대를 "카심칸의 빛의 길"이라
고 표현한다. [46]

이후에 분열하던 카자흐칸국은 동부에서 준가르칸국과의 전쟁(Kazakh
Dzungar war[47]: 1643-1755)을 통해서, 서부에서는 러시아 코사크와의 분쟁
[48](War against Cossacks: 1709-1724) 등으로 약해진다. 서부 지역에서 러
시아와의 분쟁의 여러 요인들 중에서 카자흐족과 우즈벡 히바칸국과의 노
예 매매 문제도 있었다.[49] 이후에 카자흐칸국의 칸들은 준가르칸국의 위
협 때문에 러시아제국에 화의를 청했다. 대표적으로 1731년 서쪽에 소쥬즈
(Kici Juz: Junnior Zhuz)의 칸이었던 가지 압둘라 술탄(Abul Khair Khan
bin Qaji Adbdullah Sultan: 1718-1748)이 러시아제국에 충성을 맹세함으로

---

45. Dughlat Muhammad Haidar 1551, (2009), THE TARIKH-I-RASHIDI, Ibid., 82
46. "Qasym hannyn qasqa joly" - "Bright Road of Kasym Khan": 무굴제국 바부르의 친척관계
    였던 하이다르(Mirza Muhammad Haidar Dughlat: 1499 - 1551)가 쓴 라시드의 역사(Tarikh-
    i-rashidi)에서 카심칸에 대한 기록이 있다.
47. 준가르의 카자흐 침략과 전쟁은 꽤나 오랜 전쟁의 역사를 갖는다. 시작은 1643년 올부락전투
    (Batte of Orbulaq)부터 보고, 끝은 1750년대까지 보기도 한다.
48. Yuriy Anatolyevich Malikov, (2006), Formation of a Borderland Culture: Myths and
    Realities of Cossack-Kazakh Relations in Northern Kazakhstan in the Eighteenth and
    Nineteenth Centuries, Santa Barbara , University of California, 375
49. Peter L. Roudik, (2007), The History of the Central Asian Republics, The Greenwood
    Histories of the Modern Nations, 67 / 요즘은 카자흐족들의 노예 사냥도 문제였지만, 코사크
    의 노예 사냥도 문제가 많았다는 주장의 견해 논문들이 나오고 있음.

동맹관계를 유지하려고 했다.[50] 또한 우즈벡칸국들과의 분쟁 때문에 러시아 제국과 계속 화친하다가 이후에는 러시아제국의 남침이 심해지자 남부 우 즈벡칸국들과 연대해서 러시아제국을 견제했다. 이런 대외 관계를 통해서 다시 한번 카자흐칸국의 중흥을 이룬 아불 만수르칸(Abul Mansur Abylai Khan[51]: 1771-1781)은 트란스옥시아나의 타슈켄트까지 점령하긴 했지만 일 시적인 사건에 불과했다. 그의 사후 아들들의 권력 투쟁으로 카자흐칸국은 다시 무너지게 된다. 그리고 이후에 카자흐칸국의 지도자들[52]이 러시아제국 에 항쟁을 벌였지만 성공하지 못했다. 이렇게 카자흐칸국은 외세의 침략으 로 인한 어려움들이 있었지만 또한 내부의 문제도 있었다. 카자흐칸국은 크 게 보면 세 개의 큰 집단으로 나누어져 있고[53], 또 한 집단 속에서도 씨족 집 단[54]들이 여러 개가 있었다. 각 집단들의 리더들의 불협화음 등이 단일한 나 라로의 독립을 지속해서 유지하는데 어려움을 주었다.

---

50. Afinogenow, Gregory, (2019), Languages of Hegemony on the Eighteenth-Century Kazakh Steppe, The International History Review, 41

51. Opta Juz: Middle Zhuz 1743 - 1781/ Kazakh Khan: 1771 - 1781

52. Makhambet Otemisuly 1804 - 1846, Eset Kotibaruli 1803 - 1889 etc

53. 쥬즈 (Uly Juz: Senior Zhuz / Opta Juz: Middle Zhuz / Kici Juz: Junnior Zhuz)

54. 1) Uly Juz: Dulat, Jalayir, Qangly, Alban, Suwan, Sary-Uysin, Shapyrashty, Sirgeli, Oshaqty, Ysty, Shanyshqyly
    2) Opta Juz: Argyn, Kerei, Naiman, Khongirad, Qypchak, Taraqty, Uwaq
    3) Kici Juz: Baiuly (Adai, Alasha, Baibaqty, Berish, Jappas, Masqar, Taz, Tana, Esentemir, Ysyq, Qyzylqurt, Sherkesh) Alimuly (Qarakesek, Qarasaqal, Torqara, Kete, Shomekei, Shekti), Jetyru (Tabyn, Tama, Kerderi, Kerey, Zhagalbaily, Telew, Ramadan)

9. 준가르칸국[55]

준가르칸국(Dzungar Khanate: 1634-1755)의 기원은 몽골 서부의 오이라트 부족에서 찾아볼 수 있다. 대표적으로는 토목보의 변(1449)을 일으켰던 에센 타이시(Esen Taishi: 1453-1454)가 있다. 준가르칸국은 지금의 타림분지의 북쪽을 점거하고, 세력을 키워서 투르판 위구르칸국과 남쪽으로는 티베트 지역을 점령하고, 몽골 초원 지역까지 영향을 미쳤다. 또한 타림분지 서쪽의 카쉬가르의 종교 정치 지도자였던 아팍 호자(Apak Khoja: ?-1694)의 요청을 빌미로 타림 분지 지역을 점령하고(Dzungar conquest of Altishahr: 1678-1680), 이후에 사이람, 현재의 카자흐스탄 침켄트까지 정복전쟁을 한다. 이렇게 준가르칸국이 중앙아시아에 진출하면서 카자흐칸국과 모굴리스탄칸국은 분열되고 약해진다. 또한 준가르칸국은 같은 몽골 부족인 할하 부족을 정복하고, 베이징 북쪽 지역까지 진출하면서 전투를 벌였다. 1690년 울란 부통 전투(Battle of Ulan Butung)에서 청나라 군대는 큰 희생을 치루고 나서야 준가르 군대를 물리칠 수 있었다. 이후에도 준가르는 반세기 동안 세력을 떨치다가 내부 분열과 청나라의 침략으로 민족 자체가 없어지게 된다.(Dzungar genocide 1755-1758)

---

55. 준가르칸국의 기록은 의외로 스웨덴에서 발견되는데, 스웨덴과 러시아와의 북방전쟁(Great Northern War: 1700 – 1721)에서 생겨난 스웨덴 포로들을 러시아제국이 시베리아 개발에 투입하는 과정 속에서 준가르인들에게 다시 노예가 된 스웨덴 사람들을 통해서 유럽의 대포 기술이 알려졌고, 그들이 풀려나면서 서구에서 기록과 자료가 남아 있게 된다. 대표적으로는 구스타브 레나트(Johan Gustaf Renat: 1682-1744)의 책과 지도와 브리지타(Brigitta Scherzenfeldt: 1684-1736)가 가지고 온 유물들과 함께 기독교로 개종하고 함께 온 준가르 여인들이 있다.

10. 두라니왕국

중앙아시아 남부 지역에서 사파비제국(Safavid empire: 1501-1736)이 서쪽을, 무굴제국(Mughul empire: 1526-1857)이 동부 지역을 점유하면서 분쟁하고 경쟁했다. 사파피제국과 무굴제국 모두 권력자들의 승계가 안정적이어서 평화의 시기가 있었다. 이런 평화의 시대가 먼저 깨진 것은 사파피제국 쪽이었다. 호라산, 북서부 이란 지역의 투르크 아프샤르족이었던 나디르샤(Nader Shah Afshar: 1736-1747)가 반란을 일으키면서 사파피제국을 멸망시켰다. 무굴제국도 마라타왕국(Maratha empire: 1674-1818)으로 발전하는 힌두 연합 왕국들의 반란을 제대로 막지 못하기 시작한다. 이 혼란한 시기에 나디르 샤까지 암살되면서 그의 장군이었던 파슈툰족 아흐마드 두라니(Ahmad Shah Durani: 1747-1772)가 지금의 아프카니스탄 칸다하르에서 나라를 세우고, 지금의 이란과 인도 모두를 공격하면서 두라니왕국(Durrani empire: 1747-1863)을 건설한다. 두라니왕국은 무굴과 마라타의 전쟁에 적극적으로 참여하여, 무력한 무굴 황제를 대신해서 마라타와의 전쟁(Afghan - Maratha war: 1758-1761)에서 승리함으로 명목상의 무굴 제국을 연명시켜 준다. 이런 아프가니스탄 파슈툰족의 독립된 나라의 건설은 이후에 대영제국과의 전쟁(British - Afghan Wars: 1839- 1842, 1878 -1880)을 이겨낼 수 있는 힘이 된다.

이 시기에 북인도와 호라산 지역에 데오반디운동(Deobandi Movement)

이라는 이슬람 부흥 운동이 일어난다. 델리 북쪽의 데오반디라는 작은 도시의 마드라사에서부터 시작된 운동은, 초기에는 제국주의에 대한 독립 운동처럼 보였지만 이후에는 이슬람 근본주의적인 성격을 가지고 호라산 지역의 마드라사들로 퍼져갔다. 이 운동의 시초는 왈리울라 데히라위(Shah Waliullah Dehlawi: 1703-1762)로 그는 같은 시기에 메디나에서 와하비즘(Wahhabism)의 시초인 알 와하비(M. ibn Abd al Wahhab: 1703-1792)와 같이 수학했다.[56] 데오반디 운동의 성격의 다양성이 있지만 근원적으로는 무슬림이라면 아랍 문화를 확고하게 지켜내야 한다는 신념[57]과 정치적인 영향을 주려고 했던 점[58]에서 이 운동은 이슬람 근본주의 운동으로 나아가게 했다. 흥미로운 점은 데이반디운동의 신학적 기초가 사마르칸트 하나피신학[59]이라는 점이다.

11. 부하라칸국, 히바칸국, 코칸드칸국

56. Kamran Bokhari, (2021), 'The long Shadow of Deobandism in South Asia', Nweslines Magazine (23 November 2021) https://newlinesmag.com/essays/the-long-shadow-of-deobandism-in-south-asia/

57. Dr. Mubarak Ali, (2012), Almiyat e Tarikh, Lahore, Fiction House, 95-105

58. S. Athar Rizvi, (1980), Shah Waliullah and His Times, Canberra, Marifat Publishing House, 227

59. Najm al Din Abu Hafs Umar al Nasafi (1067-1142) "Al Aqaid Al Nasafiyyah" 책과 그의 스승인 Abu al Muin al Nasafi (1027-1115) "Tabsirat al Adillah: Instructing the Evidences" 연구해 보자.

샤이바니칸국의 우즈벡족들은 지역적으로 부하라칸국(Bukhara Khanate: 1510-1920)과 히바칸국(Khiva Khanate: 1511-1920) 그리고 시간이 흘러 페르가나 분지를 중심으로 코칸트칸국(Kokand Khanate: 1709-1876)으로 분화한다. 부하라칸국와 히바칸국은 서로 분쟁도 했지만, 1745년에 나디르샤의 침략 때는 연합하기도 했다. 두 칸국은 시대에 따라서 여러 가문의 왕조들로 변화했지만, 영토 면에서는 큰 변화가 없었다.

이 시기에 명나라의 계속된 쇄국 정책과 17세기 중국의 왕조 교체기가 이어지고 서방에서는 오스만과 샤파피 제국간의 분쟁 등의 악재들로 중앙아시아의 중개 무역이 약해졌다. 그래서인지 중앙아시아에서는 19세기 말까지 '노예무역'이 성행하게 된다. 이 문제를 구실로 삼아 러시아제국이 히바와 부하라로 진출하려고 하자 대영제국은 1840년 아프카니스난 헤라트에 있던 장교들[60]을 히바로 파견해서 러시아 노예를 풀어주는 작전을 펼쳐서 러시아의 남하를 저지했다. 거의 동시대에 이곳을 탐험했던 독일 사람이 쓴 보고서[61]에는 부하라에만 20만명의 페르시아 노예들이 있다고 기록되었다. 중앙아시아 전체적으로 100만명의 노예가 있었다는 견해[62]도 있다. 결국 1873년 러시아가 히바를 점령하고 노예 29,300명을 해방했다. 그리고 공식적으로 중앙아시아에서 노예무역은 금지되었다. 그 때 시대상을 러시아 예술가이자 탐험가였던 바실리(Vasily Vereshchagin: 1842-1904)는 중앙아시

---

60. James Abbott (1807-1896), Richmond Shakespear (1812-1861)
61. Report of Joseph Wolff (1843-1845)
62. Mayhew, Bradley, (1989), Fabled Cities of Central Asia: Samarkand, Bukhara, Khiva, Robin Magowan, Vadim E. Gippenreiter, 30

아를 여행하면서 삽화로 남겼다.

코칸드 칸국은 청나라와 인접한 관계로 무역하고, 조공 관계도 유지했다. 그러나 중국 서북부 지역에서 일어난 둥간족의 반란(Dungan Revolt: 1862-1877)과 함께 타림 분지의 여러 위구르 오아시스 도시에서 일어난 반란들을 돕는다는 명분으로 군대를 타림분지에 파견했다. 그때 파견된 장교가 야쿱 벡(Yakub Beg: 1820-1877)이었다. 그는 코칸트칸국과의 관계도 무시한 채 독립 세력을 이루며, 여러 도시의 세력들을 점령하면서 타림분지 남쪽 지역을 통일하고(1865), 에티샤르칸국(Yettishar Khanliqi[63]: 1865-1877)이라고 명명했다. 그리고 동쪽 지역인 투르판까지 세력 판도를 넓혔다. 야쿱 벡은 러시아 제국과 영국[64] 부하라칸국[65]과 오스만제국[66]에도 외교 사절을 보냈다. 그러나 청나라는 서구 열강과의 아편전쟁(1차 1840-1842, 2차 1856-1860), 태평천국의 난(1851-1864), 염군의 난(1851-1868)과 같은 국내 문제로 서북 변경에 신경을 쓸 수 없었다. 둥간족들의 반란을 겨우 수습한 섬감총독 좌종당(Zuo Zongtang: 1812-1885)이 1876년에서야 하미 지역으로 진

63. "7개 도시의 칸"이라는 뜻, 카슈가르(Kashgar), 호탄(Khotan), 야르켄트(Yarkand), 이샤르(Yengisar), 악수(Aksu), 쿠차(Kucha), 쿠얼라(korla) 등의 타림분지 오아시스 도시들을 말한다.

64. Herbert Allen Giles, (2013), A Chinese biographical dictionary, Volume 2, (1898, Stanford University Library, Retriewed), 894

65. 부하라 에미레이트의 에미르는 그에게 'Athalik Ghazi: Champion Father of the Faithful", Ghazi = volunteer fighters for the faith' 라는 칭호를 줌. / Demetrius Charles de Kavanagh Boulger, (2012), The life of Yakoob Beg : Athalik ghazi, and Badaulet; Ameer of Kashgar, (1878, London : W.H.Allen, Retrieved), 118 - 120

66. Kim Hodong, (2010), Holy War in China: The Muslim Rebellion and State in Chinese Central Asia, 1864 - 1877, Stanford University Press, 152-153

군할 준비를 마쳤다. 그런데 1877년 야쿱 벡이 진중에서 사망하면서, 좌종당의 청나라 군대는 큰 전투 없이 타림분지의 위구르 지역을 재점령할 수 있게 되었다.

12. 러시아제국

러시아는 몽골 침략으로 주치칸국이 세워지면서 '타타르의 멍에(1237-1480)'[67]라는 말이 생겨날 만큼 2백년 이상의 간접 통치를 받으며 고통받았다. 그런데 16세기부터 주치칸국의 분열로 파생된 칸국들을 러시아공국이 점령해 가면서 점점 더 제국으로 성장한다. 러시아제국은 시베리아로까지 영역을 확대하고, 청나라와 네르친스크조약(Treaty of Nerchinsk ,1689)을 통해서 중국 북동부까지 영토를 확대한다. 또한 코사크 기병대를 동원해서 서부 카자흐 초원 지대를 시작으로 요새(오렌부르그, Orenburg)를 건설하고, 중앙아시아에 진출한다. 이후에 러시아 제국의 남방 정책은 스웨덴과의 북방전쟁 때문에 약화되다가 준가르칸국의 중앙아시아 침입으로 말미암은 카자흐칸국의 원조 요청으로 공식적으로 다시 시작되게 된다. 러시아제국은 프랑스 나폴레옹과의 전쟁으로 팽창 정책이 약화되긴 했지만, 이후에 다시 킵차크 초원지대를 점령하고(1847), 트란스옥시아나 전체 지역

---

67. Charles J. Halperin, (2009), The Tatar Yoke: The Image of The Mongols in The Medieval Russia, (1986, Book Review: Slavica Publishers Indiana University), 10

을 점령하고(Tashkent 1865, Samarkand 1868, Khiva 1873, Kokand 1875), 중앙아시아 동부로 진출해서 청나라와 1881년 이닝 조약(Treaty of Saint Petersburg: Treaty of Ili)으로 국경을 확정 짓게 된다. 그리고 남겨졌던 중앙아시아의 서부 지역(Merv 1884)을 점령한 후 카스피해 동부 지역까지 진출하고, 1893년에 파미르고원까지 점거하고, 아프가니스탄을 완충지대로 삼고 대영제국과 대립하게 된다.

결론

중앙아시아는 7세기부터 이슬람 세력의 계속된 정복으로 인해서 이슬람교라는 종교의 단일한 문화권으로 통일된다. 이 문화권의 통일은 화레즘, 호라산, 트란스옥시아나를 중심으로 한 정주민 지역에서 더 활발히 이루어지는데 이에 가장 큰 역할을 한 나라는 사만왕국이었다. 특히나 그 시대에 하디스가 완성되면서 이슬람교 자체에도 큰 영향을 주었다. 한편 중앙아시아 북부의 초원지대의 유목민들, 동부의 분지와 사막에 있던 오아시스 도시들의 정주민들은 이슬람교의 단일한 문화권으로 서서히 들어오게 되는데 이에는 카라한칸국의 이슬람화가 절대적인 영향을 주었다. 12세기 중반부터 서요와 몽골의 침략으로 중앙아시아의 이슬람 문화권이 붕괴되는 것 같았지만, 수피 운동이 강력하게 일어나고, 몽골의 칸들이 이슬람교로 개종하면서 이 이슬람 문화권은 유지되고 도리어 15세기 이후에 티무르제국 시대가 되면 더욱더 획일한 이슬람 문화권이 확립된다.

이후에 19세기가 되면 중앙아시아의 동부는 청나라에게 다시 빼앗기고, 북부와 중부, 서부 지역은 러시아제국에게 영토를 차츰 빼앗기면서 중앙아시아 이슬람 문화권은 붕괴하기 시작한다. 한편 중앙아시아 남부 지역은 두라니왕국과 데오반디운동으로 강력해진 이슬람 세력이 대영제국의 침략을 막아내면서 이슬람 문화권이 유지된다.

이렇게 중앙아시아의 '종교적, 정치적 삼각 구도' – 북서부의 러시아, 동부의 청나라, 남부의 이슬람-는 한 세기 이상 고착화되면서, 각 권역마다 종교, 정치적 핍박들이 있었지만, 보다 다양한 문화가 만들어지고 발전했다. 예를 들면 카자흐스탄은 정교회의 성탄일과 이슬람의 주요 절기 모두 공휴일이다. 그리고 '바차 바즈(Bacha bazi)'[68] 와 같은 문화는 중앙아시아 북부와 동부에서는 사라졌다. 어찌 보면 위에 언급한 이슬람 단일문화권의 붕괴는 7세기 이전에 중앙아시아에 면면히 내려오던 교류와 융합의 다양성으로의 회귀라고 볼 수 있다. 현재에도 러시아와 중국 그리고 이슬람 국가들의 영향력이 존재하고, 여기에 서구권의 영향력이 가세하여, 종교와 문화의 다양성을 이루어 내고 있다. 부디 중앙아시아의 각 나라와 민족들이, 작은 어린이부터 노인에 이르기까지 모두가 더 자유롭게 종교와 문화적 다양성을 누렸으면 좋겠다는 생각을 하며 이 글을 마무리한다.

---

68. Bacha bazi (boy play, dancing boy): 어린 소년을 성인들의 오락거리로 삼기 위해서 집단이나 개인이 키우는 문화, 중앙아시아 남부 아프가니스탄, 일부 파키스탄 지역에서 현재까지도 성행하고 있다. 탈레반은 이 문화를 동성애로 규정하고 싸워왔지만 줄어들지 않고 있다. 도리어 탈레반들도 참여하고 있다.

[그림 : 바치의 초상화 Portrait of Bachi][69]

---

69. 그림: 바치의 초상화, Portrait of Bachi(Bacha bazi) (between 1867 and 1868 in Samarkand)- Vasily Vereshchagin (Russian, 1842-1904), https://artvee.com/dl/portrait-of-bachi#00 (License: All public domain files can be freely used for personal and commercial projects.)

　중앙아시아와 이슬람

참고 문헌)

라시드 앗딘, (2023), 집사, 전 5집, (김호동 역), 사계절

고마츠 히사오, (2005), 중앙유라시아의역사, (이평래 역), 소나무

이주엽, (2003), 16세기 중앙아시아 신흥국가들의 몽골제국 계승성 연구: 우즈벡,
　　카자흐칸국과 무굴제국의 지배계층을 중심으로, 단국대대학원

Kim Hodong, (2010), Holy War in China : The Muslim Rebellion and State in
　　Chinese Central Asia, 1864 - 1877, Stanford University Press

Dughlat Muhammad Haidar 1551, (2009), THE TARIKH-I-RASHIDI, (1898, N. Elias
　　& Translated by E. Denison Ross.), Karakoram Books, Mohammed Murad Butt
　　Place Srinagar Kashmir

Herbert Allen Giles, (2013), A Chinese biographical dictionary, Volume 2, (1898,
　　Stanford University Library, Retriewed)

Demetrius Charles de Kavanagh Boulger, (2012), The life of Yakoob Beg: Athalik
　　ghazi, and Badaulet ; Ameer of Kashgar, (1878, London: W.H.Allen, Retrieved)

Gibb, H.A.R, (1923), The Arab Conquests in Central Asia, London: The Royal
　　Asiatic Society

Shaban, M.A. (1979), The Abbasid Revolution, Cambridge: Cambridge University
　　Press

Renee Grousset, (1991), The Empire of the Steppes: A History of Central Asia,
　　(Naomi Walford trans.), Rutgers University Press,

R.N. Frye, (1999), The Samanids, The Cambridge History of Iran, Vol. 4, Cambridge
　　University Press

Kennedy, Hugh, (2004)., The Prophet and the Age of the Caliphates: The Islamic
　　Near East from the 6th to the 11th Century, Harlow : Longman

Madelung, Wiferd, (1997), The Succession to Muhammand: A Study of the Early
　　Caliphate, Cambridge: Cambridge University Press

Esposito, John L., (2003), The Islamic World: Past and Present, Oxford University

Press

Ghiasian, Mohamad Reza (2018), Live of the Prophets: The illustrations to Hafiz-I Abru's 'Assembley of Chronicles', Brill

Thomas of Metsoph, (2021), The History of Tamerlane and His Successors by Vardapet T'ovma Metsobets'I, Robert Bedrosian, trans, New York: Sophene

Abraham Eraly, (2007), Emperors of the Peacock Throne: The Saga of the Great Moghul, Penguin books

Peter L. Roudik, (2007), The History of the Central Asian Republics, The Greenwood Histories of the Modern Nations

Afinogenow, Gregory, (2019), Languages of Hegemony on the Eighteenth-Century Kazakh Steppe, The International History Review

Charles J. Halperin, (2009), The Tatar Yoke : The Image of The Mongols in The Medieval Russia, (1986, Book Review : Slavica Publishers Indiana University)

Dr. Mubarak Ali, (2012), Almiyat e Tarikh, Lahore, Fiction House

S. Athar Rizvi, (1980), Shah Waliullah and His Times, Canberra, Marifat Publishing House

Mayhew, Bradley, (1989), Fabled Cities of Central Asia: Samarkand, Bukhara, Khiva, Robin Magowan, Vadim E. Gippenreiter

Hasson, (2002), Encyclopaedia of Islam, Volume XI, Leiden : E.J.Brill

Addullah Demir (2017), 'Different Interpretations of Abu Hanifa : the Hanafi Jurists and the Hanafi Theologians', 튀르키예,, www.dergipark.gov.tr/ulum

Yuriy Anatolyevich Malikov, (2006), Formation of a Borderland Culture: Myths and Realities of Cossack-Kazakh Relations in Northern Kazakhstan in the Eighteenth and Nineteenth Centuries, Santa Barbara, University of California

Kamran Bokhari, (2021), 'The long Shadow of Deobandism in South Asia', Nweslines Magazine (23 November 2021) https://newlinesmag.com/essays/the-long-shadow-of-deobandism-in-south-asia/

3장
중앙아시아 이슬람에 대한
제정 러시아 및 소련의 영향

서 현 석

중앙아시아의 이슬람을 기타 지역의 이슬람과 구분 짓게 만드는 요인들 중 하나는 중앙아시아가 제정(帝政)러시아 및 소련의 지배를 받았다는 것이다. 제정 러시아의 영향을 받았다는 것은 러시아제국의 전제주의와 러시아정교의 영향이 있었다는 것이요, 소련의 지배를 받았다는 것은 소련의 정치체제 특히 소비에트 사회주의의 통치하에 있었음을 의미한다. 본고는 이 두 가지 요소가 중앙아시아의 이슬람에 어떤 독특성을 형성했는지 살펴보고자 한다. 이 목적을 달성하기 위해 중앙아시아 이슬람과 관련된 제정 러시아 및 소련시대의 역사를 살펴본 후 결론을 도출하고자 한다.

1. 중앙아시아 이슬람화 과정

이슬람이 전파되기 이전에 중앙아시아에는 다양한 종교와 문화가 들어왔다. 불교는 북인도에서 기원하여 아프카니스탄, 중앙아시아를 거쳐서 동아시아에 유입되었고, 조로아스터교, 네스토리우스파 기독교, 마니교 등등이 일찍이 이 지역에 영향을 주었다.

한편 중앙아시아 이슬람은 7세기부터 시작된다. 무아위야(Muawiya, 661-680 재위)의 통치시기에 아랍 무슬림들은 중앙아시아의 부하라를 정복하였다. 이후 우마이조의 '쿠타이바 이븐 무슬림'은 중앙아시아 지역을 다시 침범하여서 부하라, 화레즘 등을 정복하고 중앙아시아 서부의 사마르칸트 지역까지 그 정복 지역을 넓혔다.[01]

8세기 중엽 무슬림들은 탈라스전투에서 중국을 물리치고, 중앙아시아 지역에 결정적인 영향력을 가지게 되었다. 이후 중앙아시아에는 강력한 유목 민족이 차례로 등장하면서 이 지역의 맹주가 된다. 11-12세기의 화레즘 왕조, 13세기 이후의 몽골제국, 14세기에는 티무르 왕조가 이 지역을 다스린다. 16세기 이후에 들어서 우즈벡족과 카자흐족들이 이 지역을 지배하게 되었다.[02]

이처럼, 이슬람은 느리지만 광범위하게 중앙아시아에 전파되고 점진적으로 중앙아시아의 지배적인 신앙 체계로 정착되었다.[03]

---

01. 정세진. (2007). 중앙아시아 이슬람과 반러시아 경향. 중앙아시아연구, 12, 4
02. Ibid., 4
03. Ibid., 4

2. 러시아의 중앙아시아 지배

15세기 중반, 중앙집권 체제를 확립한 러시아는 완전히 무슬림화된 킵차크 지역의 몽골 세력을 약화시키기 시작했다.[04] 16세기, 러시아의 이반 4세는 1552년 카잔칸국을 멸망시켰다.[05] 이반 4세 시대에 러시아는 중앙집권화에 성공하고 볼가강 유역으로 대외 팽창을 서둘렀다. 즉 역사적 과정을 살펴본다면, 러시아와 중앙아시아의 역사적 관계는 16세기 이후이다.[06] 그러다가, 러시아의 중앙아시아 정복이 본격화된 것은 1855년 크림전쟁에서 패배한 이후 서방에서 잃은 러시아 제국의 자존심과 군사적 명예를 회복하고 중앙아시아 장악을 통해 경제적 이익을 확보하려는 목적과 중동과 서남아를 장악한 영국의 중앙아시아 진출을 견제하려는 국제정치적 이유가 크게 작용하였다.[07]

그 결과, 1860년대에 러시아 군대가 중앙아시아를 점령하였다. 코칸트(1875), 부하라(1873), 히바(1873) 등지의 소공국들 정복에 이어 알렉산드르 2세는 1881년에는 카스피해까지 점령하였다. 이때부터 정치뿐 아니라 중앙아시아 고유의 문화와 종교는 러시아의 간섭을 받게 되었다.[08] 그리고 19세

---

04. 이은경. (2008). 포스트소비에트 시기의 종교적 상생: 우즈베키스탄 이슬람과 러시아정교의 동반적 관계의 함의. 동북아 문화연구, 1(16), 801

05. 고미츠 하사오 외, (2005), 중앙유라시아의 역사, (이평래 역), 소나무, 348

06. 정세진. (2007). 4

07. 이은경. (2008). 799

08. Ibid., 799

기 말에는 중앙아시아 거의 전역이 러시아의 관할 하에 들어갔다.[09] 이러한 장기적인 러시아의 지배하에서 상당한 수의 무슬림들이 러시아정교로 전향하게 되었다. 그 대표적인 예를 들자면, 이반 4세로부터 가장 잔인한 핍박을 받았던 카잔공국의 투르크계 타타르인들이다. 지금도 많은 타타르인들이 러시아정교를 믿고 있다.[10]

3. 자디드운동(The Jadid Movement)

제정 러시아의 지배하에서 이슬람 자디드[11]운동이 일어났는데, 이 운동을 전개한 사람들을 '자디드주의자' 라고 한다. 자디드운동은 기본적으로 개혁적이고 계몽적이다. 이는 당시 중앙아시아 무슬림사회의 총체적 자강운동이었다. 무엇보다도 이슬람 내부의 개혁과 사상적 정비를 통하여 중앙아시아에서 이슬람민족의 정체성을 굳건하게 정착시키고자 하는 운동이었다.[12]

자디드운동이 발생한 이유는, 러시아 제국의 중앙아시아 정복과 러시아화 정책에 기반한 억압적 식민통치가 사회적 모순과 무슬림들의 불만을 야기하면서 이슬람 문명과 민족 공동체의 생존에 대한 심각한 위협으로 간주

---

09. 정세진. (2007). 5
10. 이은경. (2008). 802
11. 자디드는(The Jadids) 19세기말과 20세기 초에 러시아제국내의 무슬림 근대 개혁가들이었다. 출처 위키피디아 영어 정보 https://en.wikipedia.org/wiki/Jadid
12. 정세진. (2007). 7

되었기 때문이었다. 또한, 19세기 말 중앙아시아 무슬림 사회를 중심으로 사회 전반에 걸친 철저한 개혁을 통해 근대 세계의 유례없는 도전을 극복하기 위한 방안으로 자디드운동이 태동하게 되었다.[13]

자디드주의자들은 러시아 제국의 식민 통치에 대해서 저항했기에, 1917년 2월 혁명 직후 소비에트 임시정부의 자유화 조치를 중앙아시아 이슬람 사회의 개혁을 성취할 수 있는 기회로 적극 환영하였다.[14] 대부분의 자디드 지식인들은 개혁과 진보에 대한 새로운 희망을 제시하며 민족 문제에 대해 비교적 유연한 태도를 보였던 볼셰비키를 지지하게 되었다. 자디드 지식인들은 중앙아시아 무슬림이 유럽 제국주의와 부하라의 아미르와 같은 그 하수인들의 굴레를 극복하기 위해 볼셰비키의 혁명에 매료되면서 급진화를 추구하게 되었던 것이다.[15]

물론 자디드 지식인들과 볼셰비키의 관계는 근본적 한계를 가지고 있었다. 즉, 자디드 지식인들은 이슬람 사회의 전면적인 개혁을 추진하기 위한 수단으로 혁명을 지지하였다. 계급에 기초한 광범위한 사회적 혁명을 지지한 것은 아니었다.[16] 1920년대 초 많은 자디드 개혁가들은 볼셰비키 세력내로 들어갔다. 그들은 소비에트 체제에, 개혁된 이슬람학교 체제의 도입을 희망했다. 한편 볼셰비키는 초기 개별 지역에서의 인력들이 부족했기 때문

---

13. 손영훈, 추석훈. (2015). 중앙아시아 자디드 운동과 러시아 혁명. 한국이슬람학회논총, 25(1), 34

14. Ibid., 41

15. Ibid., 47

16. Ibid., 51

에 전통 보수 이슬람에 맞서는 자디드들을 지원했다.[17] 그 결과 자디드 지식인들은 이슬람 사회에서 주도적 지위를 차지할 수 있었다.[18] 그렇지만, 1920년대 중반 이후 내전에서 최종적 승리를 거둔 볼셰비키는 자디드 지식인들을 압박하면서 자디드 운동은 점차 쇠퇴하게 되었다.[19] 1920년대 후반 볼셰비키는 대부분의 무슬림 지역에서 소비에트 국가 및 무신론 학교 체계를 완성하였고, 1930년대 말까지 대부분의 주요 자디드들은 탄압받거나 처형되었다.[20] 정리하자면, 이슬람의 근대화라는 목표를 가졌던 자디드주의자들은 볼셰비키 혁명을 통하여 이슬람의 전반적인 개혁을 이루고자 하였으나, 소비에트 체제가 완성된 후에는 대부분의 주요 자디드들은 토사구팽을 당하고 말았다.

4. 바스마치운동(The Basmachi Movement)

근대에 중앙아시아 무슬림들에 의해 주도된 또 다른 운동은 '바스마치운동' 이다. 자디드 운동을 이슬람 지도자를 중심으로 한 엘리트 계층이 주도하였다면, '중앙아시아의 무자헤딘' 이라고 일컫는 바스마치 저항운동은

---

17. 김상철. (2017). 카자흐스탄 이슬람 연구: 이슬람 종무기구와 교육제도를 중심으로. 중동연구, 36(1), 77
18. 손영훈 and 추석훈. (2015), 47
19. Ibid., 55
20. 김상철. (2017). 77

중앙아시아의 광범위한 민중들에 의해 일어났다. 이 운동은 우즈베키스탄의 페르가나 지방을 중심으로 나타난 반러시아, 반소비에트 저항운동이었는데, 볼셰비키 혁명이 일어난 직후인 1918년부터 1929년까지 지속되었고 대중들로부터 큰 지지를 얻었다. 당시 우즈벡, 투르크멘, 타지크족 저항 게릴라 그룹은 영국으로부터 군사적 지원을 받았고, 백군 잔존세력과 더불어 1929년까지 소비에트 정부에 대항하였다.[21] 하지만 이 바스마치 운동을 진압한 후 소비에트 정부는 러시아문화가 이슬람을 변모시켜야 한다는 논리와 견해를 정책에 반영했고, 이러한 견해는 소비에트 통치의 기본적인 토대를 이루었다.[22]

5. 무슬림 공동체에 대한 타격

소비에트 정부는 구체제의 유산, 즉 봉건주의, 이슬람 등을 변화시키고자 노력하였고, 이는 중앙아시아 교육체계의 변화를 가져왔다. 1926-28년 사이에 공산당은 당시까지 이슬람 활동의 하나로 지속되고 있었던 무슬림 교육을 당시 발전하고 있었던 소비에트 교육체제에 대한 위협이 될 것으로 판단하였다. 소비에트 당국의 이슬람 교육에 대한 탄압은 주로 행정적인 방식으로 이루어졌는데, 1926년 초에는 모스크와 이슬람 학교의 등록 및 재등

---

21. 정세진. (2007). 8
22. Ibid., 9

록, 인력충원을 어렵게 바뀌었다. 기존에 등록된 기관들에 대해서는 허가기간 종료 이후 연장을 불허하는 방식으로 폐쇄조치가 이루어졌다. 또한 이슬람 교육을 받을 수 있는 연령하한선을 높여서 사실상 유소년 연령대를 종교 (이슬람) 교육 대상에서 배제시켰다.[23]

소비에트 정부는 1927-28년 사이에 투르크계통 언어들의 아랍문자 표기를 중지시키고, 라틴문자를 사용하도록 하였다. 무슬림 엘리트의 일부는 이러한 문자표기 방식 변화를 현대화와 유럽화라는 측면에서 지지하였지만, 이는 궁극적으로 문화 및 교육에서 전통적인 종교가 차지하는 지배적인 위상 붕괴를 위한 것이었다. 게다가 1937-1940년 사이에는 라틴문자 사용표기가 키릴문자 사용방식으로 다시 변화되었다. 이러한 정책은 소련내 무슬림 민족들의 문화적인 유산에 대한 평가절하의 성격을 가질 뿐만 아니라, 결과적으로 1928년 문자개혁으로 라틴문자를 채택한 터키와 소련 무슬림 공동체간의 원활한 소통을 어렵게 만들었다.[24]

무슬림 공동체에 대한 가장 결정적인 타격은 1928-29년에 시작된 강제 집산화(=집단재산화) 조치이다. 이 시기에 무슬림 인구가 대부분인 농촌지역에 콜호즈[25]가 만들어지기 시작했고, 이러한 과정에서 행해진 공동체 기반의 와크프[26] 몰수, 토지 및 수자원 관련 개혁은 이슬람 학교들의 경제적인

---

23. 김상철. (2017). 79
24. Ibid., 78
25. 콜호즈(колхо́з)= 집단농장
26. 와크프(وقف)는 모스크와 기타 자선을 목적으로 하는 공공 시설을 재정적으로 유지하기 위하여 기증된 토지·가옥 등의 재산으로서 한 번 와크프에 기증된 재산은 다시 양도할 수 없도록 되어 있다.

토대들을 약화시켰다. 기존 종교관련 자산의 청산뿐만 아니라 와크프를 통해 자신이 속한 공동체에서의 이슬람교육을 후원해왔던 전통적인 세력인 상인, 지주 및 부농(kulak)들의 재산 몰수가 이루어졌다. 이 과정에서 이에 반대하는 많은 이슬람 교육자와 사제들이 강제로 이주되거나 처형됨에 따라 이슬람 관련 종교공동체 및 교육기관의 설립 또는 유지 자체가 불가능한 상황이 초래되었다. 한편, 범투르크주의(Pan-Turkism) 또는 범이슬람주의(Pan-Islamism)를 지지한다는 이유로 많은 무슬림 학자와 지식인이 비난의 대상이 되었고, 상당수의 저명 이슬람 학자들과 수피들이 희생되었다.[27]

6. 여성정책

사회주의는 노동자와 농민만 아니라 여성의 해방을 강조한다. 그래서 사회주의 혁명이 성공한 후 1920년대에 걸친 소비에트 정부의 중앙아시아 정책은 전통적 무슬림 문화의 파괴와 사회주의 문화 생성에 집중되어 있었고 이때 중앙아시아 여성의 해방은 무슬림 문화와 사회주의 이데올로기의 대립을 상징하는 표상으로 대두되었다.[28]

그리하여, 소련 정부는 전통적으로 억압받았던 여성을 이른바 새로운 소

27. 김상철. (2017). 79
출처 https://ko.wikipedia.org/wiki/%EC%99%80%ED%81%AC%ED%94%84
28. 이현숙. (2013). 소비에트 초기 중앙아시아 여성 정책과 정체성. 아시아여성연구, 52(1), 165

비에트 여성으로 대체하는 정책적인 시도를 실시하였다. 소련 당국은 여성이 전통적 질서를 뒤집을 수 있다고 인식했기 때문에 중앙아시아 여성은 혁명적인 변화의 전사로 간주되었고, 잠재적인 혁명계층으로 인식되었다. 이는 새로운 소비에트 사회의 급속히 성장하는 사회문화, 경제, 학문 분야의 새로운 인력조달 과정에서 여성이 노동자, 농민, 지식인 등과 함께 필수적인 충원 인력이었기 때문이다. 이러한 과정을 거치면서 중앙아시아에서는 전통적으로 남성의 역할로 여겨졌던 역량을 여성이 갖추도록 적극적인 독려가 이루어졌고, 많은 여성이 남성의 고유 영역으로 간주되었던 영역으로 진출할 수 있었다.[29]

소비에트 법률에 따라 중앙아시아 여성들은 노동과 임금, 교육, 휴가, 토지 이용, 사회 보장에서 동등한 권리를 보장받았다. 이때 종교는 개인적이고 사적인 분야로 간주되었고 종교는 개인과 사회생활에 간섭할 수 없었다.[30] 그래서 소련은 중앙아시아 여성들이 베일쓰기, 정략결혼, 조혼, 공적인 활동에서의 여성의 배제, 일부다처, 그 밖의 다른 전통적인 무슬림의 문화와 관습에서 벗어나도록 노력하였다.[31] 그래서 소련은 전통적인 무슬림의 문화와 관습에 대해서 공격(후줌: Hujum, Худжум) 하였고, 이 운동은 '후줌운동'이라고 불리었다. 후줌이란 소련 공산당이 취한 일련의 정책과 행동으로서, 특히 중앙아시아에서 행해지는 여성 베일쓰기 및 성불평등의 모든

29. 김상철. (2015). 포스트소비에트 중앙아시아 사회의 여성지위와 인식변화에 대한 연구. 중소연구, 38(4), 280
30. 이현숙. (2013). 170
31. Ibid., 181

징후를 제거하려는 운동이다.[32] 특히 소비에트 정부에게 있어 중앙아시아 여성들이 쓰는 베일은 중앙아시아에 존재하는 이슬람 전통의 상징이었기에 이를 제거하려고 노력하였다.

그런데 이 후줌운동을 전개할 때 가장 장애가 된 것은 바로 여성들의 태도였다.[33] 즉 중앙아시아의 여성들 스스로가 자신의 문화적 정체성을 버리라는 압력에 공개적으로 저항했다. 중앙아시아의 여성들은 전통을 버리고 소비에트화를 수용하는 것은 '아웃사이더'의 길을 가는 것으로 간주했다. 그것은 가족과 공동체로부터 비난과 버림을 받고 최악의 경우 죽음에까지 이를 수 있는 것이었다. 그 결과 중앙아시아의 여성들은 소비에트 정부의 해방 정책에 대해 '이중적 태도'를 견지했다. 그것은 공적인 영역에서 소비에트 사회와 이데올로기를 포용하는 한편 사적인 영역에서는 무슬림의 문화적 종교적 전통을 보존하는 것이었다.[34] 결과적으로 소비에트 여성 정책의 주요 목표였던 여성 노동력의 확보는 중앙아시아 여성으로 하여금 전통적인 가정 노동을 유지하면서 사회적인 노동까지 행해야 하는 '이중 부담'을 갖게 했다.[35]

또한. 중앙아시아 사람들은 후줌을 '유린'(rape)으로 간주했다. 러시아인에게 있어 후줌의 성공이 이데올로기의 승리를 의미했다면, 중앙 아시아

32. 위키피디아 https://en.wikipedia.org/wiki/Hujum
33. 김상철. (2015). 중소연구, 38(4), 281
34. 이현숙. (2013). 175
35. Ibid., 185

인에게 있어 후줌은 야만적인 유린으로 간주되었다. 베일을 벗은 여성들은 '후줌 여성'으로 불리며 '아웃사이더'와 배반자로 손가락질을 받았고 대부분의 경우 가족과 공동체로부터 배척당했다. 무슬림 남자들은 '자기의 아내를 타락시켰다'고 소비에트 당국을 비난했다. 베일을 벗은 많은 여성들은 남성 친척의 손에 처형당하거나 '바스마치'(Басмач)에 의해 살해당하기도 했다.[36]

그럼에도 불구하고, 결과적으로 소비에트 정부의 여성 정책은 사회 여러 분야에서 충분한 성과를 거둔 것으로 평가된다. 사회주의 체제에서 이혼은 쉬워졌고 낙태는 합법화되었으며 육아비용이 보장되었다. 중앙아시아에서 여성의 교육은 장려되었고, 과거에는 제한되어 있었던 분야로의 진출이 열리게 되었다. 여성을 위한 노동과 교육을 증진하기 위해 특별히 고안된 국가제도발전위원회도 있었다. 중앙아시아 여성의 문자 해독능력은 거의 백퍼센트이고, 의사, 화학자, 생물학자의 대부분이 여성이었다. 이는 선진국에서도 흔치 않은 수치로서, 여성의 높은 피고용율은 '선진 사회주의'(developed socialism)의 최고의 업적으로 선포되었다.[37]

7. 2차세계대전이 가져온 변화

---

36. Ibid., 183
37. Ibid., 166 , Tabyshalieva, 2000, 51에서 재인용

소비에트 시기의 정책들은 최고지도자의 특징 및 국내외 정세에 의해서 좌지우지되었다. 예를 들어, 종교적인 분야에서도 레닌은 종교 탄압이 나쁜 결과를 초래하리라는 것을 잘 알고 있었기 때문에 종교문제에 관해서는 비교적 관대한 정책을 폈다. 하지만 스탈린 정부는 이슬람을 탄압했고, 집권 초기부터 이슬람의 모든 단체와 기구들의 활동을 없애기 시작했다.

한편 2차대전은 소비에트의 종교정책을 완화하게 했다.[38] 2차대전이 발발할 때 소련은 전쟁에 대한 준비가 되어있지 않았다. 왜냐하면 스탈린은 그의 정책에 반대하고 항변했던 소비에트 지식인들을 너무 많이 숙청하여, 전쟁을 이끌어갈 지도자가 없었다. 전쟁이 시작되었을 때, 이 전쟁을 승리로 이끌기 위한 지도자를 종교계에서 찾기 시작했다. 이를 위한 수단으로 모든 종교에 상대적으로 유화적인 제스처를 취했다. 그리하여 1942년부터 모든 종교의 공식적 활동이 인정되고 이슬람단체 역시 최초로 우파(Ufa)라는 도시에서 결성되었다.[39]

그리하여 1943년 개별적인 중앙아시아 무슬림 공동체들의 통합 관리 조직인 '중부아시아 및 카자흐스탄 무슬림종무청[40]'(SADUM, The Spiritual Association of Muslims of Middle Asia and Kazakhstan)이 우즈베키스탄 타슈켄트에 설립되었고, 중앙아시아 전체 무슬림 성직자들의 공식 네트

---

38. 양정훈. (2013). 포스트 소비에트가 안겨주는 중앙아시아 이슬람의 시대적 문제연구. 한국 시베리아연구, 17(2), 15

39. Ibid., 16

40. 종무(宗務)란, "종교나 종단, 종파 따위에 관련된 사무"를 의미한다.
네이버 사전 참조 https://dict.naver.com/dict.search?query=%EC%A2%85%EB%AC%B4

워크가 소비에트 국가차원의 행정 관리체계로 편입되었다. 카자흐스탄 역시 여기에 속하게 되면서 카자흐스탄 출신 소수 이슬람 학생의 부하라의 미르-이아랍 이슬람신학교 입학도 가능해졌다.[41]

8. 1970년대의 소비에트 정부의 이슬람 완화정책

1970년대는 중동아랍을 중심으로 전 세계적인 이슬람 부흥 운동이 강하게 일어나던 시절이다. 이를 '이슬람의 부흥 (이슬람스키붐: исламскийбум)'으로 부르는데, 중앙아시아 이슬람도 새로운 부흥의 전기를 얻게 된다. 이슬람 의식과 전통이 다시 활발하게 일어났다. 당시 소련정부가 반종교 정책을 기본적으로 유지하면서도 이슬람에 대한 완화 정책을 실시한 이유는 소비에트 정부가 미국과의 냉전 체제에서 중동아랍등 전세계 이슬람 국가에 대해 우방외교정책을 적극적으로 실시하였기 때문이다.[42] 그리하여 소비에트 정부는 1970년 들어 정치적 경제적 이슈로 타쉬켄트의 이슬람 종교청의 지도자들이 자유롭게 해외 이슬람 국가로 방문할 수 있도록 조정하였다. 이는 소비에트 정부가 이슬람을 전략적, 외교적 수단으로 이용하고자 함이었다.[43]

41. 김상철. (2017). 카자흐스탄 이슬람 연구: 이슬람 종무기구와 교육제도를 중심으로. 중동연구, 36(1), 86

42. 정세진. (2007). 11

43. 양정훈. (2013). 16

1971년에는, 1961년 폐쇄된 타슈켄트 바락칸 이슬람신학교를 대체하는 이맘 알-부하리 이슬람신학교가 열렸다. 이 시기 소련은 중앙아시아 무슬림을 대외관계 활성화 목적으로도 활용하였기 때문에, 이로 인해 많은 중앙아시아 무슬림종무청(SADUM) 종사자들의 아랍권 유학이 허용되었다. 그러나 여전히 소련내에서 공식적인 이슬람 교육은 아주 소규모이며 제한적인 범위에서 허용되었고, 이슬람 관련 출판 역시 꾸란, 이슬람력, 기도집 같은 이슬람 문헌들이 제한적으로 이루어졌다.[44]

9. 1980년대 이후의 변화

1979년 소련의 아프가니스탄 침략은 중앙아시아 이슬람의 분수령이 되었다. 중앙아시아의 무슬림들은 해외 무슬림과의 접촉을 통해, 이슬람의 정체성에 대한 인식을 새롭게 하였다. 특히 1970년대 중반 이후 우즈베키스탄과 타지키스탄 등에 원리주의가 형성되었다.[45]

소련 말기가 되면서 고르바초프의 집권 이후 취해진 소련 국가종교정책의 자유화로 인해 1980년대 말 중앙아시아 정주문명권에서는 많은 모스크와 기도 공간이 공식적으로 만들어졌고, 민간에 의한 종교 교육 금지가 폐지되어 다양한 이슬람 교육기관들이 만들어지기 시작했다. 민족주의

---

44. 김상철. (2017). 85
45. 임형백. (2014). 중앙아시아 5개국의 형성과 분화. 아시아연구, 17(2), 174쪽

와 연관된 이슬람공동체의 활성화로 소련의 공식 이슬람 종무행정 제도도 변화되어, 우즈베키스탄 타슈켄트에 위치한 중부아시아 및 카자흐스탄 무슬림종무청(The Spiritual Association of Muslims of Middle Asia and Kazakhstan)이 1989년 우즈벡이슬람종무청(The Spiritual Association of Muslims of Uzbekistan)으로 바뀌었고, 중앙아시아 개별국가 단위 종무청으로의 분화가 시작되었다.[46]

카자흐스탄에서는 공식이슬람 관련 인사들이 1989년 말부터 중앙아시아 전체 차원이 아닌 독립적인 종무제도 확립을 위해 당시 중앙아시아 이슬람 관련 종무제도의 중심이었던 '중부아시아 및 카자흐스탄 무슬림 종무청'에서 독립된 카자흐스탄무슬림종무청(The Spiritual Association of Muslims of Kazakhstan, SAMK)을 설립하여, 1990년 1월 소련 중앙정부가 이를 승인하였다.[47]

소련 말기 및 중앙아시아 국가 독립 직후에 이슬람 확산에 대한 과열양상이 있었다. 그런데 개별 공화국별로 분화된 종무기관들이 기능을 수행하고, 중앙아시아 역외 이슬람으로부터의 직접적인 지원축소 및 종무기구를 통한 국가의 관리가 강화되면서 그런 과열양상이 조정되기 시작했다. 이슬람 종무기구의 활동으로 이른바 국가 이슬람종무청 관할권 바깥에 있었던 많

---

46. 김상철, 손영훈. (2021). 21세기 중앙아시아 다종교공동체와 종무제도의 특징 및 한계. 한국이슬람학회논총, 31(2), 46
47. Ibid., 46

은 (비공식)이슬람 관련 기관들이 폐쇄되었는데, 이는 이러한 집단들이 이슬람종무청의 대척점에 위치하는 경쟁세력으로 결집될 가능성이 높았기 때문이다.[48]

개별 중앙아시아 공화국들은 종교의 자유를 헌법상에서 보장하면서도 그 하위 법률 단계에서 종교 관련법 등을 제정하여, 국가 관리제도상에서 위치하고 있는 이슬람종무청이 규정하지 않은 방식에 따라 활동하는 이슬람 공동체들에 대한 규제를 시작하였다. 종무청과는 다르게 꾸란을 해석하고 이를 추종하는 세력들에 대해서는 원리주의(Fundamentalism), 급진주의(Extremism), 와하비즘(Wahhabism) 추종세력으로 분류하고 규제를 하고 있다.[49]

나가면서

이제 우리는 제정 러시아 및 소비에트의 영향을 받은 중앙아시아 이슬람의 특징들을 정리하도록 하자.

첫째, 중앙아시아 이슬람은 제정 러시아와 소련을 거치면서, 국가가 종교를 통제하는 전통을 이어받았다. 그리하여 국가의 통제 하에 종교 자유의 범위가 축소되기도 하고 확장되기도 하였다. 지금도 중앙아시아 각 국가는

---

48. Ibid., 47
49. Ibid., 47

종교적으로는 온건 이슬람을 지지함으로 급진주의 이슬람의 부상을 막으려고 노력하고 있다. 이에 반해 중동지역의 이슬람은 종교가 국가에 영향력을 많이 행사해 왔다. 특히 중앙아시아 국가들은 이슬람 종무제도를 통하여 이슬람을 통제하려고 하고 있고, 이슬람종무청이 규정하지 않은 방식에 따라 활동하는 이슬람 공동체들에 대한 규제를 하며, 종무청과는 다르게 꾸란을 해석하고 이를 추종하는 세력들에 대해서는 강력한 제재를 가하고 있다.

둘째, 중앙아시아 이슬람은 제정 러시아와 소련 시기를 거치면서 여성의 사회진출을 인정하는 분위기를 갖게 되었다. 중앙아시아에서는 전통적으로 남성의 역할로 여겨졌던 역량을 여성이 갖추도록 적극적인 독려가 이루어졌고, 많은 여성은 남성의 고유 영역으로 간주되었던 영역에서 활동할 수 있었다. 결과적으로 소비에트 정부의 여성 정책은 중앙아시아에서 일정 정도의 성과를 거둔 것으로 평가된다. 반면에 중동 이슬람 국가들은 여성의 지위가 상대적으로 낮으며 여성의 사회활동을 제한하고 있다.

참고문헌)

고미츠 하사오 외, (2005), 중앙유라시아의 역사, (이평래 역), 소나무

신범식 엮음(2019). 중앙아시아 이슬람의 역사적 경험과 문화,
　　서울대학교 아시아연구소 세계속의 아시아 연구 시리즈 026, 진인진

강봉구. (2014). 중앙아시아 페르가나지역 안보와 급진 이슬람주의:
　　'해방당'의 특성을 중심으로. 러시아연구, 24(2), 1-32.

곽성웅. (2020). 19세기 서투르키스탄의 반(反)러 이슬람 동맹 연구. 중소연구,
　　44(3), 159-191.

권현종. (2019). 소연방 해체기 중앙아시아국가들의 탈소비에트화 및 중앙아시아화:
　　우즈베키스탄, 카자흐스탄, 키르기스스탄을 중심으로. 한국 시베리아연구,
　　23(2), 95-133.

김상철. (2015). 포스트소비에트 중앙아시아 사회의 여성지위와 인식변화에 대한 연구.
　　중소연구, 38(4), 273-305.

김상철. (2017). 카자흐스탄 이슬람 연구: 이슬람 종무기구와 교육제도를 중심으로.
　　중동연구, 36(1), 69-102.

김상철, 손영훈. (2021). 21세기 중앙아시아 다종교공동체와 종무제도의 특징 및 한계.
　　한국이슬람학회논총, 31(2), 33-72.

김태연. (2019). A. 할리드, 공산주의 이후 이슬람: 중앙아시아의 종교와 정치.
　　러시아연구, 29(2), 269-274

김태연. (2017). 포스트소비에트 카자흐스탄과 키르기스스탄 급진 이슬람 운동의
　　동원 잠재력 비교연구. 러시아연구, 27(2), 37-77.

손영훈, 추석훈. (2015). 중앙아시아 자디드 운동과 러시아 혁명. 한국이슬람학회논총,
　　25(1), 50.

신범식. (2018). 탈소비에트 우즈베키스탄의 국민국가 건설과 이슬람. 세계지역연구논

총, 36(2), 163-190.

양정훈. (2013). 포스트 소비에트가 안겨주는 중앙아시아 이슬람의 시대적 문제연구. 한국 시베리아연구, 17(2), 227-260.

엄구호. (2011). 중앙아시아 국가의 탈소비에트 국민정체성: 동북아 국가와의 비교를 중심으로. 중소연구, 35(1), 165-224.

오원교. (2019). 현대 카자흐스탄의 생활이슬람의 양상과 전망— 청년 무슬림의 종교 의식과 활동을 중심으로 —. 러시아어문학연구논집, 64, 157-190.

이은경. (2008). 포스트소비에트 시기의 종교적 상생 : 우즈베키스탄 이슬람과 러시아 정교의 동반적 관계의 함의. 동북아 문화연구, 1(16), 797-821.

이현숙. (2013). 소비에트 초기 중앙아시아 여성 정책과 정체성. 아시아여성연구, 52(1), 163-189.

임형백. (2014). 중앙아시아 5개국의 형성과 분화. 아시아연구, 17(2), 153-178.

정세진. (2007). 중앙아시아 이슬람과 반러시아 경향. 중앙아시아연구, 12, 71-96.

현승수. (2010). 적대적 공존: 우즈베키스탄의 정교(政敎) 관계와 이슬람해방당. 한국이슬람학회논총, 20(3), 155-184.

제 2 부
중앙아시아 이슬람의 정체성

제 2부에서는 중앙아시아 이슬람의 정체성을 3가지 측면에서 살펴본다.

그것은 수니 하나피파, 수피즘 그리고 민속이슬람이다.

아스타나의 하지라트 술탄 모스크

4장
이슬람 하나피파의
중앙아시아에서의 계승과 발전

공 재 영

이슬람교 수니파신학을 이해하기 위해서는 중요한 기본 개념 5가지, 꾸란(Quran), 하디스(Hadith), 합의(Ijma)[01], 유추(Qiyas)[02], 관습(Urf)[03]에 대해서 먼저 알아야 한다. 꾸란과 하디스는 내용이고, 합의, 유추는 도구이며, 관습은 비교대상이라고 생각하면 된다. 즉 꾸란을 어떻게 해석하고, 하디스를 어느 정도 받아들일 것인지, 합의와 유추를 어떻게 사용할 것인지, 이전의 중동 관습(Urf)들을 비교해서 어느 것을 버리지 않을 것인지를 판단하는 것

---

01. 이 합의는 좁은 의미의 합의로, 이라크 쿠파에 있던 1,2세대 무슬림들(Sahaba – accompany, keep company with, associate with: 'Companions of the Prophet')의 권위 있는 합의를 중심으로 발전한 것들을 말한다. 시간이 지나면서, 넓은 의미의 합의는 유명한 법학자들의 파트와(fatwas: religious rulings)를 포함하게 된다. Charles Kurzman, (2002), Modernist Islam 1840-1940, Oxford University Press, 281-282

02. 유추적 이성(analogical reasoning) 및 삼단논법을 포함한다. 꾸란과 하디스의 가르침을 비교 및 대조하는 연역적 유추 과정, 이 유추의 과정은 필연적으로 이성적인 판단을 기초로 한다.
Reuben Levy, (1933), Introduction to the Sociology of Islam, London: Williams and Norgate, 236-237
Mansoor Moaddel, (2005), Islamic Modernism, Nationalism, and Fundamentalism: Episode and Discourse, Chicago: University of Chicago Press, 32

03. 아랍어로는 원래 '지식 knowledge'란 뜻, 과거로부터 내려온 중동 지역의 지식을 말한다.

에 따라서 이슬람교 수니 신학파[04]들이 달라진다. 또한 각 학파의 창시자가 살았던 지역에 따라서 신학파들의 분포도가 달라진다.

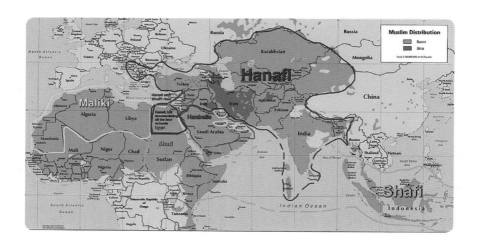

[이슬람교 수니파 분포 지도][05]

1. 이슬람 수니 신학파들

1) 하나피파 (Hanafi)

하나피파는 아부 하니파 알 누만(Abu Hanifa Al Nu'man: 699-767)으로

---

04. 엄밀히 나누면, 이슬람교 법학파와 이슬람교 신학파로 나누어진다고 서구 학자들은 구분하지만, 필자가 보았을 때는 법학파나 신학파나 같은 것이어서 둘 다 '신학파'라고 지칭하겠다.

05. 공유 플랫폼 https://hotcore.info/act/kareff-121579.html

부터 시작되었다. 하나피파는 꾸란의 창조설[06]을 부정하고, 절대성[07]을 강조한다. 그는 꾸란은 영원부터 알라와 함께 있었고, 그대로 계시되었기 때문에 오류가 있을 수 없다고 주장한다. 또한 전통(Sunna)의 권위를 인정하지만 합의(Ijma), 유추(Qiyas)등도 중요시 여긴다. 그리고 중동의 이슬람교 이전의 관습(Urf)이 꾸란에 위배되지 않는다면 받아들여야 한다고 주장한다. 이것은 이후에 샤리아[08]에서 말하지 않는 현지 전통들을 관습법(Qanun)[09]으로 용인해 주어야 한다는 주장으로 발전한다.[10] 하나피파는 튀르키예, 이라크, 북인도, 중앙아시아 지역을 중심으로 퍼졌다.

---

06. 꾸란의 창조설(Quranic createdness, The Quran was not the literal word of God, but instead a complete metaphor of his will.): 꾸란이 영원부터 알라와 있었던 것이 아니라. 피조물의 영역에서 창조(창작)되었다고 말하는 것이다. 그렇기 때문에 꾸란은 문자 그대로 알라의 말씀이 아니고, 알라의 의지의 완벽한 은유라고 주장한다. 이런 주장은 이슬람 초기의 신학파였던 무타질리파(Mu'tazilism), 현대의 꾸란주의자(Quranism)들 일부에서 주장되고 있다.
Yasir Qadhi, (2013), An Analytical Study of Ibn Taymiyya, Yale University, 19

07. 꾸란의 절대성(Quran as uncreated and co-eternal with Allah): 꾸란의 창조설을 부정하는 이 사상은 꾸란이 피조물의 영역이 아닌 영원의 영역에서부터 알라와 함께 있었다는 주장이다. 그리고 때가 되어서 무함마드에게 그대로 계시되었다는 주장이다. 수니파 모든 학파들이 받아들이는 입장이다.
Abdullah Saeed, (2008), The Quran : An Introduction, Routledge Publisher, 203

08. 꾸란과 하디스를 근간으로 한 법전

09. 카눈(Qanun)은 헬라어 'κανών'에서 기원한 단어로 '막대기'라는 뜻으로 이후에는 '측정, 규칙'을 말했다. 이슬람 세계가 확장된 이후에 정복지에 관습법을 말한다. 정통 칼리프 우마르 1세 (Umar I: 586 - 644) 때부터 정복지가 비약적으로 확장되면서 쓰여지기 시작했다고 주장한다.
William McNeill, (2008), Berkshire Encyclopedia of World History 3, Snowden Library, Berg, Herbert. "Islamic Law."

10. John Paul Lamalan, Abu Hanifah: The Quintessence of Islamic Law, Cotabato Polytechnic College, 11
https://www.academia.edu/36676877/Ab%C5%AB_H_an%C4%ABfah_The_Quintessence_of_Islamic_Law

2) 말리크파 (Maliki)

말리크파는 말리크 이븐 아나스(Malik Ibn Anas: 711-795)로부터 유래했다. 메디나 출신인 그는 아부 하니파와도 교류가 있었다. 그의 신학은 정통 칼리프들의 판결법, 특히 우마르(Umar: 583-644) 칼리프 시대의 것들을 중요시했고 메디나에 있는 초기 무슬림들의 합의(Ijma)들을 중요시 여겼다. 유추(Qiyas)는 최후의 수단으로 생각했다.[11] 말리크파는 북아프리카, 스페인, 쿠웨이트, 바레인 등에 퍼져 있다.

3) 샤파이파 (Shafi'i)

샤파이파는 알 샤파이(Al Shafi'i: 767-820)로부터 시작했다. 샤파이는 말리크의 제자였다. 그는 팔레스타인 가자 지역에서 출생했고, 주로 이집트에서 활동했다. 합의와 유추를 약화시키고, 꾸란과 하디스의 동등권[12]을 주장

---

11. Reuben Levy, (1930), An Introduction to the Sociology of Islam, London: Williams and Norgate, 237,250

12. 하디스의 동등권: "the Qur'an was "to be interpreted in the light of traditions (i.e. hadith), and 'not vice versa.' " 꾸란의 해석도 하디스로 해야 한다. 그리고 "그 반대는 안 된다"고 주장 (Joseph), 즉 꾸란의 해석을 하디스로 해야 하고, 하디스의 해석을 꾸란으로 하면 안된다는 주장으로까지 볼 수 있는 해석을 두고 논쟁이 있으면서, 근래에는 꾸란과 하디스의 동등권 "on equal footing with the Quran"을 주장(Daniel) 한다.
   하디스의 우선권: Joseph Schacht, (1983), An Introduction to Islamic Law, Clarendon Press; Reprint edition, 47
   하디스의 동등권: Brown, Daniel W.,(1996), Rethinking tradition in modern Islamic thought, Cambridge University, 8

한다. 그래서 꾸란과 하디스로 학자들의 주장이 입증되지 않으면 받아들일 수 없다[13]고 주장한다. 그리고 더 이상 관습(Urf, Qanun)이 법 판결에 영향을 주어서는 안 된다[14]고 주장했다. 현재는 이집트, 동남아시아, 다게스탄 지역에 퍼져 있다.

4) 한발파 (Hanbali)

한발파는 이븐 한발(Ahmad Ibn Hanbal: 780-855)로부터 유래했다. 한발은 샤파이 아래서 수학한 적이 있었다. 그의 조상은 페르시아계열이라고 여겨진다. 주로 바그다드에서 활동했다. 아부 하니파와 유사하게 아바스 칼리프국를 비판하다가 옥사했다. 그는 꾸란의 해석은 합의, 유추가 아닌 오직 하디스로 해야 한다고 주장했고, 샤리아를 일반법에 적용해야 한다고 주장했다. 그를 따르는 한발파들의 급진적인 사상과 폭력성의 한 예를 들자면, 923년 한발파 폭도들이 바그다드의 유명한 학자인 알 타바리(Jarir Al Tabari: 839-923)의 죽음에 직간접적으로 관여한 사건[15]을 들 수 있다. 이런 급진성 때문에 이후에 이들은 아바스 칼리프국으로부터 탄압을 받고, 그

---

13. Ridgeon Lloyd, (2003), Major World Religions: From Their Origins to the Present, Routledge, 259
14. Herbert Berg, (2008), Method and Theory in the Study of Islamic Origins, Brill, 369
15. 한발파 폭도들이 알 타바리를 피살했다는 주장이 이제는 불명확하다는 입장으로 학자들의 의견이 변화되고 있다. 확실한 것은 한발파 사람들이 그를 협박하고, 지속적으로 괴롭혀 왔다는 점이다. 그래서 그의 죽음 이후에 장례를 할 수 없어서, 그의 집에서 매장할 수밖에 없었다. Rosenthal, Franz, (1989), The History of al Tabari, Volume I, State University of New York Press, 78

시대에는 지역적인 기반을 가지지 못했다. 13세기 몽골의 침략 이후에 이븐 타이미야(Ibn Taymiyya: 1263-1328)[16]와 이븐 카시르(Ibn Kathir: 1300-1373)를 통해서 한발파가 재조명되고 학파로 인정받았다.

이런 수니 4대 학파들의 신학 발전 과정을 보면, 이슬람신학이 점점 더 보수화되는 것을 볼 수 있다. '이슬람교의 보수화'의 과정이 약 2백년이 걸리는 데, 이는 중앙아시아 지역에서 하디스들의 수집이 마무리되는 시점과도 연결이 된다. 하디스가 완성되고, 샤리아법도 더 공고하게 만들어지면서 사회뿐만이 아니라, 개개인의 삶 전영역에 대한 법적 통제를 강화하는 방향으로 신학이 발전하는 것을 볼 수 있다. 그래서 현대 이슬람교 학자들은 이런 흐름을 이성주의(무타질리파)[17], 정경주의(하나피파, 말리크파)[18], 하디스주의(샤파이파, 한발파)[19]로 분류한다. 이는 서구의 기독교신학이 보수주의에서 자유주의로 변화하는 과정과는 반대되는 현상이다.

10세기 말이 되면, 정경주의의 하나피파 또한 하디스주의의 행위 요소를 더 많이 가지게 된다. 같은 시기에 말리크파는 이집트를 중심으로 세워

---

16. 현대에 와서 이븐 타이미야의 신학이 새롭게 조명되고 있다.
    Cf. Carl Sharif El-Tobgui, (2020), Ibn Taymiyya on Reason and Revelation : A Study of Darʾ taʿāruḍ al-ʿaql wa-l-naql, LEIDEN / BOSTON, BRILL

17. Ahl al-Ra'y: People of Reason/Opinion - 어떤 학자들은 : 하나피파, 말리크파가 '이성주의'에 속한다고 주장하는 사람도 있다.

18. Ahl al-Kalam: People of Speech/Word - 무타질리파가 '정경주의'였다고 주장하는 사람도 있다.

19. Ahl al-Hadith: The People of Hadith
    cf. 한발은 무함마드의 3만개의 언행록을 수집했다고 주장: 'Musnad Ahmad ibn Hanbal'

진 시아파 정권[20]으로 약화되다가, 15세기에 오스만 투르크가 중동 지역까지 점령한 이후에 하나피파와 함께 이집트의 알아즈하르대학교(Al-Azhar University)를 통해서 학문적 진흥을 누린다. 반면에 샤파이파는 초기에는 중동, 페르시아 여러 지역과 무슬림 무역상을 통해서 동남아시아 지역까지 세력을 확장했지만, 15세기 이후에 오스만제국(수니 하나피파)과 샤파비제국(시아파) 때문에 중동과 페르시아에서의 세력을 잃었다. 한편 한발파는 18세기 서구 제국시대에 또 다시 재조명되면서, 수단과 리비아를 중심으로 일어난 세누시야운동(Senusiyya)[21], 사우디에서 정치권력과 손을 잡은 와하비운동(Wahhabism)[22]으로 북아프리카와 중동에서 세력을 이룬다. 비슷한 시기에 북인도 하나피파에서도 데오반디운동(Deobandi Movement)[23]이 일어나서 북인도, 파키스탄, 아프가니스탄 지역을 강성 무슬림으로 변모시켰다. 물론 인도에서 19세기에 이슬람 현대주의자들[24]이 신학의 개혁과 공교육 개혁을 주장했지만 다수의 의견이 되진 못했다. 20세기에 들어와서도 무슬림 인구의 다수를 차지하는 샤파이파는 인도네시아에서 각 지역의 이슬람 지도자들에 판단에 따라서 샤리아법을 차등 적용하고 있다. 그러나 서

---

20. 파티마 칼리프조(Fatimid Isma'ili Shi'a Caliphate: 909-1171)
21. 알 사누시(Muhammad ibn Ali al-Sanusi: 1787-1859)가 일으킨 운동, 법 판결에 있어, 꾸란과 순나(하디스)의 엄격한 준수, 수피즘에 있는 죽은 자를 위한 공양과 미신적인 행위 금지를 강력 요구했다. 이 운동은 특히 리비아에서 수피즘과 연결되고, 정치 권력화 되었다.
22. 알 와하비(M. ibn Abd al Wahhab: 1703-1792)가 일으킨 이슬람 근본주의 운동, 이후에 사우디 왕가와 함께 정치 권력화된다.
23. 왈리울라 데히라위(Shah Waliullah Dehlawi: 1703-1762)로부터 일어난 이슬람 근본주의운동, 중앙아시아 남부 지역을 강경한 무슬림으로 변화시켰다.
24. Sayyid Ahmad Khan(1817-1898), Cherágh Ali (1844-1895) etc

부 아체주(Aceh) 같은 경우에는 개인의 삶의 전영역에까지 샤리아법을 엄격하게 적용하고 있다. 지금도 행해지고 있는 '공개 태형' 그리고 2001년부터 샤리아경찰[25]을 창설해서 활동하는 것을 볼 때, 샤파비파의 하디스주의를 실감하게 된다.

이슬람교의 이런 보수화 과정은 정복지나 이슬람교가 포교된 지역의 전통 관습들을 소멸시켰다. 예를 들어 이슬람 초기 정복지였던 북아프리카 지역은 말리크파와 함께 자하리파(Zahirism)[26]의 영향으로 다른 아프리카 지역보다 전통 관습들이 많이 사라졌다. 반면에 하나피파의 영역에서는 전통과 관습이 샤리아법과 공존했다. 그것은 15세기 이후에 오스만 투르크의 술탄들이, 샤리아법과 함께 관습(Qanun)법을 제정하고 집행했고, 16세기의 오스만의 종교지도자(Mufti)[27]들이 관습법을 확장해서 법 판결에 적용함[28]으로 투르크 전통들이 남아 있게 되었다. 예를 들면 음악 분야[29]를 들 수 있다.

---

25. Wilayatul Hisbah: Islamic religious police
26. Dawud al-Zahiri (815-883), Zahirism : 꾸란과 하디스, 그리고 합의(Ijima)를 해석할 때에, 유추(Qiyas), 관습(Urf)를 거부하고, 문자적으로 해석해야 한다는 주장한다. 이슬람 신학파 중에 5대 학파라고 분류하기도 한다. 쿠파와 바그다드에서 왕성하게 활동하다가, 북아프리카, 스페인 이베리아 반도로 이동했다.
27. 하나피파의 종교 지도자
28. Knut S. Vikør, (2005), Between God and the Sultan: A History of Islamic Law, C. Hurst & Co. Publishers, 207.
29. 오스만 투르크의 대표적인 전통 악기들 중에 '카눈(Qanun)'이 있다.

[그림 Two Musician Girls]³⁰

30. [그림] 'Two Musician Girls' - (Osman Hamdi Bey Turkish: 1842-1910) https://artvee.
    com/dl/two-musician-girls#00 (License: All public domain files can be freely used for
    personal and commercial projects.)

2. 이슬람 수니 하나피파

1) 시대적 상황

아부 하니파가 살았을 시대는 이슬람의 팽창기에 이은 이슬람의 황금기 (Islamic Golden Age)가 막 시작하는 시기였다. 그 시대에 중앙아시아의 서쪽, 유럽 지역은 프랑크왕국의 통일과 문예부흥을 있었지만 큰 성과를 이루진 못했다. 또한 동쪽 지역은 중국 당나라 시기였지만 정치적으로 혼란스러워지고, 반란으로 분열되었다. 반면에 아랍 세계는 급속한 팽창으로 그 시대의 문명권의 4분의 1을 차지하고 문화부흥기를 맞이했다.

아부 하니파가 살았던 쿠파(Kufa)는 정통 칼리프 제 4대 알리(Ali ibn Abi Talib: 600-661)가 수도로 삼고, 이슬람 초기 신자들이 모인 곳이었다. 그리고 이 쿠파에서부터 중앙아시아원정(Muslim conquest of Transoxiana: 673-751)이 시작되었다. 또한 하니파의 말년에 일어난 아바스혁명(Abbasid Revolution: 747-750)'[31]으로 만들어진 아바스 칼리프국이 열리면서 이전에 우마위야 칼리프 시대의 '아랍민족주의'에서 벗어나, 페르시아와 투르크 계열들의 무슬림들을 적극적으로 받아들이는 '범이슬람주의', '이슬람 공동체(Ummah)' 사상이 형성되는 시기였다. 그러나 이런 확장은 이슬람 사회에 여러 논쟁들을 불러왔다. 정복 지역의 통치법, 새롭게 무슬림으로 개종한

---

31. 하심가문+페르시아+시아파+투르크 연합이 메르브를 점령하면서 일어난 우마위야 칼리프에 대한 반란, 749

사람들의 조세 문제 등등 이런 현실적인 문제 말고도, 신학적인 논쟁들도 대두된다. 철학과 이슬람신학의 관계, 꾸란의 해석 방법론 등의 이슈와 관련해서, 철학과 이성을 우선시한 무타질리파(Mu'tazilites)와의 논쟁이 생겨났다. 이런 시대에 아부 하니파의 이슬람 신앙에 대한 고찰은 완성되지 못한 이슬람교의 신학의 새로운 길을 밝혀주었다. 그래서 아부 하니파의 호칭 중에서 '이맘들의 등불[32]'이라는 말이 있다.

2) 하니파의 삶

아부 하니파는 이라크 쿠파에서 일생의 거의 대부분 보냈다. 그의 조상에 대해서는 아프가니스탄 카불 근처에서 잡혀온 노예 출신이라는 설과 페르시아 군대 지휘관이라는 설이 있다.[33] 그의 삶에 대해서 구체적인 이야기는 기록되어 있지 않지만, 그는 아바스 칼리프국의 이슬람 개혁이 퇴색하는 것을 보면서, 정치적인 기대를 접었고, 신학 연구와 제자양육에 집중한 것으로 보인다. 그리고 아부 하니파는 아바스 칼리프가 자신을 심판관(Qadi)으로 임명한 것을 끝끝내 거부하면서 감옥에서 죽고 만다. 그의 죽음을 기리며 하루 종일 5만 명이 넘는 쿠파의 주민들이 애도했다는 기록을 보면 그의

---

32. 그의 호칭은 크게 두 가지로 부른다. al-Imām al-Aʻẓam ("The Greatest Imam") and Sirāj al-Aʼimma ("The Lamp of the Imams")

33. S. H. Nasr (1975), The religious sciences in R.N. Frye, The Cambridge History of Iran, Volume 4, Cambridge University Press, 474: "Abū Ḥanīfah, who is often called the "grand imam"(al-Imam al-ʻAzam) was Persian

영향력을 알 수 있다.[34]

3) 하니파의 저작

그의 유명한 저작「위대한 법(Al-Fiqh-Al-Akbar: The greatest jurisprudence)[35]」은 여러 시대에 걸쳐서 여러 주석이 만들어졌고, 지금도

---

34. Najeebabadi, Akbar S. (2001). The History of Islam. vol, 2, Darussalam Press, 287

35. Abu Hanifa, (2007), Al-Fiqh al-Akbar explained : from kitab al-Wasiyya Ali - al-Qaris commentary, (Abdur-Rahman Ibn Yusuf trans), London, White Thread Press, 9-10
    다음은 그 책의 21장의 주요내용이다.

    [Islamic Confession of Faith] 이슬람 신앙고백
    The Fundamentals of Divine oneness and True Faith
    This treatise is on] the fundamentals of divine oneness and [tenets] upon which it is correct to base [one's] belief It is obligatory [for a person] to state: I believe in Allah, His angels, His scriptures, His messengers, resurrection after death, that destiny, good and evil, is from Allah Most High, the Reckoning, the Scale, Paradise, and hellfire and that they are all true.
    1. ALLAH AND HIS ESSENTIAL AND ACTIVE ATTRIBUTES (알라와 그의 본질과 속성)
    2. THE QURAN: THE SPEECH OF ALLAH MOST HIGH (꾸란의 계시)
    3. ALLAH IS UNLIKE ANYTHING, AND HIS HAND, COUNTENANCE, AND SELF (알라와 피조물)
    4. THE ATTRIBUTES OF CREATING, KNOWLEDGE, PREDESTINATION, AND HIS WRITING IN THE PRESERVED TABLET (창조, 지식, 예정)
    5. THE CREATOR AND THE ACTIONS OF HIS CREATION (창조물의 행위)
    6. THE PROPHETS (UPON THEM BE PEACE), MUHAMMAD AND THE COMPANIONS (무함마드와 선지자들)
    7. THE EFFECTS OF SIN ON A PERSON, WIPING LEATHER SOCKS, TARAWIH AND OTHER MATTERS (죄에 대하여- 다른 사본에서는 빠져 있거나 다름)
    8. MU'JIZAT, KARAMAT, AND ISTIDRAJ (이단들)
    9. THE BEATIFIC VISION OF ALLAH (알라의 아름다운 비전)
    10. IMAN, ISLAM AND DIN (믿음과 종교)
    11. KNOWING ALLAH MOST HIGH (알라의 지식)
    12. ALLAH THE GENEROUS AND JUST (정의란)
    13. INTERCESSION AND SOME OTHER ESCHATOLOGICAL REALITIES (중재와 종말)

출판되고 있는 이슬람교의 기초 교리서다[36]. 또 다른 저서로는 그의 제자와 나눈 서신을 모은 문집들[37]이 있다. 그의 '위대한 법'이라는 책에서는, 이슬람 신앙 고백, 알라의 본질과 속성, 꾸란 계시와 권위, 창조물의 행위, 이단들 정죄, 지식, 정의, 중재, 종말, 심판 등을 다루고 있다. 이런 짧은 글들을 통해서 일반 무슬림들에게도 이슬람교의 정체성을 명료하게 이해시키려고 했다. 그리고 이 글들은 유추(Qiyas)의 방법을 통해서 작성되었다. 흥미로운 점은, 아랍어 외에 페르시아어로 알라의 속성을 표현[38]하는 것을 허용했다는 점이다. 페르시아어의 허용은 그 시대의 아랍민족주의에서 벗어나 범

---

14. ALLAH GUIDES AND LEAVES ASTRAY (그릇된 길: Astray: away from the correct path)

15. ESCHATOLOGICAL REALITIES OF THE GRAVE (종말 심판)

16. EXPRESSING THE ATTRIBUTES OF ALLAH IN OTHER THAN ARABIC (아랍어 이외의 언어로 알라의 속성을 표현함 : 페르시아어)

17. THE CLOSENESS AND DISTANCE OF A PERSON TO ALLAH MOST HIGH (알라의 친밀감과 간격)

18. MORE CONCERNING THE QURAN (꾸란의 권위)

19. ABU TALIB, THE PARENTS OF ALLAH'S MESSENGER AND HIS CHILDREN (선지자 가족)

20. WHEN DOUBT ARISES ABOUT ANY OF THE SUBTLETIES OF TAWHID (유일신에 대한 의심이 생길 때)

21. CONCERNING THE ASCENSION AND SOME SIGNS OF THE LAST DAY (승천과 마지막 날)

36. 7번째 주제인 '죄에 대하여'는 하니파의 글이 아닐 것이라는 주장도 있다.
Wensinck, A J. (2013), The Muslim Creed: Its Genesis and Historical Development, (Taylor & Francis tras.), Cambridge University Press,

37. 대표적으로는 The Letters to Uthman al-Batti: Abu Hanafi, (2020), Abu Hanifah's Risalah to Uthman al-Batti , Volume 4 of the Abu Hanifah series, (Arfan Shah al-Bukhari trans.), Independently published

38. Abu Hanifa, Abdur-Rahman Ibn Yusuf trans, 199
"EXPRESSING THE ATTRIBUTES OF ALLAH IN OTHER THAN ARABIC
It is permissible to express all the attributes of Allah Most High that the scholars have expressed in Persian, with the exception of hand in Persian. It is permissible to say 'ru' e khuda'(رونه خدا: the Countenance of God) Most Mighty and Majestic without any comparison or modality."

이슬람주의로의 확대를 가져올 수 있는 배경이 되었고 페르시아와 호라산 지역에 이슬람교가 공고하게 되는 기초가 되었다. 또한 이는 관습(Qanun)을 용인해 주는 하나피파의 사상을 잘 보여준다. 그리고 알라와의 친밀함[39]을 가져야 한다는 주장은 수피즘에 대한 단초를 제공해 주었다.

4) 하니파의 제자들과 하나피파의 보수화

대표적인 하니파의 제자는 아부 유수프(Abu Yusuf/Yaqub ibn Ibrahim al-Ansari: ?-798)을 들 수 있다. 그는 스승과 반대로 심판관(Qadi)을 오랫동안 담당하고, 하나피학교를 세우면서 교파가 확대되는데 중요한 역할을 하였다. 또한 그는 현실 정치의 문제에 대해서도 관심을 가지고 공물과 세금의 관한 글[40]도 썼다. 또 다른 제자인 샤이바니(Muhammad al-Shaybani: 749-805)는 국제법에 대한 책을 쓰면서, 불신자에 대한 지하드의 개념[41]을 말했다. 또한 알 무바라크(Abd Allah ibn al-Mubarak: 726-797)는 학문 연

---

39. Ibid., p.201
    THE CLOSENESS AND DISTANCE OF A PERSON TO ALLAH MOST HIGH
    "The closeness and distance of Allah is not in terms of long and short distances; rather, it is in terms of honor and humiliation. The obedient is close to Him without description, and the disobedient is far from Him without description. Closeness, distance, and turning toward are applied to a servant who converses intimately with Allah. Likewise without modality are the servant's closeness to Allah in Paradise and his standing before Him."

40. Kitab al-Kharaj (Tribute, Tax) : 공물과 세금의 책

41. Kitab al-Siyar al-Saghir: Weeramantry, Judge Christopher G. (1997), Justice Without Frontiers: Furthering Human Rights, Brill Publishers,136 - 138

구와 금욕주의를 실천하면서, 실제 전투에도 참여하고, 이슬람교 초기 신자들의 전쟁 이야기를 하디스로 수집하고 책을 썼다[42]. 이렇듯 하니파의 제자들은 믿음의 행위를 구체적으로 어떻게 해야 하는지에 대한 논의를 하면서 점차로 하디스 수집과 연구에 집중한다. 이후에 하나피파는 이란의 레이(Ray, Razi)[43]와 호라산의 발흐(Balkh)[44]에도 학교를 건설하고, 학생들을 양성하게 된다. 레이와 발흐의 하나피파들이 트란시옥시아나까지 와서 영향을 주었다. 알 마투리디의 스승들[45]중에도 이 지역 출신들이 있었다.

3. 중앙아시아의 수니 하나피 마투리디파

1) 시대적 상황

알 마투리디가 살았던 시기는 이슬람의 황금기가 끝나는 시기였다. 이라

---

42. Kitab al-Jihad / SALEM, FERYAL E., (2013), 'Abd Allah ibn al-Mubarak between Hadith, Jihad, and Zund: An expression of early Sunni identity in the formative period.',(University of Chicago)
   Cf.지하드의 유명한 책은 제2대 하디스로 수집한 것으로 인정 받는 호라산 니샤푸르 알 하자즈(Muslim ibn al-Hajjaj:815-875)의 'KITAB AL-JIHAD WA'L-SIYAR: The book of Jihad and expedition'이다.

43. 이란 테헤란 근처 도시

44. 아프가니스탄 북부 마자르샤리프(Mazar-e Sharif) 근처 도시

45. Muhammad bin Muqatil al-Razi (?-862) cf. 알 부하리에게 하디스를 전해주었다고 한다.
   Al Hakam ibn Abdillah Al-Balkhi (?-816), Nusayr al-Balkhi (?-885)

크와 이란 지역은 아바스 칼리프의 계승 분쟁, 카와리즈파(Khawarij)[46]의 준동, 시아파 카르마티안(Qarmatians)[47]들과의 분쟁 등으로 사회가 혼란했을 뿐만 아니라. 정치적으로 지방 에미르들[48]이 칼리프를 좌지우지하던 시기였다. 심지어 시아파 정권[49]이 바그다드를 장악하기까지 했다. 반면에 중앙아시아 지역은 사만왕국의 이스마일 사마니의 통치기를 이후로 정치 사회적인 안정을 누리고 있었다. 그러나 중동 지역의 이슬람 신학의 논쟁들, 무타질리파와 하나피 아샤리파[50]의 논쟁들과 자히리파(Zahirism)와의 논쟁들이 중앙아시아에서도 재현되고 있었다. 특히 자히리파의 논쟁이 하디스주의의 논쟁이었기 때문에 이맘 알 부하리(Imam al Bukhari: 810-870)가 하디스를 수집 완료하고 하디스 교육을 시작하면서 이런 논쟁들이 더 심화되었다. 이런 상황 가운데서 사마르칸트의 알 마투리디는 하나피신학의 본래적

---

46. 정통 4대 칼리프 알리까지도 암살하고, 수니, 시아파 모두를 비판했던 그룹
47. 카르마티안(Qarmatians): 현재 중동 걸프만을 중심으로 성장한 시아파 무장 조직, 지도자 알 자나비(Abu Tahir al-Jannabi, 906-944)가 930년 하지 순례 기간 동안, 메카를 약탈한 사건이 유명하다.
48. 타히르왕국(Tahirid: 821-873), 샤파르왕국(Saffard: 861-1002)
49. 부와이왕국(Buyid: 934-1062)
50. Abu Hasan al-Ash'ari (873-936) Ash'arism: 이라크 바스라 지역을 중심으로한 수니 하나피파, 하나피 마투리디파와 거의 같은 신학적 체계를 가지고 있다. 미묘한 차이는 꾸란의 창조성 (꾸란은 창조되지 않았다. 그러나 문자나 소리 형태를 취할 때에 생성, 창조된다고 주장)과 인간의 행위 창조, 자유의지에 대한 해석 방법의 차이가 있다.
   Cf. [아샤리파의 꾸란의 창조성]: Cyril Glassé, (2003), Huston Smith The New Encyclopedia of Islam Rowman Altamira, 62
   Cf. [아샤리파의 행위와 자유의지]
   1) Gibb, H.A.R. (1953) [1949]. Mohammedanism. Oxford University Press. 117
   2) Hughes, Aaron W. (2013). "Constituting Identities: Beliefs and Schools". Muslim Identities: An Introduction to Islam. New York: Columbia University Press. 183-202

인 의미를 재정립하길 원했다.

2) 알 마투리디의 삶

알 마투리디(Abu Mansur al-Maturidi: 855-944)는 사마르칸트의 토착 민족이 아니라. 아랍에서 유입된 민족이었고 대대로 법학자 집안[51]이었다. 그의 삶은 고행과 금욕주의의 삶이었고, 다양한 기적들이 있었다.[52] 마투리디는 그의 삶 속에서 기적을 경험했지만, 수피즘처럼 기적과 체험을 강조하지는 않았다. 그렇다고 해서 신학과 기적을 완전히 분리해서 생각하지도 않았다.[53] 그리고 그는 그의 책에서도 도입 부분에 '감각(Sense)'의 중요성을 이야기했다. 이는 이후에 중앙아시아에서 하나피 마투리디 신비주의(Hanafi Maturidi mystic[54])라는 신학과 수피즘을 연합하는 체계를 만드는 기초가 되었다.

3) 알 마투리디의 저작

알 마투리디가 쓴 책들 중에서 지금도 번역되고 있는 유명한 「유일신에

---

51. Abu Ayyub al-Ansari of Madinah's family
52. Ulrich Rudolph (2015), Al-Maturidi and development of Sunni Theology in Samarqand, (Rodrigo Adom trans), Leiden, Boston, 131
53. ibid., p.131
54. Maturidi Sufi 라고도 표현할 수 있다.: Yunns Eraslan, (2019), 'The Relation of Hanafi Maturidi Kalam System with Sufism in the Early Period', www.dergipark.gov.tr/ulum

관한 책: Kitab al-Tawhid」[55]이 있다. 이 책에서 그는 '무엇이 진리인지 무엇이 거짓인지를 알아야만 한다'는 말로 책을 시작한다. 종교는 증명되어야 하고, 인간은 감각[56], 지성, 전승이 있어야만 본질적인 지식 습득이 가능하다고 주장한다. 이 서론 부분을 마치고, 본론에서는 '세계(창조), 알라, 선지자, 인간의 행동, 죄와 벌, 믿음'[57] 이렇게 여섯 가지 큰 주제들로 나누어서 세세히 설명하고 있다. 이런 주제를 전개하면서 이슬람교 안에서 정통신학이 아닌 것들[58]을 비판하고, 신론을 변증하면서 이원론, 자연주의, 유일신론, 무타질리파의 철학적 사상과 아리스토텔레스주의을 비판한다. 또한 책 중간에 꾸란에 해석학적 논쟁점들이 있는, '알라가 간다' 혹은 '보좌에 앉다'는 등등에 해석을 '알라의 의인화'의 표현으로 해석하면 안된다고 주장한다. 끝부분에서는 파라다이스(천국)에 대해서 많은 분량으로 설명하고 있다. 복잡하긴 하지만 유심히 읽어 볼 부분은 '인간의 행동'을 쓴 부분이다.

---

55. Shaykh Abu Mansoor al-Maturidi, (2019), The Book of Monotheism; Kitaab at-Tawheed: Alla and the universe, A manual of Sunni Theology, (Sulaiman Ahmed trans.), British Maturidi publications

56. Ibid., p.8 '감각(Sense)'의 설명 부분이 짧아서 이해하기가 어려웠다. 알 마투리디가 말하는 감각과 수피즘의 연결관계를 찾아보는 것도 흥미로운 연구가 될 것 같다. 물론 R. 울리히 교수는 그의 책에서는 찾기 어렵다고 보았다.

57. Ulrich Rudolph, 204 -214
Cf. 시리아정교회 수도사 모세 바르 케바(Moses bar Kepha: 813-903)가 쓴 'HEXAEMERON COMMENTARY'의 책의 구조(세계-하나님-선지자:모세-하나님:창조)와 유사성이 있다. 특히 그의 책에서도 2번째 하나님(신론) 부분에서 '하나님의 보좌', '하나님의 보심', '하나님의 앉으심' 등에 의인화된 표현의 해설과 아리스토텔레스 및 철학자들을 비판하는 부분이 있는 것은 흥미로운 점이다. Ibid., p.221

58. Karramiyya, Qadariyyah, Jabriyya

4) 마투리디의 신학

알 마투리디는 전승(Transmission: 꾸란과 하디스)과 이성(Intellect)이 필요하다고 말한다.[59] 그렇다고 이성을 강조하는 무타질리파를 옹호하지 않고 비난하고, 또한 하디스의 권위를 인정하지만 절대화시키지 않는다. 그래서 하디스가 이성에 상충되는 것이라면 하디스를 신뢰하지 못한다고까지 주장한다.[60] 이런 면을 볼 때, 알 마투리디가 하나피파의 유추(Qiyas)를 더 강조하고 있다고 봐야 한다. 또한 그는 윤리(Ethics)를 이성을 통해서 인식하고 알 수 있다는 주장[61]을 통해서 하나피파의 전통 관습에 대한 수용의 철학적 근거를 제시했다. 중동 관습(Urf)이거나 타정복지역의 관습(Qanun)이나 모든 사회 윤리들은, 일차적으로 '이성'을 통해서 판단해야 한다는 주장이다. 왜냐면 윤리(Akhlaq)는 알라(khaliq, Creator)가 근원이 되고, 창조물(makhluq, creature)에게 공유된 것이기에 인간의 본성과 선을 행할 수 있는 능력, 선과 악의 본질, 도덕적 행동의 동기를 고찰하기 위해서는 이성을 사용해야 한다고 주장한다.[62] 그러나 수니파 하디스주의자들은 이런 사

---

59. Shaykh Abu Mansoor al-Maturidi, (2019), 4

60. Ricolsaacs, Alessandro Frigerio, (2018), Theorizing Central Asian Politics, the State, Ideology and Power Springer, 108

61. Oliver Leaman, (2015), The Biographical Encyclopedia of Islamic Philosophy, Bloomsbury Academic; Reprint edition, 311

62. 이슬람의 윤리와 도덕의 차이, Ethics(Akhlaq) and morality in Islam: "Ethics means philosophical reflection upon moral conduct, while morality pertains to specific norms or codes of behavior."
Campo, Juan E. (2009), Ethics and morality, Encyclopedia of Islam, Infobase, 214-216

상을 반대한다. 윤리의 판단은 전승(하디스)을 중심으로 해야 하며, 샤리아 법을 통한 도덕 실천과 노력을 통해서 부패하지 않은 자연스러운 상태인 피트라(Fitrah)에서 윤리 도덕적으로 완벽한 상태인 이흐산(Ihsan)로 변화하는 것이 이슬람 윤리학의 핵심이라고 보기 때문이다.[63]

알 마투리디는 이슬람교의 결정론과 자유의지의 문제[64]를 알라의 인간 행위의 창조로 풀어간다.[65] 알라가 모든 것을 창조했다면[66] 당연히 인간의 행위까지 창조하셨다[67]고 주장한다. 쉽게 말하면, 인간은 알라가 주신 모든 가능성의 범위 내에서 자신의 행동을 자유롭게 결정할 수 있다.[68] 따라서 알라가 모든 가능성을 창조[69]했지만, 인간은 선택할 자유가 있다고 말한다. 그렇기 때문에 인간의 행동의 책임은 오직 인간에게 있다고 말한다.[70] 알 마투리디는 여기에서 더 나아가서 믿음도 알라가 창조했기에[71] 믿음의 행위

63. Maqsood, Ruqaiyyah Waris, (1994), Teach Yourself Islam, London: Hodder & Stoughton, 41 (저자는 1963년 기독교신학으로 학위를 받았지만, 1986년 이슬람교로 개종함.)

64. 결국에는 이슬람교의 결정론과 자유의지의 충돌 문제는 알 가잘리(Al-Ghazali 1058-1111)가 종합한다고 학자들은 주장한다. Hye, M. A. ,(1963), Ash'arism In Sharif, Wiesbaden: Otto Harrassowitz, 226

65. Ulrich Rudolph, 305

66. Shaykh Abu Mansoor al-Maturidi, (2019), 96-100

67. Ibid., p.99

68. Cenap Çakmak, (2017), Islam: A Worldwide Encyclopedia volumes 4, ABC-CLIO, 1014

69. Ulrich Rudolph. 305 … 두 가지 상반된 행동 two contrary actions: 선한 행동, 악한 행동 Cf. Abu Hanifa's Kitab al-Tawhid 263:4f, Fiqh absat 43:5-7

70. Shah, M., (2006), Later Developments. In Meri, J. W. (Ed.), Medieval Islamic civilization: an encyclopedia, Vol. 1, New York: Routledge, 640 Maturidi, followed in Abu Hanifa's footsteps, and presented the "notion that God was the creator of man's acts, although man possessed his own capacity and will to act".

71. Ulrich Rudolph. 305, 310 …. belief is unquestionably created … be created without exception

에 대한 강요는 합당하지 않다고 주장한다. 왜냐면 그는 믿음의 행위에 있어서는 인간의 자유의지가 완전히 독립적인 것이 아니라 일부는 의존적이라고 보았기 때문이다. 그는 인간의 자유의지(ikhtiyar)에는 두 가지 형태의 능력(istataa)이 있다고 보았다.[72] 첫째는 선천적인 능력, 둘째는 후천적인 능력이다. 이 두 번째 자유의지의 능력은 알라가 제한된 시간에 인간의 행동에 직접적으로 주는 능력이다. 이 두번째의 근본적으로 가능한 능력(fundamentally capable)[73]이 없는 무슬림들에게 하지나 지하드를 강요하는 것은 짐만 더할 뿐이라고 설명한다. 이런 '믿음의 창조'의 주장은 알 마투리디의 독창적인 신학이 아니고, 아부 하니파의 신학[74]을 발전시킨 것이다. 아부 하니파의 "불순종의 행동은 알라의 지식과 뜻에 의한 것이지, 알라의 사랑과 승인, 명령에 의해서 된 것이 아니다"[75]라는 주장을, 마투리디가

---

72. Ibid., 307 ... two capacities to act 1) 육체의 본질적인 능력 the essential availability of the limbs 2) 즉각적인, 직접적인 행동 a direct ability to act
Cf. Al-Ashari held the doctrine of Kasb(획득 Gain) as an explanation for how free will and predestination can be reconciled "Kasb". Britannica. Encyclopædia Britannica, inc. 12 December 2016. Retrieved 5 June 2020.

73. Ibid., 306 ··· fundamentally capable (istaṭaʿa)

74. 믿음의 창조되었다는 주장의 논리를 들어 어떤 논문에서는 아부 하니파와 존 칼빈의 예정론이 유사하다고 언급한다. John Paul Lamalan., p.3

75. 참고) Abu Hanifa, Abdur-Rahman Ibn Yusuf trans., 36
THE CREATOR AND THE ACTIONS OF HIS CREATION
"All actions of servants pertaining to their motion and stillness are in reality their acquisition, while Allah Most High is their Creator. They are all through His will, knowledge, ordainment, and decree. All acts of obedience are obligatory through the command of Allah, His love, approval, knowledge, will, ordainment, and decree; and all acts of disobedience are through His knowledge, ordainment, decree, and will, but not through His love, approval, or command."

더 세밀히 설명한 것이다.

5) 마투리디의 제자들과 마투리디파의 보수화

알 마투리디의 제자들은 부하라학파와 하디스에 대한 논쟁도 했지만, 특별히 '믿음의 창조' 부분에서 많이 갈리고 서로 논쟁했다.[76] 이후에 마투리디의 '믿음의 창조'라는 신학은 이후에 영향력을 상실해 갔다. 왜냐하면 그의 제자였고, 동료였던 알 하킴(Al-Hakim al-Samarqandi: 874-956)이 사만왕국의 지도자에게 부탁을 받아서 만든 '62개 신조'[77]에서 '믿음의 부분 창조'를 주장했기 때문이다. 이 신조가 사만왕국의 공식 신조가 되면서 하나피 학교에서는 '믿음의 창조'를 가르치지 않게 된다. '믿음의 부분 창조'는 알라의 신성한 속성과 인간의 자유로운 행위의 공로가 함께 협력해야만 믿음이 생긴다는 주장이다. 즉 알라가 지식, 도움, 소소한 간증의 내용까지도 창조하셨고, 인간에게 주지만, 인간이 알라를 혀(tongue)로 인정하고, 행동하고, 증거해야만 된다는 주장이다. 그래서 믿음은 한 부분은 창조되었지만, 다른 한 부분은 창조되지 않았다고 주장한다.[78] 이는 결국 하나피신학이 믿음의 행위와 공로를 강조하는 하디스주의의 방향으로 가는 길을 열어

---

76. Ulrich Rudolph., 307
77. 이단자들의 향한 반박 (Al-Radd 'ala Ashab al-Hawa: Refutation of those holding heretical views) 현대에 와서는 '위대한 군중 Al-Sawad al-A'zam': The vast majority of people who follow the teaching of the greatest Imam Abu Hanifa)이라는 말로 번역되고 있다.
78. Ulrich Rudolph., 309

준다. 알 마투리디의 '믿음의 창조'라는 주장은 11세기에 알 나사피(Abu al-Mu'in al-Nasafi : 1027-1114)에게 수용되지만 주류를 이루지는 못한다.

결론

이슬람교를 연구할 때에 '중앙아시아 이슬람'에 대해서 평가절하하는 경우가 많다. 그러나 중앙아시아 이슬람은 주변이 아닌 중심에서, 수니 하나피파의 정통신학을 따르고 있고, 계승 발전시켰음을 이 글에서 짧게 논증했다. 알 마투리디의 신학은 아부 하니파의 '유추', '관습법의 용인', '믿음의 창조' 등 여러 부분들을 계승했다. 그러나 그는 단순히 계승만 한 것이 아니라 유추는 이성으로, 관습법은 윤리 관념으로, 믿음의 창조는 자유의지론으로 풀어내면서 더 확대하고 보다 더 세밀하게 변증해서 하나피신학을 발전시켰다. 그리고 아부 하니파가 '알라와의 친밀함'이라고 말한 이슬람교의 신비한 요소를 알 마투리디도 열린 자세로 본 것이 이후에 중앙아시아에 수피즘이 성장할 수 있는 기초를 제공했다. 또한 그는 이성을 강조하면서도 철학과 이성주의신학을 비판했고, 하디스도 중요시했지만 절대화하지 않아서 신학의 보수화도 막으려고 했다. 그러나 결국은 실패했다고도 볼 수 있지만, 그래도 그의 신학적 전통이 면면히 흘려, 중앙아시아 이슬람이 타지역의 이슬람에 비해서 포용적이고 온건한 방향을 갖게 된 것은 분명한 사실이다. 중앙아시아 사람의 후손인 아부 하니파가 포용과 온건함의 씨를 이슬람교에 심었고, 알 마투리디가 물을 주어 성장시켰다라고 필자는 말하고 싶다. 현대의 중앙아시아 이슬람이 예전과 같이 보수화의 경향이 나타나고 있는데, 중앙아시아 이슬람이 보다 이성적이고, 보다 합리적이고, 보다 포용적인 신학을 가졌으면 좋겠다는 생각을 하며 이 글을 마친다.

참고문헌)

Abu Hanifa, (2007), Al-Fiqh al-Akbar explained: from kitab al-Wasiyya Ali - al-Qaris
    commentary, (Abdur-Rahman Ibn Yusuf trans), London, White Thread Press
Ulrich Rudolph (2015), Al-Maturidi and development of Sunni Theology in
    Samarqand, (Rodrigo Adom trans), Leiden, Boston
Shaykh Abu Mansoor al-Maturidi, (2019), The Book of Monotheism; Kitaab at-
    Tawheed: Alla and the universe, A manual of Sunni Theology, (Sulaiman
    Ahmed trans.), British Maturidi publications
Abu Hanafi, (2020), Abu Hanifah's Risalah to Uthman al-Batti , Volume 4 of the
    Abu Hanifah series, (Arfan Shah al-Bukhari trans.), Independently published
Reuben Levy, (1930), An Introduction to the Sociology of Islam, London: Williams
    and Norgate
Reuben Levy, (1933), Introduction to the Sociology of Islam, London: Williams and
    Norgate
Gibb, H.A.R. (1953) [1949]. Mohammedanism. Oxford University Press
Joseph Schacht, (1983), An Introduction to Islamic Law, Clarendon Press; Reprint
    edition
Brown, Daniel W.,(1996), Rethinking tradition in modern Islamic thought,
    Cambridge University
Herbert Berg, (2008), Method and Theory in the Study of Islamic Origins, Brill
Oliver Leaman, (2015), The Biographical Encyclopedia of Islamic Philosophy,
    Bloomsbury Academic; Reprint edition
Cenap Çakmak, (2017), Islam: A Worldwide Encyclopedia volumes 4, ABC-CLIO
Charles Kurzman, (2002), Modernist Islam 1840-1940, Oxford University Press
Mansoor Moaddel, (2005), Islamic Modernism, Nationalism, and Fundamentalism:
    Episode and Discourse, Chicago: University of Chicago Press
Yasir Qadhi, (2013), An Analytical Study of Ibn Taymiyya, Yale University

Abdullah Saeed, (2008), The Qur'an : An Introduction, Routledge Publisher,

Ricolsaacs, Alessandro Frigerio, (2018), Theorizing Central Asian Politics, the State, Ideology and Power Springer

Shah, M., (2006), Later Developments. In Meri, J. W. (Ed.), Medieval Islamic civilization: an encyclopedia, Vol. 1, New York: Routledge

Ridgeon Lloyd, (2003), Major World Religions: From Their Origins to the Present, Routledge

Rosenthal, Franz, (1989), The History of al Tabari, Volume I, State University of New York Press

Knut S. Vikør, (2005), Between God and the Sultan: A History of Islamic Law, C. Hurst & Co. Publishers,

S. H. Nasr (1975), The religious sciences in R.N. Frye, The Cambridge History of Iran, Volume 4, Cambridge University Press

Weeramantry, Judge Christopher G. (1997), Justice Without Frontiers: Furthering Human Rights, Brill Publishers

Cyril Glassé, (2003), Huston Smith The New Encyclopedia of Islam Rowman Altamira

Hughes, Aaron W. (2013). "Constituting Identities: Beliefs and Schools". Muslim Identities: An Introduction to Islam. New York: Columbia University Press

William McNeill, (2008), Berkshire Encyclopedia of World History 3, Snowden Library, Berg, Herbert. "Islamic Law."

Campo, Juan E. (2009), Ethics and morality, Encyclopedia of Islam, Infobase, 214-216

Yunns Eraslan, (2019), 'The Relation of Hanafi Maturidi Kalam System with Sufism in the Early Period', www.dergipark.gov.tr/ulum

John Paul Lamalan, Abu Hanifah: The Quintessence of Islamic Law, Cotabato Polytechnic College, 11

https://www.academia.edu/36676877/Ab%C5%AB_H_an%C4%ABfah_The_Quintessence_of_Islamic_Law

5장
중앙아시아 수피즘 운동[01]

오 요 섭

들어가는 말

수피즘 운동은 이슬람 신비주의 운동으로 중앙아시아뿐 아니라 이슬람 세계 전역에서 영향력을 미쳐 왔다. 이슬람 율법이 무슬림의 외적 행동에 관심을 두지만, 수피즘은 무슬림의 내면세계를 다룬다. 샤리아가 신과 무슬림 사이의 공식적 관계를 명시하고 있다면, 수피즘은 명상과 마음의 수양을 통해 신과의 교통을 추구한다. 수피즘의 실천은 지역마다 큰 차이를 보인다. 각 수피 종단(tariqat) 마다 창시자의 가르침을 따라 각기 자신만의 고유한 특성을 유지해 내려오고 있다. 중앙아시아 수피즘을 이해하기 위해서는 먼저 수피즘의 일반적인 성격과 이 지역에만 독특하게 나타나는 중앙아시아적인 요소를 함께 이해할 필요가 있다.

이 글의 목적은 중앙아시아의 수피즘 운동의 역사와 내용을 탐구하는 것이다. 중앙아시아 수피즘의 계보와 사상적 흐름과 수피즘 운동이 중앙아시

---

01. 이 글은 필자가 2016년 키르기스스탄 비쉬켁에서 열렸던 실크로드 이슬람 포럼에서 발제 했던 내용을 토대로 했음을 밝힙니다.

아 사회 안에서 어떤 역할을 했으며 어떤 반향을 일으켜 왔는지를 검토하게 될 것이다. 이 글에서는 중앙아시아 수피즘운동을 이해하기 위해 수피즘의 영성, 수피 종단들, 수피즘을 통한 이슬람의 확산, 박해와 저항운동, 수피즘의 재건 등의 항목으로 나누어서 고찰해 볼 것이다.

1. 수피즘과 영성

수피즘은 이슬람의 영성운동으로 기독교의 수도원 운동과 유사하다. 수피즘은 알라와 교통하기 위한 무슬림들의 노력을 체계화시킨 것이라고 할 수 있다. 오랫동안 수피들은 도덕적 방종과 세속성에 반대해서 신과 직접적이고 개인적인 경험이 가능하도록 고안된 방식으로 신에게 접근하려고 노력했다. 그리고 꾸란에 근거한 방식으로 영적 삶을 영위하려고 노력했다. 이것이 수피즘의 영성이라고 할 수 있다.

수피즘은 시기에 따라 다양한 형태로 나타났다. 7-8세기에는 꾸란과 샤리아를 준수하는 금욕주의를 지향했다. 8세기 중엽부터 9세기는 무흐타질라파의 영향으로 이성적인 형태의 수피즘이 등장하였다. 9세기 초 수니 정통주의가 등장하면서 수피즘에 대한 비난과 탄압이 시작됨으로 인해 수피즘은 급진적이고 극단적인 형태를 띠었다. 13세기 중엽 몽골의 침공 이후 수피즘은 이슬람 세계의 변방 지역을 중심으로 주변의 비이슬람적 요인과 민속적 요인들을 받아들여 이슬람 전파와 확산에 중요한 역할을 담당했다. 17세기 극단적 전통주의인 와하비즘의 등장 이후 수피즘은 다시 억압과 비난의 대상이 되어 오기도 했다.[02]

수피들은 꾸란의 일부 구절과 하디스의 구절을 근거로, 꾸란은 두 가지 의미 즉 외적 형태(zāhir)와 내적 의미(bātin)를 갖는다고 믿었다. 수피들은, 일반 사람들은 '외적 형태'만 이해하는 반면, 자신들은 '내적 의미'의 지식을 이해할 수 있다고 믿었다. 결국 꾸란에 대한 수피들의 관심은 표면에 드러난 형태뿐만 아니라, 글자 뒤에 숨겨진 의미를 찾아내는 것이었다.[03]

위대한 이슬람 신학자인 알 가잘리(1111년 사망)는 신을 인지할 수 있는 방법으로 계시뿐만 아니라 인간 자신의 내적 경험(수피적 영적 체험)도 인정했다. 그는 꾸란의 의미들은 자히르(zāhir; 외적 형태, 밖으로 드러난)와 바띤(bātin; 내적 의미, 숨은) 등 두 가지가 있다고 했다. 전자는 무함마드의 주석과 아랍어에 대한 올바른 지식에 근거하여 꾸란을 설명하는 것이고, 후자는 자히르를 터득한 지식에 더 보태어 뛰어난 통찰력을 요구하므로 숨은 의미를 찾는다고 했다. 그래서 알 가잘리는 문자적인 해석과 나란히 알레고리컬 해석의 존재를 인정했다.[04] 이렇게 함으로 그는 수피즘과 수니 이슬람

---

02. 황병화, (2006), "이슬람의 수피즘과 영성."한국종교간대화확회. 宗教學報, 제2집 62-63.

03. Ali Suleiman Ali, Al-Tafsir bi al-Ma'thur: The Qur'anic exegesis of the prophet Muhammad, his companions, and successors, 24, 공일주, 2014:210-213에서 재인용.

04. Kristin L. (Zahra) Sands, Commentary (tafsir) and Allusion (ishara): A Comparative Study of Exoteric and Sufi Interpretation of the Qur'an in Classical Islam, 58, 공일주. "언어와 해석학적 관점에서 꾸란의 아랍어 의미와 해석." 중동아프리카연구소. 아랍과 이슬람 세계 (서울: 도서출판 창문, 2014), 211에서 재인용.

사이의 가교를 놓았다. 알 가잘리는 의심에서 확신으로 이동하게 하는 절차를 첫째, 수피적인 노력을 통해 마음에 빛을 비춤, 둘째, 확신한 사실에 대한 마음의 직관을 얻음, 셋째는 모든 의심의 병을 치유 받고 알라, 자신, 세상의 존재를 확신하게 됨 등의 세 단계로 설명한다.[05]

수피즘의 영적 체험 방식은 크게 지크르, 수흐바 그리고 사마를 통해 이루어진다. 지크르는 꾸란 2장 152절 "신을 자주 기억하라"(dhikr Allah)에서 기인하였다. 이 말은 아랍어 다카라(dhakara)에서 왔으며, 암기하다 또는 기억하다의 의미이다. 수피들은 알라에게 좀 더 가까이 가기 위한 방법으로 지크르 방식을 채택하였다. 지크르의 종류는 암송(지크르 알 카피)과 낭송(지크르 알 자흐리)으로 구분된다. 정통 이슬람이나 개별적 의식에서는 암송의 방식을 선호한다. 하지만 시아파나 집단적 의식에서는 낭송의 방식을 선호한다. 일부 종단은 춤과 음악과 음주와 함께 과격한 행동을 병행하는 지크르를 행하기도 한다.[06]

수피들은 자신들의 사상을 자발적이고 능동적으로 세계의 여러 지역에 전파했다. 이러한 과정에서 전통주의 이슬람 사상과 필연적인 갈등을 초래했다. 그러나 수피들은 이 도전에 창의적으로 대응하였다. 이들은 기존 수니 중심 이슬람 사회에 적응하기 위해 꾸란과 하디스를 수피 체계 내의 권위로 인정하면서 무아지경, 황홀경 등 비이슬람적 관행들과 형이상학적 은

---

05. 공일주, (2011), 수피즘과 수쿠크, 서울: 기독교문서선교회, 27.
06. 황병하, 2006: 98.

유적 해석방식을 재검토하기도 했다.[07]

요약하면, 수피즘 운동은 이슬람 신비주의 운동으로 중앙아시아를 비롯해서 이슬람 세계 전역에서 영향력을 미쳐 왔다. 수피들은 도덕적 방종과 세속성에 반대해서 신과 직접적이고 개인적인 경험을 추구했다. 수피들은 종단(타리까)에 소속되어 지크르(dhikr)를 통하여 알라에게 가까이 가기 위한 길을 추구했다.

2. 수피 종단(tariqat)들

몇 개의 중요한 수피 종단(tariqat)이 중앙아시아에서 탄생했다. 이들의 역사는 중앙아시아 역사와 자연스럽게 맞물려 있다. 쿠브라위야(Kubrawiya), 야사위야(Yasawiya), 크와자간(Khwajagan), 그리고 낙쉬반디야(Naqshbandiya) 종단이 중앙아시아에서 탄생했다. 수피 종단은 정신적 지도자(shaykh, pir)를 중심으로 계보를 형성한다. 따라서 계보는 종단의 역사이며, 영속성과 전통성의 증거이다. 종단 내의 스승(murshid)들은 제자들(murid)을 양성하였으며, 종단의 공통 사상과 규범을 바탕으로 하부 조직을 보유하였다. 영향력과 재능을 갖춘 인재는 계보 내에서 또 다른 하부 종단(분파)을 만들기도 하였다. 이에 따라 하나의 종단 내에 또 다른 종

---

07. Ibid. 63.

단이 탄생하게 되는 현상과 하부 종단이 오히려 더 큰 영향력을 발휘하여 상부 종단의 이름을 역사 속으로 사라지게 하기도 했다.[08] 이렇게 발전한 종단은 이슬람 세계의 정치, 경제, 사회, 문화 등 모든 분야에서 큰 영향력을 발휘했으며, 때때로 세속적인 통치자나 국가의 운명을 좌지우지할 힘과 세력을 가지기도 했다.

원래 따리까(tariqat)란 용어는 정신 수양의 한 단계로서 절대자에 이르는 길을 의미했다. 그러나 12세기 말부터 수피 형제단 즉, 수피 종단을 일컫는 용어로 사용되기 시작했다. 종단의 규범은 새로 입문한 문하생들에게 수도원에서의 행동, 여행할 때의 행동규칙, 지크르(dhikr), 사마(sama; 시의 청취), 40일 간의 명상, 세정, 단식, 철야 예배, 선배 및 동료 수피들에 대한 예절, 정신수양 단계에서 취해야 할 행동 등을 포함하였다. 수피들은 절대자에 도달한다는 목적은 동일했지만 수피 각자가 가는 길(따리까)은 서로 다르다고 생각했다. 따라서 시간이 흐르면서 동시에 두 개 이상의 종단에 소속되기도 했다.[09]

13세기 이후 수피즘은 종단(따리까)들을 통해 집단적이고 조직적인 신앙 생활을 하며 다양한 수피 이론을 발전시켰다. 한 명의 뛰어난 수피 학자가 탄생하면 그의 주변에는 많은 동료나 제자들이 몰려들어 나름의 학파를 형성했다. 개인 중심의 학파는 규율과 내규를 정한 후 종단을 형성하였다. 종단의 수가 점점 늘어나고 활동범위도 광범위해지자 그들은 공동의 규율과

---

08. Ibid. 87.
09. 황병하, 2006:87-88.

의식 그리고 공동체 생활의 전통을 지속시킬 필요를 느끼기 시작했다. 스승(shaykh)과 문하생(murid) 사이의 관계는 권위와 절대성이 포함된 일종의 성직체제로 발전했으며, 문하생을 받아들이는 입문의식도 스승이 제자에게 키르까 (khirqah, 성복)를 하사하거나 종단의 계보(sisilah)를 입증하는 인증서 발급 등이 포함되었다. 그들은 공동체 생활과 교육을 위해 수도원(riba, khanqah)을 건설하였으며, 그 운영을 위해 희사금을 모금하였다. 이 수도원은 마치 그 이전의 신학 및 법학파들이 세운 신학교(madrasah)와 유사한 형태를 취했다.[10]

한편 13세기 이후에는 몽골의 침략으로 중앙아시아에 거주하던 수피들이 대거 소아시아 지역으로 이주함으로써, 소아시아에도 많은 종단들이 등장했는데 그 대표적인 종단이 마울라비야(Maullavia) 종단과 벡타쉬야(Beqtashia) 종단이다. 이란의 압드 알 카디르 질라니(Abd al-Qadir Jilani (1076-1166)에 의해 바그다드에서 시작된 카디리야 종단도 중앙아시아에서 활동했다. 중앙아시아의 탁발 수도사로 불리는 칼란다리야 종단도 그 기원이 불분명하지만 중앙아시아에서 활동했다. 이 밖에도 영적인 정화를 부르짖으며 자기 주위에 추종자들을 모으던 자생적인 수피 금욕주의자들이 있었다.[11]

---

10. Ibid. 83.
11. Olcott. Martha Brill, 2007. Sufism in Central Asia: A Force for Moderation or a Cause of Politicization? NW: Washington, DC. Carnegie Endowment for International Peace Publications Department: 2-3.

1) 쿠브라위야 종단

쿠브라위야 종단은 나즘 앗딘 알 쿠브라(Najm ad-Din al-Kubra, 1221년 사망)에 의해 설립되었다. 전해오는 말에 의하면 그는 몽골의 침략 당시 자기의 고향인 호레즘의 수도인 우르겐치를 수호하다가 죽임을 당했다. 쿠브라위야 종단에 속했던 다수의 지도자가 이 지역에서 정치적으로 경제적으로 괄목할 만한 흔적을 남겼다. 그중 하나가 부하라의 셰이크 사우프 앗딘 바하르지(Sayf ad-Din Baharzi, 1263년 사망)이다. 그는 쿠브라의 제자로 몽골의 침공으로 파괴되고 황폐한 부하라에서 이 도시의 경제적 재건에 주도적인 역할을 감당했다. 또한 이 도시의 영적인 부흥을 주도했고, 많은 마드라사를 건립했다. 그는 그 지역의 몽골 총독들(Chingisid)과 교분을 맺음으로 부하라와 그 주변에 대한 몽골의 공격을 중지하도록 했다. 쿠브라위야 종단은 17세기까지 현재 우즈베키스탄 서부와 투르크메니스탄 동부지역에서 커다란 영향을 행사했다. 그 이후 점차 약화의 길을 걷다가 19세기에 쿠브라위야 종단은 완전히 사라졌다. 그러나 이 종단의 가르침과 의식들의 상당 부분이 이 지역의 다른 수피 종단에 전수되었다.[12]

2) 야사위야 종단

---

12. Ibid. 3.

야사위야 종단은 12세기에 남부 카자흐스탄에서 창설되었다. 창설자는 호자 아흐멧 야사위(Khoja Ahmed Yasawi)이다. 그는 1093년 오늘날 카자흐스탄 남부지역에 위치한 사이람(Sayram)에서 태어나서 1166년 투르키스탄(현재 카자흐스탄)에서 죽었다. 그가 죽은 후 200년 후인 티무르 왕의 통치 때에 그의 무덤 위에 거대한 능묘가 건립되었다. 이 사원은 카자흐 민족에게 영적으로, 역사적으로 지대한 중요성을 지닌 장소이다. 야사위야 종단은 '투르크 민족 공동체'적인 성격을 띤 종단이었다. 이 종단의 의식은 주로 투르크인들의 문화와 종교적인 전통에서 영향을 받았다.[13]

아흐멧 야사위는 이란 수피즘을 대표하는 호라산 멜라메티예(Melametye) 학파의 유습 헤메다니(Yusuf Hemedani)의 수하에서 수학했다. 아흐멧 야사위는 스승의 영향을 받아 종교적 영감을 신적인 사랑과 매력 그리고 거기에서 나오는 인간에 대한 연민과 관용을 강조하는 수피즘 전통을 계승하였다. 야사위의 추종자들은 다른 수피 종단에 비해 세상의 쾌락이나 오락을 금하고 신비주의를 강조했다. 정치나 세상의 권력에서 떠나 신에 대한 더 깊은 영적인 헌신에 초점을 맞추게 되었다. 야사위야 종단의 조직은 다른 종단들보다 비교적 느슨하고 비공식적인 조직의 성격을 띠었다. 때때로 이 종단의 영적인 지도자들에 의해 부흥을 누리거나 협력을 통한 활동이 있었지만 오래 지속되지 못했다. 따라서 18세기 무렵에 이미 조직으로써 야사위야 종단은 대부분 중앙아시아에서 사라졌다. 약간의 셰이크들을

---

13. Shahpuri, A. Muslim Ummah Soviet Roos Mein, (muslim Community in Soviet Russia). 319

포함한 개인적인 추종자들은 소비에트 말기까지 야사위야 종단의 가르침을 이어갔다.[14]

야사위야 종단의 탁발 수도자들은 소리내는 지크르를 고수했다. 이들은 세속사에 관심이 적었지만, 1920년대에 바스마치의 반란의 실패 후 뒤이은 박해로 인해 야사위야 종파는 두 개의 급진적인 분파로 나뉘어졌다. 그 하나가 라치(Laachi)분파이고, 다른 하나가 해리 이샨(Hairy Ishan)분파이다. 이 두 분파는 정치적 성격을 띠고 오늘까지 존속하고 있다. 라치 분파의 추종자들은 시골지역의 농부들이고, 해리 이샨 분파의 추종자들은 도시 사람들이다. 이 두 분파의 추종자들은 다수이지만, 이 형제단은 은둔하기를 좋아하는 속성 때문에 이들을 찾아내기가 쉽지 않다.[15]

3) 낙쉬반디야 종단

낙쉬반디야 종단은 쉐이크 바하 알딘 낙쉬반드(Shaykh Baha al-Din Naqshband: 1389년 사망)에 의해 창시되었다. 낙쉬반드는 중앙아시아와 아프가니스탄 지역에서 지금까지 가장 존경을 받는 수피 성자이다. 부하라의 외곽에 있는 그의 무덤은 오늘까지도 중앙아시아에서 가장 많은 순례자들을 끌고 있다. 공산주의 시절에는 반종교적 박물관으로 개조되었지만, 중앙아시아뿐 아니라 세계적으로 낙쉬반디야 추종자들의 중요한 순례장소이

---

14. Olcott, 2007:3-4.
15. Polonskaya, L. and Melashenko, (1994), A. Islam in Central Asia, 26.

다.[16]

그는 어려서부터 수피 환경에서 자라나면서 크와자간(Khwajagan)학파의 삼마시(1339년 사망), 압둘 칼릭(1320년 사망), 아미르 쿠랄(1379년 사망) 등으로부터 수피 교육을 받았다. 이 종단의 의식의 근간은 조용한 지크르(quiet zikr)이다. 즉, 신의 이름을 소리를 내지 않고 깊은 영적인 집중과 더불어 조용하게 읊조리는 것이다. 낙쉬반디야 종단의 핵심적 교리는 샤리아에 대한 엄격한 준수와 절제와 헌신을 요구하며, 음악과 춤을 멀리하면서 일반적이고 정치적인 행동에 적극적으로 참여함으로 민중들의 인기를 끌었다.

바하 알딘 낙쉬반드의 가장 유명한 계율은 '사회 안의 격리(khalwat dar anjuman)'이다. 사회를 떠나거나 사회로부터 격리됨이 없이 마음으로 신을 찾는 '군중 속의 고고함'을 유지하도록 격려했다. 구도자들이 공동체 안에서 상업, 제조업, 농업에 열심히 종사하면서 마음속으로 신을 계속 묵상할 수 있게 했다.[17] 낙쉬반디야 종단의 견고한 조직은 중앙아시아의 종교, 정치, 경제, 사회적으로 영향을 미치기에 적합했다. 낙쉬반디야 종단은 14세기 이후 중앙아시아에 정치적, 사회적, 문화적으로 깊이 침투되어 영향을 행사했다.[18]

호자 우바이달라 아흐랄(Khoja Ubaydallah Ahrar:1404—1489)은 낙쉬반

---

16. Haghayghi, (1995), M. Islam and Politics in Central Asia, New York: St. Martin Press. 82
17. Olcott, 2007:5-6.
18. Haghayghi, (1995), 82

디야 종단이 중앙아시아에서 정치성을 띠게 하였다. 이 지역의 많은 무슬림들에게 호자 아흐랄은 가난한 자들의 대변자로 수피즘의 로빈 훗의 역할을 했다. 호자 아흐랄은 성직자들의 대변인으로 또한 상인들과 장인들 그리고 다른 민중들의 지지를 얻고 있었다. 그의 목표는 정치적으로 칭기스칸의 정복으로 투르크 몽골 통치자들이 가져온 이단적인 이념을 정화하고 이슬람 샤리아 교리를 실현하는 것이었다. 그는 또한 낙쉬반디야의 조직을, 자신을 정점으로 한 위계질서가 분명한 강력한 조직으로 개편했다. 그는 또한 종단의 셰이크나 추종자들이 부를 축적하는 것을 허용했다. 결과적으로 많은 낙쉬반디야의 셰이크와 추종자들이 그 지역에서 가장 부유한 자들이 되었다.[19]

호자 아흐랄 이후 낙쉬반디야 종단의 역사는 영적이고 철학적인 운동을 지향하기보다 정치적인 활동에 치우치게 되었다. 이로 인해 16세기 이후 중앙아시아의 낙쉬반디야를 비롯한 수피 형제회는 민중들에게 인기를 누렸고, 종단 지도자들의 위상이 높아지게 되었다. 더 넓고 다양한 무리가 수피 종단에 들어옴으로 엄격하게 규정된 규범과 규율이 해이해지고 스승과 제자들 사이에 간격이 벌어지게 되었다. 한편 호자 아흐랄을 비롯해서 수피 셰이크들이 정치에 참여함으로 인해 수피즘의 약화와 영적인 붕괴를 초래했다. 수피 지도자들은 사실상 국가 관원의 행세를 하면서 자신들이 이슬람 율법의 수호자임을 주장했다. 호자 아흐랄의 생전에 이미 그의 아들들이 셰

---

19. Olcott, 2007:7-8.

이크의 수장자리를 놓고 투쟁했다. 동시에 낙쉬반디야 종단도 자신들의 원래의 윤리적, 영적인 규범에서 돌아섬으로 민중의 마음이 이들로부터 멀어지게 만들었다.[20]

아흐멧 실힌디(Ahmet Sirhindi, 1563-1625)는 낙쉬반디야 종단을 정치화로 인한 영적인 침체와 위기에서 개혁했다. 이 때가 이슬람력으로 새로운 밀레니엄이 시작되는 해였기 때문에 실힌디는 '새 천 년의 개혁자(mujaddad alf as-asni)'로 알려 졌다. 낙쉬반디야 사상은 아흐멧 실힌디에 의해서 더욱 발전되었다. 실힌디는 중앙아시아의 낙쉬반디야 종단의 제자들과 그리고 인도의 카디리 종단의 셰이크들과 함께 공부했다. 그는 이 두 종단의 의식과 실천을 종합했다. 실힌디는 이슬람에서 꾸란과 하디스 이후에 첨가된 내용을 제거하고 무게 중심이 수피 신비주의에서 정통 순니 이슬람 쪽으로 움직이게 했다. 실힌디는 낙쉬반디야의 가르침을 따라 사회활동과 정치적 관심을 긍정적으로 보았다. 이러한 그의 사상은 낙쉬반디야 무잣디디야 종단의 8가지 기본 원리[21] 가운데 하나인 '군중 속에 고고함'(halvet der enumen)의 반영이다. 이 원리는 내면적으로는 알라에게 집중하면서 외형적으로는 사회적 활동에 적극적으로 참여함을 의미한다. 실힌디가 낙

---

20. Ibid. 9-10.
21. Sajida S. Alvi, (1994), The Mujaddid and Tajdid Traditions in the Indian Subcontinent: An Historical Overview, Journal of Turkish Studies 18:1-15, 김성운 2013, 133에서 재인용. 낙쉬반디는 분파에 따라 다양한 의식과 특정을 가지고 있지만 공통적으로 가지고 있는 기본원리에서는 벗어나지 않는다. 이틀은 아래와 같은 8가지의 기본원리를 가지고 있다: 1 욕망에 대한 자각, 2. 신중한 행동, 3. 내면으로의 신비적 여행, 4. 군중가운데서 고고함, 5. 종교적 명상, 6 생각의 절제, 7. 신중한 생각, 8 알라에게로의 집중.

쉬반디야 종단에 남긴 또 다른 중요한 사상은 '전통의 혁신'이다. 그는 이슬람 공동체의 혁신을 위해서 이전의 전통들을 시대에 맞게 새롭게 해석해야 한다고 주장했다. 실힌디의 이슬람 전통에 대한 재해석과 혁신에 대한 강조는 그를 추종하는 자들이 따라야 할 가장 중요한 지표가 되었다. [22]

3. 수피즘과 이슬람 전파

수피즘 운동은 중앙아시아 유목민족들 사이에 광범위하게 전파되었다. 토착민들은 투르크메니스탄, 카자흐스탄, 키르기스스탄, 우즈베키스탄 등 자신들의 민족적인 정체성과 구조들을 그대로 유지했다.[23] 중앙아시아 수피즘은 페르가나 분지, 다게스탄, 북아제르바이잔에서 번성했다. 이 지역에서 활동했던 수피 형제단은 낙쉬반디야, 카디리, 야사위야, 쿠브라위야 종단 등이 있다.[24] 수피 형제단은 중앙아시아 역사에서 불신자들에게 이슬람을 전파하는데 가장 큰 역할을 했다. 결과적으로 수피 형제단을 중심으로 중앙아시아의 투르크 정착민들과 바시키르, 카자흐, 키르기스 유목민들 사이에 이슬람이 깊이 뿌리박게 되었다. 이로 인해 12세기 이후 중앙아시아 역사는

22. 김성운. (2013). 형제의 나라 터키 이슬람 들여다보기. 서울: 글마당 133-138.
23. Zarcone, T. (1998). Sufi Movements: Search for identity and Islamic resurgence. Central Asia: Emerging new order. K. Warikoo (ed), New Delhi: Har-Anand Publication, 63.
24. Sheikh, F. (1992). Islam and Islamic Groups. Essex: Longman, 57.

수피 형제단의 활동의 영향을 받게 되었다.[25] 13세기 중엽 몽골의 침공 이후 중앙아시아 수피즘은 주변 투르크 민족의 민속적 요소들을 받아들여 이슬람 전파와 확산에 중요한 역할을 담당했다.

아흐멧 야사위는 투르크족 출신 수피 대가로 탁발 수도단인 야사위야 종단을 창설했다. 그는 이란 수피즘을 투르크인들의 전통과 신앙 그리고 삶의 방식과 연결하여 투르크인들이 쉽게 이슬람을 이해하고 수용할 수 있는 길을 열고자 노력했는데 그의 방식은 투르크인들 사이에서 큰 호응을 얻었고 그 결과 이슬람이 빠른 속도로 확장되었다. 야사위야 종파의 영향력은 지금도 카자흐스탄에서 투르크메니스탄에 이르는 지역에 거주하는 투르크인들의 이슬람 이해에 강하게 남아있다. 몽골의 중앙아시아 침략을 피해 아나톨리아로 유입된 야사위야파 수피 탁발승들은 이교도의 침략으로 유린당한 무슬림들에게 초월적이고 신적인 경험을 추구함으로 현실의 어려움을 이겨낼 수 있는 신앙적 기반을 제공하였다.[26]

라빌 부카라예프(Ravil Bukaraev)에 의하면 야사위야 종단은 마땅히 얻어야 할 것보다 적게 명성을 누렸지만, 이보다 더 크게 명성을 누린 낙쉬반디야 종단도 야사위의 가르침을 기초해서 형성되었음을 지적했다.[27] 야사위야 종단은 탁발 수도사들의 종단이었기 때문에 지부도 없었고, 셰이크의 무

25. Bennigson, A. and Enders, W. S. (1985). Mystics and Commissars: Sufism in the Soviet Union. London: C. Hurst and Co., 31.

26. 김성운, 2013:92-95.

27. Koprulu, F. (1966). Turk Edebiyatinda ilk Mutasavviflar. 1st ed. Ankara Universities Basimevi, 1919.

덤 이외에 달리 마땅히 거처할 곳도 없었다. 그러나 이 탁발 수도자들을 통해 투르키스탄과 키르기스스탄, 카자흐스탄의 유목민족들이 이슬람을 받아들이게 되었다.[28]

야사위야 종단은 여러명이 함께 모여 몸동작이 가미된 춤을 동반한 소리내는 지크르를 수행했다. 이 의식은 아흐멧 야사위와 그의 제자들이 이슬람을 전파할 때 사용했던 것이다. 셰이크들은 카나카(khanaqa)라 불리는 모임 장소를 가지고 있었다. 이들 중 더러는 모스크의 이맘이었고, 이들이 속한 모스크들은 수피 모스크라고 알려지고, 이 장소에서 이맘이 속한 종단의 의식을 거행했다.[29] 소비에트의 반종교 정책으로 인해 야사위야 운동은 카자흐스탄보다 터키로 이동하여 지속되었다.[30]

낙쉬반디야 종단은 상인, 평범한 농부들이 형제회의 회원으로 가입 수 있는 기회를 줌으로써 이 종단이 선교적 기반을 넓히는 데 큰 공헌을 했다. 낙쉬반디야 종단의 회원이 되는 절차는 다른 종단에 비해 덜 엄격했다. 일련의 복잡한 영적인 훈련과 긴 은둔과정 대신에 낙쉬반디야 종단은 단지 지도자(셰이크)에게 손을 내밀고 자신의 죄를 회개하고 곧이어 신을 기억하는 행위인 지크르(zikr)에 대한 한 강의를 받으면 된다. 가입 후에 새로운 회원들은 자신들이 속한 사회의 일원으로 남아서 자기 일상의 사업을 행하면서 계속해서 지크르(zikr)를 수행하기로 서약하면 된다. 동일한 입회식 절차

28. Bukharaev, R. (2000). Islam in Russia, Surrey, Curzon Press.
29. Olcott 2007:29.
30. 터키에서의 아흐멧 야사위 종파의 활동과 그가 터키 수피즘에 미쳤던 영향에 대해서는 "김성운, 2013 형제의 나라 터키 이슬람 들여다보기, 서울: 글마당"에 잘 묘사되고 있다.

가 오늘날까지 지속되고 있다. 입회식은 한 시간도 걸리지 않는다. 이후에 제자(murid)는 때때로 자신의 스승을 찾아가서 지크르를 하기 전에 자신의 영적인 상태나 자신이 꾼 꿈에 대해 상담받는다. 입회 절차와 영적 수행의 단순성으로 인해 이 종단은 이 지역에서 가장 인기 있는 종단이 되었고, 이에 따라 지속적인 부흥과 지역적인 확산을 가능케 했다.[31]

14세기 이후에 낙쉬반디야 종단은 중국, 인도, 말레이시아로 전파되었다. 낙쉬반디야 종단의 지회는 15세기 말에 소아시아로, 16세기 후반에서 17세기 전반에는 무슬림 세계의 대부분의 지역에 퍼져 있었다. 이들은 중국의 신장과 서쪽으로는 북아프리카와 발칸반도, 남쪽으로는 인도, 북으로는 볼가강과 시베리아 지역까지 퍼져 있었다. 낙쉬반디야 종단의 견고한 조직은 중앙아시아뿐 아니라 세계적으로 이슬람을 전파하기에 적합했다. 낙쉬반디야 교리는 19세기 민족별로 분열되어 있던 북카프카즈 민족들을 하나로 결합하는 이념적 체계가 되었으며, 카프카즈 전쟁을 벌이면서 대 러시아 저항 정신이라는 정치적 이념의 역할을 하기도 했다.[32]

라시드(Ahmed Rashid)에 의하면 낙쉬반디야 종단은 다른 수피 형제단과는 달리 선교 사역과 정치활동에 적극적이었음을 밝히고 있다. 그에 의하면 러시아 식민주의자들과 공산주의자들을 대항해서 폭동을 일으켰던 대부분 자도자들이 낙쉬반디야 종단 출신들이었다. 1898년 안디잔 혁명의 지

---

31. Olcott, 2007:6.
32. 정세진 2009: 77-78.

도자도 역시 낙쉬반디야 종단 출신이었다.[33]

낙쉬반디야 종단은 호자 아흐랄 이후 지나친 정치 참여로 인해 영적인 침체를 겪었는데, 이 종단의 인디아 지회인 무잔디디야(Mujaddidiya)종단의 지도자인 아흐멧 실힌디(Ahmet Sirhindi, 1563-1625)에 의해 18세기 중반에 종단의 개혁과 부흥이 일어났다. 그는 중앙아시아의 낙쉬반디야 종단으로부터 사회적 정치적 활동의 전통과 중요한 영적인 유산들을 전수받았다. 18세기 중반은 인도의 낙쉬반디야-무잔디디야 종단의 전성기였다. 이 종단은 낙쉬반디야 종단이 적절하게 개혁된(mujaddad) 형태를 취했다. 이전의 절차들이 복구되었고, 종단의 의식이 단순화되었고, 사회적인 저변을 확대했으며, 공동체의 정치적, 경제적인 활동에도 가담했다.[34]

낙쉬반디야 종단은 변화하는 사회적 정치적 상황에 적응할 수 있는 독특한 능력을 가지고 있었다. 그들은 금욕주의자가 아니고 여전히 세상에 남아 있으면서 사회 구성원의 한 사람으로 일상생활의 필요들을 채울 수 있었다. 그들은 사회적으로 융통성을 지녔다.[35] 즉, 낙쉬반디야 형제단의 단순성과 사회적 적응성이 선교의 성공을 가져왔다고 볼 수 있다.

수피 형제단은 중앙아시아 역사에서 비무슬림에게 이슬람을 전파하는데 가장 큰 역할을 했다. 이들을 통해 중앙아시아의 투르크 정착민들과 바시키르, 카자흐, 키르기스 유목민들 사이에 이슬람이 깊이 뿌리박게 되었다.

---

33. Rashid, A. 2002. Jihad: The rise of militant Islam, New Haven & London: Yale University Press, 27-28.

34. Olcott, 2007:9-10.

35. Saidbaev, T. S. (1978), Islam i obshchestvo, Moscow, 210

4. 수피즘과 저항운동

수피즘은 중앙아시아 역사의 중요한 한 부분을 차지한다. 수피 종단은 12세기와 13세기 동안에 카라-키타이인과 몽골인 등 비이슬람교도에 대항하여 효과적으로 반응할 수 있었던 유일한 대항 세력이었다. 또한 18-19세기 러시아 제국의 정복자들과 1920년대 소비에트 통치에 대항할 수 있도록 실제적인 조직을 갖춘 세력은 수피 조직밖에 없었다.[36] 소비에트 연방 안에서 수피 이슬람은 공식 이슬람보다 더 강력하고 활동적이었으며 더 깊이 뿌리를 내리고 있었다. 수피 형제단은 배타적이면서 질서가 분명하고 잘 조직되었고 종교적 신념에 절대적으로 헌신되어 있었다. 이들은 외국 통치자들의 보호를 받는 것을 반대했다. 소비에트 치하에서 이슬람이 생존했던 이유는 이 수피 종단의 끊임없는 투쟁의 결과이다. 이들 수피들은 소비에트 고위 당국이나 소위 무슬림 종교 총국의 간섭을 받기를 거부했다.[37]

러시아 제국의 식민통치 기간에, 낙쉬반디야 종단은 작고 분산된 그룹을 통해 지역공동체에 영향을 미쳤다. 수피 지도자들은 백성들의 불평불만을 동력화함으로써 그들의 정치적 사회적 영향력을 과시했다. 19세기 말 안디잔에서 발생된 둑치이샨(Dukchi-Ishan)의 반란은 러시아인들의 골치를 아프게 했던 폭동이었다. 둑치이샨은 34세에 메카로 하지 순례를 했다. 메카

---

36. Massel, G.T. (1974). The Surrogate Poletarial, Princeton: Princeton University Press.
37. Bennigson, A. & Enders W. S. (1985). Muslims of the Soviet Empire, London: Hurst and Co Publishers. 23.

에 1년가량 살다가 밍테파로 돌아와서 자신의 카나카(khanaqa;수피 센터)를 설립했다. 이 센터에 모스크, 학교, 도서관, 게스트 룸, 주방, 축사 등의 시설을 갖추고 있었다. 이 센터를 건립하는데 드는 재정은 자신의 추종자들과 제자들(murids)이 도왔다. 이 센터는 자석과도 같이 러시아 식민지 관리에 불만을 가진 자들과 관리들과 종교 지도자들을 끌어 들였다.[38]

기록에 따르면 1898년 개최된 오쉬지역의 무리드 회의에서 둑치이샨을 예언자의 계승자(kalifa)로 선포했다. 그에게 성전(ghazavat)을 선포할 수 있는 권리와 옳은 행동을 포고하고 부당한 행동을 응징할 의무가 주어졌다. 둑치이샨은 러시아의 통치에 대항해서 지하드를 선포하고 우즈벡, 키르기스 족속의 지도자들과 지역 관리들에게 동참을 호소했다. 페르가나 분지의 키르기스인, 우즈벡인, 위구르인으로 구성된 유목민과 농민들이 그를 지지했다. 둑치이샨 자신은 안디잔에서 러시아 병영을 공격하는 데 가담했다. 그러나 그를 포함한 주동자들은 체포되고 그의 가장 가까운 지지자 6명을 포함한 낙쉬반디야의 지도자들은 교수형을 당했다. 둑치이샨의 반란은 러시아 식민제국의 사회적, 경제적, 정치적 도전에 대한 종교적인 저항운동이었다. 둑치이샨은 민족 독립을 위한 투쟁자로, 그리고 정통 칼리프 시대의 이슬람 국가의 회복을 꿈꾸는 자로 독특한 이중적인 유산을 남겨주었다.[39]

수피 종단 중에서 낙쉬반디야 종단은 19세기 후반의 지적인 르네상스의 주역을 담당했다. 낙쉬반디야 추종자 중 다수가 현대 자유 자디드 개혁 운

---

38. Olcott, 2007:12.
39. Ibid.

동에 선두가 되었다. 중앙아시아의 바스마치 운동의 지도자 중 상당수가 낙쉬반디야야의 회원이었다.[40] 이 시기에 수피즘은 분열되어 있었던 중앙아시아 민족들을 하나로 결합하는 단일한 종교적 이념과 기능을 가지고 있었다. 공산주의 혁명 이후에 수피즘은 중앙아시아 무슬림들의 유일한 피난처였다. 외부적인 속박에 직면한 사람이 내적 세계 속에 자신을 숨기는 것은 아주 자연스런 선택이었다. 동일한 현상이 중앙아시아의 무슬림들에게 발생했다. 그들은 이 수피 종단 안에서 피난처를 찾은 것이다.[41] 19세기 말에서 20세기 초에 걸쳐, 낙쉬반디야 종단은 러시아 식민주의에 대한 저항운동을 수행했지만, 여전히 이들은 신을 향한 진리의 완성과 신비주의적 관념을 추구하는 수피즘의 전통적 특성을 강조하는 종교 구도자들이었다.

수피 형제단은 배타적이면서도 질서가 분명하고 잘 조직되고 종교적 신념에 절대적으로 헌신되어 있었다. 러시아 제국의 식민통치 기간에 낙쉬반디야 종단은 백성들의 불평불만을 동력화함으로써 그들의 정치적 사회적 영향력을 과시했다. 19세기 후반의 지적인 르네상스의 운동인 현대 자유 자디드 개혁 운동이나 바스마치 운동을 일으켰는데 안디잔의 둑치이샨의 반란은 러시아 식민제국의 사회적, 경제적, 정치적 도전에 대한 종교적인 저항운동이었다.

---

40. Bennigson, A. and Enders, W. S. (1985). Mystics and Commissars: Sufism in the Soviet Union. 3.
41. Ibid., 12.

5. 수피즘과 박해

19세기 말 안디잔의 둑치이샨의 반란을 진압한 후 러시아 정부는 수피즘을 극도로 미심쩍은 눈으로 보았다. 러시아 당국은 수피즘의 주도하에 소요가 재발하는 것을 두려워한 나머지, 수피 그룹을 경제적으로 사회적으로 약화시켰다. 러시아 당국은 수피 와크프(Waqf: 수피 자선단체)에 속한 토지를 몰수하고, 저명한 수피 지도자들의 성직자 신분을 박탈했다. 1900-1902년 사이에 사마르칸트의 호자 아흐랄의 후손들도 와크프의 지위를 박탈당했다. 러시아 혁명 직전에는 중앙아시아에 수피 종단은 더 이상 어떤 운동을 일으킬만한 연합된 조직의 기능을 상실했다. 부하라의 토후국이나 히바(Khiva)의 칸국도 러시아의 보호국으로 전락했다.[42]

볼셰비키 공산주의 혁명이 성공하자 1922-28년 사이에 와크프 조직의 토지가 불법으로 판정을 받고 국유화되었다. 수피종단(khanaqas)은 와크프 지위를 상실하고 해체되게 되었다. 이로 인해 수피종단은 치명타를 맞고 조직체의 구심점 역할을 하지 못하게 되었다. 많은 수피 셰이크들은 오지나 아프가니스탄, 중국 서부의 카쉬가르, 혹은 다른 무슬림 국가로 도주했다. 남아 있던 수피 셰이크들은 핍박을 받거나, 체포를 당하고, 추방되고, 혹은 뒤이은 반종교 운동기간에 처형당했다. 소수만이 겨우 생존해서 후르시쵸프 시절에 비밀리에 개인적으로 소수의 제자를 양성했다.[43]

---

42. Olcott, 2007:13-14.
43. Ibid., 15.

다른 형제단과 마찬가지로 야사위야 형제단도 소비에트 당국으로부터 신랄한 비판을 받았다. 소비에트 당국은 야사위야 종단을 테러리즘과 정치적인 반동분자로 고소했다. 키르기스스탄에서 다수의 수피 지도자가 소비에트 법을 반대하고, 비밀리에 꾸란 학교와 기도처를 운영한다는 이유로 심문을 받았다. 다른 형제단과 마찬가지로 야사위야 종단에 대한 가장 큰 죄명은 소비에트의 통치를 방해하고 이슬람 신정국가를 설립하려는 음모를 꾸미려 한다는 것이었다.[44]

수피 세이크들이 공적인 활동에서 물러나게 되자 이전 수피 셰이크들의 무덤(mazar)이 추종자들의 종교심과 정체성을 보존하는 주요 원천이 되었다. 이 무덤들 중에 부하라의 바하딘 낙쉬반드, 사마르칸트의 호자 아흐랄, 두샨베의 마우라나 카르키, 그리고 투르키스탄의 아흐멧 야사위야의 무덤이 유명했다. 성묘 참배의식은 알라의 친구인 성자에 대한 존경과 정신 계승 그리고 성자의 위대함에 대한 영적 체험의 의미가 담겨있다. 수피즘에서 성자란 알라에게 완전히 순종하는 사람 또는 알라의 보호 아래 있는 거룩한 사람이었다. 성자는 순교한 후에도 존경의 대상으로 남아 있었으며, 도움을 청하는 대상이었고, 중재자였다. 수피 성자들의 묘소는 통상적으로 고향 근처에 세워졌다. 묘소의 관리는 가족 구성원과 후손들이 담당하였다.[45] 수피 형제단은 세상에서 동떨어진 수동적인 세력이 아니라 상당히 역동성을 띠

---

44. Farhat Alvi, (2007), The Significant Role of Sufism in Central Asia,"Lecture in Department of Islamic Studies, University of Sargodha, 8.
45. Olcott, 2007:22.

고 있었다. 수피들은 신을 향한 영적인 진보뿐 아니라 이 세상에서 신의 통치를 구현하기를 원했다. 후자의 요소가 소비에트 당국에 경종을 울렸고, 이런 이유로 소비에트 세력은 이들을 광적인 반소비에트, 반사회적인 반동분자로 분류했다.[46]

소비에트 통치 당시 중앙아시아를 통틀어 합법적으로 열린 모스크는 수개에 불과했다. 따라서 이곳을 방문하면 당국으로부터 원하지 않는 주의를 끌게 되기 때문에 일반 신자들은 자신들의 믿음을 보존하고 복(barakat)을 얻기 위해 성인들의 무덤을 참배했다. 사람들은 어떤 성물(avliya)이 복(barakat)을 주고, 어떤 기운이 사람을 불행에서 구해내거나 성공을 가져온다고 믿었다. 신이 성인에게 복을 부여하고, 그 사람은 사후에도 그의 무덤에서 영으로 이 복을 사람들에게 나눠줄 수 있다고 믿었다. 이 복(barakat)에 대한 신앙이 성인과 그들의 무덤을 숭배하는 기초가 되었다. 이런 모든 개념이 전통적인 수피즘에서 복잡한 형태로 잘 발달되어 있다. 이런 개념들이 일반적인 신자들에게 대중화되어서 성인숭배로 발전되었다. 일반 신자들에게는 모든 수피 셰이크들의 무덤은 복을 시여하는 성소로 여겨졌다. 성인 숭배는 수피즘에서 널리 받아들여졌으며 소비에트 통치말 수십 년 간 이런 의식이 널리 행해졌었다.[47]

베닝슨도 수피 종단의 활동은 대체로 무슬림 성인들의 무덤과 같은 성소

---

46. Sheikh, F. (1975). Sotsiologicheskie Issledovaniya Problme byta, Kultury; natsional' nykh traditsii i Verovanii v Chechno-Ingushskoi USSR, Voprosy, Nauchnogo Ateizma, Moscow 17/ 316

47. Olcott, 2007: 22-23.

를 중심으로 행해졌다고 말했다. 중앙아시아 무슬림들은 메카 대신 이 성소들을 순례의 장소로 삼고 있다. 모스크가 폐쇄되자 무슬림들과 수피들은 이 성소에서 기도와 지크르를 행했다. 이 장소들은 수피들이 제자들을 가르치거나 공산주의의 무신론에 대한 적극적인 역공을 펼칠 수 있는 마당을 제공했다. 수피 형제단은 적은 무리가 아니었다. 시간이 지날수록 계속해서 숫자가 증가했다. 2차 세계대전 이후로 철저한 감시의 대상이 되었음에도, 수피 형제단 사이에서 소요의 기운이 감지되었다. 수피 종단의 추종자들은 중앙아시아의 농민이나 가난한 수공업자들뿐만 아니라 산업노동자들과 지식인들을 포함하고 있었다.[48]

6. 수피즘의 재건

소비에트 공산주의 통치 말기 고르바초프의 개혁을 통해 종교에 대한 자유로운 분위기가 도래했다. 이때부터 중앙아시아에서 수피즘의 본격적인 재건이 시작되었다. 이전의 공산주의 이데올로기를 대체할 수 있는 이데올로기가 필요하게 되었다. 이로 인해 민중들의 종교의식이 고조되는 결과를 가져왔다. 소비에트 연방의 해체는 중앙아시아 지역의 이슬람의 재건을 촉발했다. 다양한 수피 그룹의 부흥이 동시다발적으로 시작되었다. 그러나 아

---

48. Bennigson, A. (1984). The Islamic Threat to the Soviet States. Pap Board Printers: Rawalpindi. 74.

직은 과거의 신비적이고 깊이 있는 철학적인 수피즘의 부활이 이루어지지 않고 있다. 현재의 재건은 영적인 가르침의 부활 보다는 단지 외적인 재건으로 볼 수 있다.

소비에트 통치 말기와 독립 후 첫 몇 해 동안 당국이 이슬람의 활동을 허락했다. 이로 인해 수피즘의 부활이 시작되었다. 우즈베키스탄의 수피 지도자인 이브라힘 하즈랏, 카자흐스탄의 이스마툴라 셰이크 등은 민중들의 지지를 뒤에 업고, 정치계에 입문했고, 이들은 민중들로부터 상당한 호응을 얻고 있다. 소비에트 연방의 붕괴와 더불어 부하라와 나만간을 중심으로 수피 종단들이 점차로 재건되고 있다.[49] 독립 이후에 수년에 걸쳐 야사위야 운동에 대한 관심이 부활하고 있다. 또한 카자흐스탄에서는 야사위야 사원에 대한 공식적인 숭배도 부활되고 있다. 1992년 야사위의 능묘를 재건할 때 터어키로부터 재정후원이 이루어졌다. 이 성소는 카자흐 정부의 입장에서 볼 때, 국가적으로, 종교적으로 중요성을 가진다. 왜냐하면 이것이 현 통치자들에게 카자흐스탄이 중앙아시아의 이슬람 역사에 과거부터 지대한 역할을 했음을 과시할 수 있는 좋은 근거를 제공해 주기 때문이다.[50]

중앙아시아에서 전통적인 형태의 수피즘이 부활하기 위한 기반은 충분하다. 러시아 제국과 소비에트의 핍박에도 불구하고 중앙아시아에는 일종의 수피 귀족집단이 존속했다. 19세기와 20세기를 거쳐 대부분의 수피 지

---

49. Bennigson, A. and Enders, W. S. (1985). Mystics and Commissars: Sufism in the Soviet Union. 3.
50. Olcott, 2007:4.

도자들은 수피 가문의 후예들이었다. 페르가나 분지에서는 마크두미 아잠 (Makhdum-i Azam)의 후손들이, 사마르칸트와 부하라에서는 호자 아흐랄 (Khoja Ahrar)이나 주이바리 셰이크(the Juybari sheikhs)의 후예들이 있는 데 이들 가문의 후손들은 호자, 호자 자대, 혹은 이샨(khoja, khoja-zadeh, or ishans.)으로 불렸다. 이들은 조상들의 상속자(barakat)로 간주되고 있다. 이들은 자기들의 친척들 집에서 사사를 받거나 샤리아, 꾸란, 하디스, 교리, 피크(fiqh)에 대해 공부를 한다. 이 가계의 구성원들은 '악 쉬악(흰 뼈; 귀족 가문)'으로 알려져 있고, 다른 귀족가문의 구성원들과만 통혼한다. 소비에 트 시절에 이들은 수피즘의 전통과 의식을 보존하는데 중요한 역할을 했다. 그러나 그들은 자신의 울타리 밖으로 수피즘을 전파하지는 않았다. 당시 이 들은 수피즘을 전파하는 것보다 수피즘을 보전하는 것이 더 중요하다고 판 단했기 때문이다.[51]

수피 셰이크들은 수피센터(khanaqas)를 건축하기를 원하는 충분한 지지 자들과 학생들을 확보하고 있다. 정부 당국은 다른 이슬람 그룹들보다 수피 즘이 덜 정치성을 띄고 있다고 보기 때문에 수피즘의 재건에 대해 호감을 가지고 있다. 그러나 수니파 이슬람은 수피즘의 부흥으로 결국 자신들의 경 쟁상대가 생긴다고 생각하고 이것을 꺼리고 있다. 수피즘을 전파하는 것은 현재 법적으로 허용되고 있다. 수피즘은 히즙 웃 타릴(Hizb ut-Thhrir: 해방 당)[52]의 불법성과 전통적 이슬람의 가르침에 염증을 느낀 중앙아시아 중년

---

51. Ibid., 14.
52. 칼리프 체제를 복원하는 것을 목표로 하는 국제적인 범 이슬람 근본주의 정당

층 무슬림들에게 매력을 주고 있다. 수피 그룹들은 수적으로 지리적으로 빠른 확산을 보이고 있다. 민족과 종교를 불문하고 많은 사람들이 낙쉬반디야 종단에 가입하고 있다. 그러나 카디리 종단과 야사위야 종단은 비무슬림들은 받아들이지 않고 있다.[53] 현재의 중앙아시아의 수피즘의 재건에도 낙쉬반디야 종단이 가장 활발하다. 줄잡아도 낙쉬반디야 추종자들은 우즈베키스탄, 카자흐스탄, 키르기스스탄, 그리고 타지키스탄 전역에 흩어져 있다. 야사위야 종단이나 카디리 종단의 지지자들은 이들의 '십분의 일'에 지나지 않는다. 이들은 주로 카자흐스탄과 우즈베키스탄에 거주한다.[54]

낙쉬반디야 종단은 비무슬림들이 이슬람으로 개종하면 이들을 자신의 회원으로 받아들인다. 모든 셰이크들은 자신들의 추종자들에게 아내, 자매, 형제, 그리고 다른 친척들을 데려오도록 권유한다. 이런 방식을 통해서 주로 가계를 통해서 회원모집이 일어나고 있다. 수피 형제단의 일반회원으로 가입하는 것은 그다지 어렵지 않다. 그러나 엘리트 그룹으로 올라갈수록 셰이크들은 종교적인 시험(주로 샤리아에 관한)과 성품에 대한 심사를 통과한 후에 회원들을 선발한다. 이브라힘 하즈랏을 추종하는 제자들(murids)은 우즈베키스탄(페르가나 분지, 타쉬켄트, 부하라, 사마르칸트)에만 2~3만명 정도로 추산된다. 카자흐스탄과 키르기스스탄에 있는 제자들을 합치면 중앙아시아의 낙쉬반디야-무잗디디야(Naqshbandiya-Mujaddidiya

---

53. Ibid., 25-28.
54. Ibid., 4-5.

murids) 종단의 제자들이 약 5만 명가량으로 추정된다.[55]

결론

중앙아시아는 유수한 수피 종단들의 본산이다. 쿠브라위야(Kubrawiya), 야사위야(Yasawiya), 크와자간(Khwajagan), 그리고 낙쉬반디야(Naqshbandiya) 등 중요한 수피 종단이 중앙아시아에서 탄생했다. 야사위야 종단은 '투르크 민족 공동체'적인 성격을 띤 종단이었다. 수피 형제단은 중앙아시아 역사에서 이슬람을 전파하는데 주도적인 역할을 했다. 이흐멧 야사위야는 수피즘을 투르크인들의 전통과 신앙과 삶의 방식에 상황화함으로써 투르크인들이 쉽게 이슬람을 이해하고 수용할 수 있는 길을 열었다. 그 결과 투르크인들 사이에서 이슬람이 빠른 속도로 확장되었다. 낙쉬반디야 종단의 견고한 조직과 단순성과 적응성이 이슬람 선교에 긍정적인 영향을 미쳤다. 이들은 중국의 신장과 서쪽으로는 북아프리카, 서쪽으로는 발칸반도, 남쪽으로는 인도, 북으로는 볼가강과 시베리아 지역까지 펴져 있었다.

위에서 고찰한 바와 같이 수피즘 운동은 중앙아시아 지역에서 천여 년의 긴 세월 동안에 흥망성쇠를 겪으면서 지속되었다. 수피즘은 중앙아시아 민

---

55. Ibid., 29.

중들의 의식과 삶을 형성해 왔고, 역사를 통해 이슬람의 전파와 더불어 정치 경제, 사회, 문화, 종교적으로 지대한 영향을 미쳤다. 중앙아시아의 수피즘 운동 연구를 통해 다음과 같은 몇 가지 교훈을 발견할 수 있다.

첫째, 중앙아시아의 수피들은 이슬람의 토착화에 성공했기 때문에 중앙아시아에 이슬람을 전파하는 데 주도적인 역할을 했다. 특히, 아흐멧 야사위는 수피즘을 투르크인들의 전통과 신앙 삶의 방식에 상황화함으로써 투르크인들이 쉽게 이슬람을 이해하고 수용할 수 있는 길을 열었다

둘째, 중앙아시아의 수피즘은 걸출한 수피 지도자를 길러냄으로 중앙아시아에서 지속적인 영향력을 행사했다. 쿠브라위야, 야사위야, 크와자간, 그리고 낙쉬반디야 등 뛰어난 수피 셰이크를 중심으로 동료나 제자들이 몰려들어 종단을 형성했다.

셋째, 중앙아시아의 수피즘은 깊은 영성과 더불어 견고한 조직을 가지고 있었다. 야사위의 추종자들은 세상의 쾌락이나 오락을 금하고 신에 대한 더 깊은 영적인 헌신에 초점을 맞추었다. 낙쉬반디야 종단은 '사회 안의 격리(khalwat dar anjuman)'를 강조하여 사회를 떠나거나 사회로부터 격리됨이 없이 마음으로 신을 찾는 '군중 속의 고고함'을 유지하도록 격려했다. 또한 견고한 조직과 위계질서를 갖추고 가난한 자들의 대변자로 역할을 했으며 상인들과 장인들 그리고 다른 민중들의 지지를 얻고 있었다.

넷째, 중앙아시아의 수피즘은 견고한 조직을 바탕으로 민중들의 이익을 지키고 외세의 침입을 대항해서 싸웠다. 수피즘은 중앙아시아 역사의 중요

한 부분마다 군중들의 편에 서서 투쟁하는 모습을 보여주었다. 수피 종단은 12세기와 13세기 동안에 카라-키타이인과 몽골인 등에 대항하여 투쟁했고, 18-19세기에는 러시아 제국의 정복자들에 대항하여 맞섰고, 1920년대 이후 소비에트 통치 하에서도 공식 이슬람보다 더 강력하고 활동적이었으며 더 깊이 뿌리를 내리고 있었다. 이를 통하여 수피즘은 민중의 마음을 살 수 있었다.

참고 문헌)

공일주. (2011). 수피즘과 수쿠크, 서울: 기독교문서선교회.

_____. (2014). "언어와 해석학적 관점에서 꾸란의 아랍어 의미와 해석." 중동아프리카
　　연구소. 아랍과 이슬람 세계, 서울: 도서출판 창문.

김성운. (2013). 형제의 나라 터키 이슬람 들여다 보기. 서울: 글마당.

소윤정. (2009). 꾸란과 성령, 서울: 기독교문서선교회.

손주영. (2005). 이슬람 교리, 사상, 역사, 서울 : 일조각.

정세진. (2009). "포스트소비에트 시기 러시아 이슬람 이념의 패러다임."
　　슬라브 연구 제 25권, 1호.

황병화. (2006). "이슬람의 수피즘과 영성."한국종교간대화확회. 宗敎學報,
　　제2집 61-109.

Alvi, Sajida S. (1994). The Mujaddid and Tajdid Traditions in the Indian
　　Subcontinent: An Historical Overview, Journal of Turkish Studies 18, 1~ 15.

Ali Ali Suleiman. (1996). Al-Tafsir bi al-Ma'thur: The Qur'anic exegeses of
　　the prophet Muhammad, his companions, and successors, MI: University
　　of Michigan.

Bennigson, A. (1984). The Islamic Threat to the Soviet State. Pap Board
　　Printers: Rawalpindi.

Bennigson, A. & Enders W. S. (1985). Muslims of the Soviet Empire, London:
　　Hurst and Co Publishers.

_____ (1985). Mystics and Commissars: Sufism in the Soviet Union.
　　London: C. Hurst and Co.

Bukharaev, R. (2000). Islam in Russia. Surrey: Curzon Press.

Gammer. (1944). Moshe Muslim resistance to the Tsar : Shamil and the
　　conquest of Chechnya and Daghestan, London : Frank Cass.

Haghayghi, M. (1995). Islam and Politics in Central Asia, New York:
　　St. Martin Press.

Koprulu, F. (1966). Turk Edebiyatinda ilk Mutasavviflar. 1st ed. 1919, Ankara Universities Basimevi.

Kristin L. (Zahra) Sands, Commentary (tafsir) and Allusion (ishara): A Comparative Study of Exoteric and Sufi Interpretation of the Qur'an in Classical Islam, 58

Rashid, A. (2002). Jihad: The rise of militant Islam, New Haven & London: Yale University Press,

Massel, G.T. (1974). The Surrogate Poletarial, Princeton: Princeton University Press.

Mehmood, Q. (2005). Islamic Encyclopaedia. , No: 2, Lahore: al-Faisal.

Newbigin, Lesslie. (1989), Mission and the Crisis of Western Culture, Edinburgh: The Handsel Press.

Olcott. Martha Brill, (2007). Sufism in Central Asia: A Force for Moderation or a Cause of Politicization? NW: Washington, DC. Carnegie Endowment for International Peace Publications Department.

Farhat Alvi, (2007), "The Significant Role of Sufism in Central Asia," Lecture in Department of Islamic Studies, University of Sargodha.

Polonskaya, L. and Melashenko, A. (1994). Islam in Central Asia, Reading: Ithaca Press.

Saidbaev, T. S. (1978). Islam i obshchestvo, Moscow.

Shahpuri, A. (1988). Muslim Ummah Soviet Roos Mein, (Muslim Community in Soviet Russia). Islamabad: Institute of Policy Studies.

Sheikh, F. (1992). Islam and Islamic Groups. Essex: Longman. Sotsiologicheskie Issledovaniya Problme byta, Kultury; natsional' nykh traditsii i Verovanii v Chechno-Ingushskoi ASSR, Voprosy, Nauchnogo Ateizma, Moscow 17/316.

Zarcone, T. (1998). "Sufi Movements: Search for identity and Islamic resurgence". Central Asia: Emerging new order. K. Warikoo (ed), New Delhi: Har-Anand Publication.

중앙아시아 이슬람은 주변이 아닌 중심에서,
수니 하나피파의 정통신학을 계승 발전시켰다.

6장
중앙아시아 민속이슬람

서 현 석

서론

우리는 '이슬람'이라는 단어를 들으면 엄격한 샤리아법[01]에 근거한 근본주의 이슬람을 생각하게 된다. 그런데 중앙아시아 지역의 이슬람은 현재로서는 그런 근본주의 이슬람과는 다른 특징을 보이고 있고, 우리는 이것을 '민속이슬람'이라는 측면에서 접근하여 이해하고자 한다.

이슬람이 들어오기 이전에, 중앙아시아에는 일찍이 여러 다양한 종교가 전래되어 그 문화를 한층 풍부하고 견고하게 충족시켜 왔다. 조로아스터교를 비롯하여 불교, 네스토리우스교가 있었다.[02] 중앙아시아에 이슬람이 전파되기 시작한 것은 아랍의 침략 초기인 7세기 중반이다. 그러나 역사가 오래고, 토착문화의 뿌리가 깊은 중앙아시아에, 그 지역민들이 고대부터 숭배해 온 토착 신앙과 종교, 사상, 문화를 송두리째 뿌리 뽑고 그 자리에 새로

---

01. 샤리아(Sharia)는 이슬람교의 율법이며 규범체계이다. 샤리아는 꾸란과 하디스에 나오는 규칙들과 원리들이며 그 후 판례들과 율법으로 편찬되어 샤리아가 되었다.
https://ko.wikipedia.org/wiki/%EC%83%A4%EB%A6%AC%EC%95%84
02. 장준희. (2010). 중앙아시아 이슬람 문화의 성격. 한국이슬람학회논총, 20(3), 4

운 종교를 이식하는 것은 쉬운 일이 아니었다. 이슬람이 중앙아시아에 침투해 들어가기 위해서는 어쩔 수 없이 기존 종교와 토착신앙의 수용과 포용이라는 융합과 재창조 과정이 필요했다. 결국, 중앙아시아에 이식된 이슬람은 이 지역에 고대부터 전해 내려온 기존 종교 및 토착신앙과 결합하고 그 안에 융화되어, 또 하나의 새로운 이슬람으로 태어난다.[03] 그리하여 이슬람이 본격적으로 제도화되고 성장하며 성숙하던 시기에도 중앙아시아 지역 토착민들은 그들만의 토착 신앙이나 삶의 방식, 문화를 포기하지는 않았다. 오히려 기존 제도나 문화와 융합하고 조화된 새로운 방식의 이슬람을 창조해 내게 된다.[04]

1. 민속이슬람

민속이슬람(Folk Islam)이란 공식적인, 혹은 정통적인 이슬람 관행들을 원시적이고 정령신앙적인 관행들과 혼합한 이슬람의 형태다.[05] 한편, 중앙아시아의 민속이슬람을 설명할 때, 생활이슬람이란 개념으로 설명하려는 입장이 있다. "생활이슬람(бытовой ислам, everyday Islam)이란 민중이

---

03. 오은경. (2017). 중앙아시아 이슬람과 종교적 신크레티즘(Syncretism). 한국이슬람학회논총, 27(1), 4

04. Ibid., 8

05. 남성택. (2017). 카자흐민족의 민간신앙의 세계관 분석을 통한 변혁적 선교. 주안대학원대학교 박사논문, 30

슬람(народный ислам, popular Islam), 민속이슬람(folk Islam), 병행이슬람(parallel Islam), 언더그라운드 이슬람 (underground Islam) 등으로 다양하게 불리워진다."[06] 필자가 볼 때, 민속이슬람이라는 어휘는 어떤 민속적인 활동을 할 때만 드러나는 그런 이슬람이라는 인상을 심어줄 수 있는 반면에 '생활이슬람'은 매일매일(everyday)의 생활속에서 드러나는 이슬람이라는 것을 표현하는 장점이 있을 것이다.

그런데도 필자가 본고에서 생활이슬람보다는 민속이슬람이라는 명칭을 선택하고자 하는 이유는 다음과 같다. 우선 '민속'의 사전적 정의를 살펴보자. 표준국어대사전, 고려한국어대사전, 우리말샘에서 모두 동일하게 민속의 개념[07]을 다음과 같이 기록하고 있다. "민속이란, 민간 생활과 결부된 신앙, 습관, 풍속, 전설, 기술, 전승 문화 따위를 통틀어 이르는 말". 즉 민속은 생활과 결부된 것인데, 특히 민간 생활과 결부된 신앙, 습관, 풍속, 전설, 기술, 전승 문화 따위를 통틀어 이르는 말이다.

한편 한국어에서 생활이란 단어의 사전적 정의를 네이버에서 찾아보면 1. 사람이나 동물이 일정한 환경에서 활동하며 살아감. 2. 생계나 살림을 꾸려 나감. 3. 조직체에서 그 구성원으로 활동함이다. 말하자면, 생활이란, 민속적인 측면 외에도 인간이나 동물이 일정한 환경에서 활동하며 살아가는 측면을 포괄하며, 나아가서 경제적인 수입 지출의 활동도 포함하기에 민속

---

06. 오원교. (2017). 현대 우즈베키스탄의 생활이슬람의 양상과 전망. 러시아연구 제 27권 제 1호, 197

07. 네이버 사전 https://ko.dict.naver.com/#/entry/koko/1f833f7b6c30442184d82f03c0ba0193

이슬람이 표현하는 것보다는 더 넓은 영역을 포괄하고 있다고 본다. 필자는 본고에서 이슬람을 기술할 때, 민속적 측면에서 이슬람을 기술할 것이기에 생활이슬람보다는 민속이슬람이란 개념을 사용해서 글을 전개하고자 한다. 참고로, 본고는 민속이슬람과 생활이슬람의 표현 중 어떤 것이 더 적합한지 판단하지는 않는다. 이 영역은 필자보다 더 전문적인 식견이 있는 학자분들이 이후 정리해 나가시기를 바라며, 본고는 중앙아시아의 민속이슬람의 특징을 드러내는 데 중점을 두고자 한다.

2. 중앙아시아 이슬람의 혼합주의적 성격

7세기경 아랍 제국의 동방 정복으로 중앙아시아에 전래된 이슬람은 8세기에 상위 계층 사이에서 지배적 종교가 되었고 10세기 말에는 공식 종교로서 자리 잡았다. 초기부터 이슬람은 당시 중앙아시아에 존재하던 기성 종교들 — 조로아스터교, 마니교, 불교, 네스토리우스파와 야곱파 기독교, 유대교 등 — 뿐만 아니라 지역의 토착 신앙과 전통문화, 특히 샤머니즘, 애니미즘, 토테미즘, 조상숭배 등과 서로 결합되면서, 내적으로 혼합 종교적 색채를 띠고, 외적으로 피정복지의 다양한 문화를 포용하는 복합 문화적 특징을 지녔었다.[08] 예를 들자면, 나우르즈(Навруз)는 이란에서 유래한 신년 축일이다. 나우르즈는 조로아스터교, 즉 불을 숭배하는 페르시아 종교에서 유

---

08. 오원교, 206

래되었다. 하지만 중앙아시아 이슬람 지도자들뿐만 아니라 무슬림 대중도 나우르즈를 이슬람적인 것으로 여기고 이슬람적 색채를 가미하여 성대하게 기린다.[09]

이처럼 이슬람 교리와 이교적 관례는 점차 상호적으로 혼합, 융합되어 하나의 독특한 총체(혼합주의)를 형성하였고 그것이 중앙아시아 무슬림 사회의 문화적 본령이 되었다.[10] 오원교는 중앙아시아 이슬람이 장구한 역사의 부침을 견뎌낸 생명력의 원천은 바로 정통성과 토착성의 고유한 융합에 기초한 독특한 유연성에서 찾는다.[11] 그리하여, 중앙아시아가 무신론을 강조하는 소련시대를 거치는 기간에도, 비록 사람들은 민속이슬람을 미신이라고 간주하여 경시하였지만, 민속이슬람은 대중속에 무슬림성이 남아있게 하는 중요한 역할을 감당하였다.

3. 중앙아시아 민속이슬람의 현재

이 장에서 우리는 중앙아시아의 민속이슬람의 현재의 모습을 몇 가지 영역을 통해서 살펴보고자 한다.

---

09. Ibid., 226
10. Ibid., 206
11. Ibid., 208

1) 샤머니즘

　중앙아시아의 무슬림들은 아직도 샤먼(박수무당)에게 찾아가는 관행들이 많이 있는데, 이 샤먼의 존재가 정통이슬람에서는 배제해야 하는 대상임에도 불구하고, 중앙아시아 이슬람과 별 불편없이 공존하고 있다.[12]

　라지아 술타노바는 "개별적으로 신령과 소통하는 샤머니즘은 개인에 의해 제시되는 반면, 이슬람교와 수피즘은 대중이 신과 교제(mass association)하는 영적 교섭(communal) 이 되는 것을 뜻한다"[13]고 하며 샤머니즘과 이슬람의 차이점을 말하였다. 이처럼 이슬람과 샤머니즘은 서로 다르기에 이슬람은 중앙아시아에서 샤머니즘을 제거하려고 노력했지만, 완전히 성공을 거두지 못했음을 그녀는 다음과 같이 밝히고 있다. "일상생활에서 토속 신앙의 많은 것들이 문화적으로 위장된 형태로 변형되어 지속되었다. 따라서 이슬람화된 방식에서 중앙아시아 샤머니즘은 이슬람교의 유형을 취했다."[14] 그래서 이제는 샤먼(무당)이 의례를 시작할 때, 알라에게 먼저 간청하고, 그다음 다양한 이슬람 성자들에게, 그다음에 그들을 도와주

12.　샤먼이란 인간계와 귀신들의 세계를 연결하는 존재이다. 한국의 상황과 관련 지어 보자면 박수무당이라는 단어가 떠오를 텐데 박수는 남자 무당을 말하며 무당은 여자 무당(巫堂)을 의미한다. 그런데 그 무당의 무(巫) 라는 글자를 잘 살펴보면 알 수 있듯이 하늘과 땅이라는 두 개의 세계(二)를 사람(人人)이 연결시켜 (工) 주고 있다. 하늘이라고 말하는 것은 영적인 세계의 귀신들을 의미하는 것이고, 땅이라는 것은 땅에서 살고 있는 인간의 세계를 의미한다. 샤먼은 이 두 세계를 연결시켜주는 역할을 하는데 그 연결시켜주는 방법으로는 노래와 춤, 제사, 접신(接神)의 과정을 거치면서 귀신을 달래고 예배하고 경우에 따라서는 쫓아내기도 하고 사람들의 질병을 치료하거나 축복한다.

13.　라지아 술타노바, (2015), 샤머니즘에서 수피즘까지, (박일우 역), 민속원, 51

14.　Ibid., 51

는 신령에게 간청한다.[15] 이처럼 샤먼은 전통적인 의식에 이슬람의 옷을 덧입고, 지속해서 중앙아시아 민속이슬람 속에서 영향력을 행사하고 있다.

우즈벡인들은 샤먼을 박시(бахши), 파리한(парихан, 점술가), 폴빈(фолбин, 예언가), 타웁(тауб), 쿠슈노치(кушноч 혹은 кучнач)라고 칭하는데, 그들은 주술을 통해 황홀경에 몰입하여 수호신인 정령들과 접촉하고 그들의 도움으로 진(джины), 즉 나쁜 귀신(악령)들을 굴복시켜 그들이 인간에게 일으킨 질병을 치료하는 것으로 알려져 있다. 흥미롭게도 이러한 박시의 역할을 이슬람의 물라도 행한다.[16]

카자흐인 무당들은 19세기까지 신성한 북을 두드렸고, 점괘와 치유에 달인이 되었다. 카자흐스탄인들에게 이들은 박시(Baqshi)로서 알려져 있다. 그들은 진(jinn: 신령)과 소통할 수 있는 사람들로 알려졌는데, 연례행사를 주도하고, 병을 고쳐주고, 미래를 예언하며, 나쁜 귀신들의 사악한 감응과 싸우는 것을 도와주는 사람들이었다.[17]

바실로프에 따르면 샤머니즘은 중앙아시아의 카자흐인들 사이에게 가장 깊숙하게 정착되었다고 한다. 그에 따르면 발비케-박시 라는 샤먼은 코부즈라는 악기를 연주하면서, 이슬람 성자를 부르면서 환자들을 치료한다. 환자의 병이 심각하면 그녀는 지크르(Jkir)를 행하는데, 그 의식에 참여하는 자들은 그 여성무당과 나란히 알라의 이름을 부르거나 알라 이외에 신은 없다

---

15. Ibid., 52

16. 오원교, (2017), 222

17. 라지아 술타노바, (2015), 41

라는 구절들을 외친다.[18]

필자는 2023년 10월 카자흐스탄에서 위구르인들을 인터뷰할 때, 박시의 역할을 하는 사람에 대해서 사람들이 '물라'라고 호칭하는 것을 발견하였다. 원래 물라(Mullah)는 이슬람교의 법과 교리에 대해 정통한 사람을 가리켜 쓰는 존칭이다.[19] 그런데 그 인터뷰 내용을 보자면 다음과 같다.

"내가 자란 시골마을에는 박시가 없다. 박시는 텔레비전에서 보았을 뿐이다. 물라는 이슬람교 교리를 좀 아는 사람이다. 사람들은 집안에 '진'이 들어왔다고 생각하면 물라를 찾는다. 그러면 물라는 치료를 위해서 종이를 태우고 그 재를 흐르는 물에 버리라고 하기도 한다. 때로는 살아있는 수탉으로 사람을 때린다. 그리고 그 수탉이 죽으면 멀리 가서 버리라고 한다. 또 목걸이(즌지르)를 녹인 액체를 환자가 보게 하고, 그 안에서 무엇을 보았는지 물어본다. 그러면 그 환자는 그 본 것을 말하고, 물라는 그 본 것이 문제의 원인과 어떻게 관련되는지 설명한다."

한편 이슬람교의 크고 작은 종교 공동체를 지도하는 통솔자를 이맘(Imam)이라고 부른다.[20] 이맘과 물라의 관계에 대해서는 카자흐스탄의 각 지역마다 차이가 있는데, 차른 지역 출신자와의 인터뷰에 따르면, 차른 지역에서 "이맘들은 대부분 물라가 하는 일이 잘못되었다"라고 말했다. 즉 해석해 보자면, 차른 지역의 이맘이 볼 때 물라는 박시가 하는 일을 대행하는

18. Ibid., 45

19. https://ko.wikipedia.org/wiki/%EB%AC%BC%EB%9D%BC_(%EC%9D%B4%EC%8A%AC%EB%9E%8C%EA%B5%90)

20. https://ko.wikipedia.org/wiki/%EC%9D%B4%EB%A7%98

사람이 되었고, 이에 대해서 그 이맘들의 불만을 표현한 것이다.

중국 신장 위구르족의 샤머니즘 조사를 위해서 필자가 2010년에 진행했던 인터뷰들을 아래에서 살펴보자.

카쉬카르의 잉이샤(英吉沙)가 고향인 위구르 여대생에 따르면, 그녀는 자주 머리가 아팠다. 학기중에는 학교에 다니다가 방학이 되어 고향에 갔더니 어머니가 샤먼에게 데리고 갔다. 그 어머니는 그 지역 의료계에 종사하고 있는 사람이었다! 그 샤먼이 이 여학생에게 부적을 적어 주었고, 그 부적을 불에 태워 그 재를 마시게 했다.

악수지역 출신 위구르 여성은 말하기를 "엄마가 낮에 꿈을 꾸면서 하루한 시간씩 웃기만 하는 일이 몇 일 계속되어서 샤먼한테 데리고 갔어요. 그지역이 옛날 몽골사람들이 쳐들어와서 많은 사람이 죽은 곳이라고 하더군요"

다른 위구르 여대생은: "친구가 여대생인데, 귀신에게 괴롭힘을 당해서 위구르 박시에게 갔더니 그가 하는 말이 꾸란을 읽어서 귀신을 쫓아낼 수 없었는데. 그 이유는 위구르귀신이 붙은 것이 아니라 한족귀신이 붙어 있기에 한족 물라(한족 종교지도자. 무당(?))에게 가서 귀신을 쫓으라고 말했어요. 실제로 한족 물라에게 갔더니 그 병이 치료되었지요"라고 하였다.

신장의 경우 박시들은 시골지역에 많다. "각 향(乡)마다 박시가 한 두 명 있지요"라고 하였다.

하지만 도시에도 샤먼이 존재하는 것을 보여주는 다음 인터뷰내용도 있다. "우루무치 도시 내에도 샤먼이 여러 명 있어서 사람들이 그에게 찾아갑니다. 우루무치 의대 여학생들도 점 치러가는 친구들이 많아요. 점치려 갔더니 너무 잘 맞아서 놀랐다고 해요.. 나도 박시한테 가고 싶은데 아버지가 가지 말라고 하지요."

"기숙사 친구가 밤에 악몽을 꾸고 괴로워하지요. 그래서 내가 박시한테 가라고 충고해 주었지요" (위구르 여대생)

위의 이야기를 종합해 볼 때 우리는 스스로를 무슬림이라고 여기는 중앙아시아 사람들이 여전히 샤머니즘의 영향을 받으며 살 뿐만 아니라 무당의 역할을 하는 사람이 이슬람교의 지도자인 물라라는 호칭으로도 불리는 것을 확인하였다.

2) 성인숭배와 성묘숭배

대다수의 무슬림들은 이슬람의 성지인 메카로 순례를 다녀오기를 소망하며 살아간다. 그러나, 메카를 직접 순례하는 것이 현실적으로 어렵기에, 적지 않은 무슬림들은 대신에 성인들의 성묘를 참배하는 경우가 많으며 그들에게 어떤 성묘는 이슬람 성지에 버금가는 의미를 지닌 것으로 간주된다.[21] 중앙아시아의 무슬림들은 세상을 떠난 성인의 무덤을 신성하게 여기고 그

---

21. 오원교, (2017년), 215

곳을 직접 방문하여 의례를 행하여 성인이 생전에 간직하고 있던 성덕과 은혜를 나누어 가짐으로써 자신들의 소원이 성취된다고 믿는다.

필자는 2022년 5월에 우즈베키스탄 사마르칸트 '사이진다(Shakhi Zinda)'를 방문하였는데, 그곳에서 성인숭배의 모습을 목도하였다. 무함마드의 사촌, 쿠삼 이븐 압바스(Kusam ibn Abbas: 624-677)가 중앙아시아에 선교하려고 사마르칸트에 왔었고 '사이진다'라는 곳에서 조로아스터교의 박해를 받아 목이 잘렸다고 한다. 그런데, 그는 죽지 않고 살아 있었고, 사람들은 그를 왕으로 생각하고, 지금도 살아있다고 믿고 있다. 사이진다에 그의 무덤이 있는데 사람들은 이곳이 메카에 버금가는 성지라고 여기며, 이곳에 올라갈 때 계단의 숫자를 센 것과 내려올 때 센 숫자가 일치하면 천국에 간다고 믿는다.

(사진: 우즈베키스탄 사마르칸트에 있는 사이진다)

한편, 필자가 2007년에 중국 신장의 카쉬카르의 위구르인들을 인터뷰했을 때. 한 사람이 목요일에 무덤에 가서 기도한다고 하였다. 필자는 왜 하필 목요일에 기도하러 가느냐고 물었고, 그의 대답은 "목요일에 기도하면, 나의 기도가 이곳에서 메카까지 가는데 하루가 걸려서 금요일에 메카에 도착하기 때문"이라고 하였다. 즉 그는 조상 혹은 위대한 인물의 무덤에서 기도하면 그 기도가 메카에까지 이른다는 믿음을 가졌다.

유일신 사상이 절대적 원칙인 이슬람에서 신이 아닌 다른 어떤 존재도 숭배의 대상이 될 수 없고 더구나 그 자체의 미신적인 속성으로 인해 성인숭배와 성묘참배는 정통 이슬람의 전통에서 어긋나는 것으로 간주된다. 따라서 공식이슬람, 특히 무프티와 이맘 등의 공인된 사제들은 이러한 의례에 거부감을 표시하지만, 이러한 관행들은 지속되고 있다.[22]

3) 애니미즘

돌, 샘, 나무 그리고 동굴 등 주로 자연물을 신성한 대상으로 숭배하는 애니미즘은 이슬람이 전파되기 이전에 성인이나 조상의 무덤, 특이한 나무 등이 있는 곳을 성스러운 장소로 숭배하던 토착 전통에서 유래하였다. 이슬람이 본격적으로 전파된 이후에도 이러한 관행은 신비한 자연현상과 자연의 영(靈)을 통해 알라를 숭배할 수 있는 것으로 여겨지면서 적극 활용되었다.

---

22. 오원교, (2017년), 216

특히 이슬람의 성인 숭배와 성묘 참배의 전통과 결합되면서 더욱 확장되었다.[23]

몇몇 성묘에는 이슬람 이전의 애니미즘 전통에 뿌리를 둔 상징물들이 발견된다. 성묘 위에 산양의 뿔이나 다양한 전통 악기들이 놓여 있는데, 특히 산양의 뿔은 성묘와 방문객들을 불운과 재앙으로부터 보호한다고 믿어진다. 우즈베키스탄의 거의 전역에 걸쳐 산재하고 있는 성묘를 비롯한 성지 주변에서는 다양한 염원을 담은 형형색색의 헝겊 조각이 무수히 매달린 오래된 나무들을 쉽사리 발견할 수 있으며, 방문객들은 성지에 위치한 샘(우물)에서 몸을 씻거나 성수로 간주되는 물을 길러 집으로 가져가 가족들과 함께 나누는 경우도 많다.[24]

필자는 2004년 중국 신장 호탄의 '새우알림'이라는 광야의 박시가 있는 곳에 방문하였다. 거기에도 막대기 위에 양머리가 매달려 있어서 성스러운 분위기를 내고 있었고, 많은 위구르인이 그 박시를 만나기 위해 찾아오고 있었다. 또한 신장의 카쉬카르 지역에는 매흐뭍 카쉬카르라는 대학자의 무덤이 있는데, 그 무덤 주변에 있는 나무에도 헝겊이 묶여 있었고, 또 수피즘이 홍왕했던 예르켄트 지역에도 나무들에 하얀 헝겊들이 묶여 있었던 것을 볼 수 있었다.

---

23. Ibid., 221
24. Ibid., 221

4) 조상숭배

우즈벡인들에게 조상 숭배는 아주 중요한 전통 중의 하나이다. 그들은 태어나서 죽을 때까지 이 세계에 사는 동안 인간은 하늘, 태양, 달과 같은 자연의 지배를 받지만, 죽은 이후 저 세계에서 조상신 혹은 조상령이 되어 자손들의 길흉화복에 직간접적으로 영향을 끼친다고 믿는다. 조상신 혹은 조상령을 우즈벡인들은 아르보크(arvokh)라고 부르는데, 질병, 불임, 기근, 재해 등 일상생활 속에서 어려운 일이 닥쳤을 때 그들은 샤먼이나 물라뿐만 아니라 직접 조상에게 도움을 청해 자신들이 처한 난관으로부터 벗어나고자 한다.[25]

조상 숭배는 장례식, 추도식, 묘지 참배 등의 다양한 의례를 통해 표현된다. 우즈벡인들은 장례식이나 추도식을 성대하고 극진하게 치르는 것으로 유명하며, 자주 조상의 묘를 찾아 기도를 드리거나 서약을 하기도 하는데, 이런 의례에서는 대부분 동물이나 특별한 음식을 제물로 준비하여 조상에게 정성스럽게 바친다. 예컨대 이슬람의 관례에 따라 우즈벡인들은 사후 7, 20, 40일째에 희생 제례이자 일종의 추도식인 '후도이(худойи)'를 치르며, 라마단 기간에도 조상에게 감사의례를 드리기도 한다. 또한 우즈벡인들은 여행 중에 초원에서 갑자기 밤을 맞이했을 때, 무덤 옆에 잠자리를 마련하는데, 그곳에 잠든 사자의 영혼이 자신들을 보살펴 줄 것이라고 믿기 때문

---

25. Ibid., 224

이다.[26]

5) '진'(Jinn)[27]에 대한 두려움

카자흐스탄의 위구르인들은 초월적 존재인 진(Jinn) 이 있다고 믿고 두려워한다. 아래에서 2023년 10월 필자가 인터뷰한 것을 살펴보도록 하자.

"사람들은 기본적으로 '진'을 두려워한다. 그래서 저녁이 되면 여성들에게 말한다. 머리손수건(야글륵)을 쓰지 않으면 진이 붙는다(야글륵 탕, 베싱가 진 코누두)라고 말한다. 진에 대한 두려움은 도시보다는 시골 마을에서 크다. 나이 많은 사람이 특히 그렇다. 어린아이들도 어른들의 말의 영향을 받아서 진을 두려워한다."

" '바바이'라는 말이 있다. 집안의 아이들에게 어떤 방을 가지 못하게 하려면, 바바이가 있다 라고 하면 아이들이 그 방에 안 들어간다."

재미있는 것은 사람들은 진은 두려워하면서도, 사탄을 무서워하지 않는 듯한 표현을 한다. 예를 들어 할머니들이 손자들이 어떤 일을 잘못하면 혼낼 때, 그들에게 말한다. '아이구, 내 사탄아', 할머니들은 그러면서 손자들을 혼내는 것이다.

"진은 나쁜 것인데 비해서 '이기시'(그것의 주인)이라는 것이 있다. 예를

26. Ibid., 224

27. https://namu.wiki/w/%EC%A7%80%EB%8B%88#s-2
진(Jinn) 이란 아랍전승에 등장하는 초월적 존재이다. 이슬람 이후 아랍 전승에서는 천사와 악마 제외한 대부분의 초월적 존재들을 통칭한다.

들어 사람들은 어떤 산신령(산의 주인), 나무의 수호자 등을 믿는다. 이처럼 위구르인들은 진은 나쁜 것으로 여기지만 '이기시'는 좋은 것으로 여긴다."

6) 악한 눈(evil eye)[28]에 대한 두려움

중앙아시아의 많은 민족들은 '악한 눈'에 대한 두려움을 갖고 있다. 그들은 악한 눈이 시기를 하지 못하도록 하려고 한다. 2023년 카자흐스탄의 위구르족을 인터뷰한 것을 아래에 살펴보자.

"부모가 자식을 칭찬할 때, 그 옆 사람은 악한 눈이 시기하지 않도록 하기 위해서 말한다. '눈이 달라붙지 말기를(쾌즈 태기므슨)'이라고 한다."

"새 차를 샀을 때도, 사람들은 차 뒤에 빨간 색실, 스티커 등을 붙인다. 이것 역시도 '악한 눈이 달라붙지 말기를(쾌즈 태기므슨)'바라는 의미이다. 또 어린 아기에게도 '눈' 모양을 붙인다. 이것도 악한 눈이 아이에게 달라붙지 말도록 하는 것이다."

"예를 들어 집안에 침대 위에 베개를 두었는데, 그 베개가 아래로 떨어지면 사람들은 그것이 신비로운 작용으로 인한 것이라고 생각하고, 또 '그 눈에게 보여졌다(쾌즈게 쾌른디)' 라고, 말한다."

---

28. https://ko.wikipedia.org/wiki/%EC%82%AC%EC%8B%9C_(%EB%AF%BC%EC%86%8D)
사악한 눈(evil eye)은 악의적으로 상대를 노려보는 것으로, 대상자에게 저주를 거는 마력을 뜻한다.

7) 금기들

2023년 필자가 인터뷰한 카자흐스탄 위구르인은 다음과 같이 그들의 금기를 나열했다.

"시골 사람들은 부엌에서 씻은 물과 화장실 물이 하수도에서 합쳐지면 죄라고 한다. 그래서 최소한 마을 단위로 화장실 물과 부엌물이 다른 경로로 배출되도록 한다. 태양이 뜨거나 지는 곳을 향해 용변을 보면 안된다. 그래서 화장실 방향은 용변 시 일출, 일몰 방향을 향하지 않도록 만든다. 음식과 관련되어서는 주식인 '난'(중앙아시아식 빵)을 버릴 때 땅 위에 두면 안 되고, 나무가지 위에 올려놓게 한다. 또 난을 휴지통에 버려도 안 된다."

필자는 위구르인들이 난을 취급하는 방식에는, 사람이 먹을 수 있는 음식을 그냥 낭비하게 하기보다는 다른 동물들이 먹을 수 있게 하려는 합리적인 의도가 있다고 본다. 반면에 태양이 뜨거나 지는 곳을 향해 용변을 보지 않는 것은, 이성적인 이유라기보다는 위구르인들이 고대로부터 태양에 대해 갖고 있는 숭배의 영향이 남아있는 것으로 추정해 본다.

결론

이제 필자는 중앙아시아 민속이슬람의 특징을 다음과 같이 정리하고자 한다.

첫째, 중앙아시아의 문화는 이슬람이 유입되기 전부터 동서양 문화가 교류하여 샤머니즘, 불교, 기독교 등이 서로 영향을 주고 융합하고 있었다. 여기에 이슬람이 가미됨으로 지금은 이슬람을 믿는 사람들이 다수를 이루고 있지만, 과거 이곳을 지배했던 문화의 유산들이 남아 있고, 이것은 중앙아시아 민속이슬람의 특징들로 남아있다.

둘째, 중앙아시아의 민속이슬람은, 러시아와 소련의 통치와 탄압 속에서도 이슬람이 유지되고 발전하는 데 크게 기여했고, 이슬람이 부흥하도록 하는 원동력으로서의 역할을 하였다.

셋째, 중앙아시아의 민속이슬람에서 대중은 일상에서 자신이 올바르고 합당하다고 믿는 것을 그것이 정통 이슬람 의례이냐, 토속 관행이냐에 관계없이 실행한다.[29] 예를 들어, 성인 숭배 혹은 샤머니즘의 관행은 비정통적인 것이지만 실상 그러한 논쟁은 종교 엘리트 사이에서 벌어질 뿐 평범한 무슬림들에게는 별다른 주목을 받지 못한다. 예를 들어, 중앙아시아에는 성인숭배를 통해서, 메카에 가지 않고도 천국에 갈 수 있다고 믿는 일반 대중들을 만들어 냈다. 이것은 우즈베키스탄 사마르칸드 사이진다의 참배객들의 믿음에서 드러난다.

---

29. 오원교(2017) <현대 우즈베키스탄의 생활이슬람의 양상과 전망> 228쪽

참고문헌)

장준희. (2010). 중앙아시아 이슬람 문화의 성격. 한국이슬람학회논총, 20(3), 1-33.

정세진. (2019). 카자흐스탄 이슬람과 선교 관점 ― 전통성과 '생활이슬람' 특성을 중심
으로. 한국기독교신학논총, 112, 323-347.

정세진. (2023). 중앙아시아 이슬람의 역사적 변천 과정과 기독교 선교와의 상관 관계*.
복음과 선교, 61(1), 303-344.

오원교. (2019). 현대 카자흐스탄의 생활이슬람의 양상과 전망― 청년 무슬림의 종교
의식과 활동을 중심으로 ―.러시아어문학연구논집,(64),157-190.

오원교. (2017). 현대 우즈베키스탄의 생활이슬람의 양상과 전망.러시아연구,27(1),
195-242.

남성택. (2017). 카자흐민족의 민간신앙의 세계관 분석을 통한 변혁적 선교, 주안대학원
대학교 박사학위 논문

오은경. (2017). 중앙아시아 이슬람과 종교적 신크레티즘(Syncretism). 한국이슬람학회
논총, 27(1), 1-22.

라지아 술타노바, (2015), 샤머니즘에서 수피즘까지, (박일우 역), 민속원

중앙아시아 이슬람은 민속이슬람
즉 혼합주의적 특징을 가지는데,
이러한 양상이 대도시 무슬림 청년에게도 나타나는가?

제 3 부
중앙아시아 이슬람의 현재
- 카자흐스탄을 중심으로

제 3부에서 우리가 볼 내용은 현재의 중앙아시아 이슬람의 상황이다.

전반적인 이슬람의 성장, 정치, 경제, 문화 그리고 청년세대와

연관된 이슬람 상황를 보여준다.

특별히 현장에서 실제로 이루어진 인터뷰, 설문조사 결과를 반영하여,

다른 자료에서는 찾아볼 수 없는 흥미진진한 내용을 다수 포함한다.

알마티 중앙모스크 내부

7장
독립 후 중앙아시아 이슬람의
재건과 부흥

한 수 아

들어가는 글

러시아 정교를 신봉하는 러시아제국과 무신론을 기반으로 한 소련의 지배를 거치면서 중앙아시아의 이슬람은 매우 약화되었다. 특히 소비에트 당국은 종교가 교육, 법률 및 정치의 영역뿐만 아니라 일반 사람들의 일상 생활에서도 완전히 사라진다는 마르크스-레닌주의의 가정을 기초로 이슬람을 억압했다. 그 결과 이슬람을 비롯한 종교 활동은 지하로 내려갔고 소비에트 시대 말까지 과거 이슬람에 기초한 사회는 이미 상당히 세속적이고 낮은 수준의 종교성으로 특징지어졌다.[01]

이렇게 일종의 침체기를 겪었던 중앙아시아 이슬람은, 소련의 해체와 이슬람을 믿는 민족들을 기반으로 한 지역국가의 독립으로 말미암아 재건과

01. Parviz Mullojanov, "Post-Soviet Central Asia and the Muslim World: Salafization as an Instrument of Geopolitics." 21.04.2017 https://cabar.asia/ru/parviz-mullodzhanov-postsovetskaya-srednyaya-aziya-i-musulmanskij-mir-salafizatsiya-kak-instrument-geopolitiki)

제 3부 중앙아시아 이슬람의 현재　179

새로운 부흥기를 맞이하게 된다. 이슬람의 재건과 부흥은 독립국가로서 중앙아시아 국가들이 이슬람전통과 문화를 재건하고 외부 이슬람세계와 다시 관계를 맺는 과정에서 나타난 것이었다. 한편, 이런 과정에서 단순히 전통적인 이슬람의 재건을 넘어서 근본주의적 이슬람의 영향력도 나타나고 있다.

이 글에서는 독립 후 중앙아시아 지역에서 이슬람의 재건과 부흥이 어떤 식으로 일어나고 있는지, 이에 대해 외부 무슬림국가들이 어떤 영향을 주었는지, 그리고 근본주의 이슬람의 영향력이 어떤 식으로 나타나고 있는지에 대해서 살펴볼 것이다.

1. 독립이후 국가의 정체성 확립에 따른 이슬람의 재건과 부흥

1) 독립이후 이슬람재건

1991년 12월 소비에트 연방이 공식적으로 역사에서 사라졌다.[02] 소련의 붕괴로 인해 갑자기 독립을 하게 된 중앙아시아 각국은 소련의 영향력으로부터 벗어나 독자적인 정체성과 사회통합을 이루어내야 했다. 소련의 영향

---

02. 소비에트 연방은 1990년 3월 리투아니아를 시작으로 소속된 국가들이 독립하면서 해체의 길에 들어섰다. 중앙아시아 국가들은 키르기스스탄(1991.8.31)을 필두로 카자흐스탄(1991.12.16)까지 소연방에서 독립하였다. 1991년 12월 26일 소련이 막을 내리고 러시아연방공화국이 출범하였다.

력으로부터 벗어나는 것은 우선 러시아어 지명을 현지어 지명으로 바꾼다든지[03] 러시아어보다 현지어 사용을 권장하는 등 상징적이고 문화적인 영역에서 진행되었다.

이데올로기적 혹은 종교적으로 그것은 과거 소련의 지배로부터 억압받았던 전통종교(이슬람)를 재건하는 것이었다. 국민의 대다수가 믿고 있는 이슬람을 통해서 과거 소련의 사회주의 이데올로기가 아닌 새로운 사회통합의 길을 모색하는 것이다. 그리고 사회주의적 이념과 가치들을 떨쳐버린 이후에 이슬람은 사람들에게 도덕적이고 윤리적인 공백을 채울 수 있는 이데올로기와 삶의 양식을 제공했다.[04]

물론 이러한 재건기는 1988년 구소련 시절에 이미 시작되었다고 할 수 있다. 1988년에 소련은 종교활동에 대한 감시와 박해를 중단했다. 그후 이슬람의 급속한 회복이 이루어져서 이슬람 기도, 하지(성지순례), 새로운 모스크 건설 및 재건, 마드라사 재개 등이 일어났다. 아랍어 학습과 아랍문헌들에 대한 관심도 있었다.

가장 두드러진 측면은 사용되지 않던 모스크를 열고 새로운 모스크를 짓는 것이었다. 예를 들어 카자흐스탄에서 모스크가 1991년에 68개에 불과하던 것이 2000년대 초반 1,652개로 그리고 2011년에는 2,756개로 늘어났다. 우즈베키스탄도 1989년부터 1993년까지의 통계에 따르면, 모스크의 수는 4년 동안 300개에서 6,000개로 증가했다. 타지키스탄에서 1990년 18개의

---

03. 예를 들어 키르기스스탄에서 현 수도의 지명을 소련시절 '푸룬제'에서 '비쉬켁'으로 변경했다.
04. A. Charistian van Gorder, (2008), Muslim-Christian Relations in Central Asia, Routledge, 76

모스크만이 있었지만 2005년에는 2,500개소가 운영 중이다.[05]

이전에 유행했던 수피즘의 경우 우즈베키스탄 부하라 외곽의 낙쉬반디와 카자흐스탄 투르키스탄의 야사위 영묘가 복원되어 많은 방문객들이 오는 등 지역적으로 부흥을 경험했다. 지역의 영묘는 중앙아시아를 무슬림 공간으로 나타내는 표식이었다. 국가적 사업으로 재건된 낙쉬반디나 야사위 영묘 외에도 개인이나 공동체의 주도로 많은 영묘가 재건되었다.

소비에트 시절에 위축된 이슬람은 상당부분 이슬람식의 생애의례를 통해 보존될 수 있었다. 그 시기에도 대부분의 무슬림인구가 전통적인 이슬람 축제에 광범위하게 참여하였고 또한 삶의 중요한 의례에서 이슬람방식을 사용했다. 특히 이슬람식 결혼식과 장례식은 중앙아시아 이슬람전통의 핵심이다. 이 제의에는 이슬람 성직자들이 참여하면서 이슬람을 보존하고 설파하는 중요한 장으로 사용되어 왔다. 독립이후 이슬람식 제의는 개인의 지위와 사회적 의무를 유지하는데 핵심적인 역할을 하고 민족적 전통으로 인정받아 확대되고 있다.[06] 이를 통해 이슬람이 그들의 민족적 정체성을 형성하는데 중요한 역할을 하고 있다. 이 때문에 자신들을 신학적으로는 불가지론이나 무신론주의자라고 생각하는 사람들조차도 이러한 이슬람식 의식에 참여하면서 최소한 문화적으로는 자신을 무슬림이라고 간주했다.

---

05. https://voicesoncentralasia.org/mosque-diplomacy-in-central-asia-geopolitics-beginning-with-the-mihrab/
06. A. 할라드, (2019), 공산주의 이후의 이슬람, (오원교 역), 서울대 아시아연구소

2) 이슬람 재건에 대한 중앙아시아 정부의 입장

기본적으로 중앙아시아 이슬람의 부흥은 정부의 통제 하에서 이루어졌다.[07] 정권의 안보와 국가의 안정은 정부가 이슬람을 관리하는 첫번째 기준이었다.[08] 이런 기준에 따라 그들은 이슬람을 통제하는 동시에 그것과 협력하는 이중적 전략을 시도했다.

독립 초기에 중앙아시아 지도자들이 이슬람을 민족정체성의 통합 수단으로 활용하고, 민족주의를 고양하는 정책을 펼친 이유도 사실상은 자신들의 정권을 공고히 하기 위한 것이었다. 예를 들어 우즈베키스탄의 카리모프 대통령을 중심으로한 정치지도자들은 정권 초기에 유연한 이슬람 정책을 펼쳤다. 그 이유는 국가건설의 초기 단계에 안정적 통치 질서가 필요하며 국민들의 정신을 하나로 통합할 필요성이 있었는데 많은 국민들이 믿고 있는 이슬람을 통하여 이를 실현시키고자 하였다.[09] 정치 지도자들은 자신이 이슬람 신자임을 보여줌으로써 국민들에게 신망을 얻으려 했다. 카리모프 대통령은 하지를 가는 모든 사람들을 후원하고 자신도 메카를 다녀왔다. 중앙아시아 정치지도자들은 꾸란을 손에 들고 있는 장면을 보여주기도 했다.

---

07. 예를 들어 구소련시절의 사둠(SADUM)과 같은 공식적 기구를 이어받은 종교관리국이 이슬람을 통제하는 역할을 한다. 예를 들어 카자흐스탄 무슬림 영적 관리국(SAMK)은 카자흐스탄 무슬림의 종교 업무를 조직하고 해외 종교 단체, 모스크 및 무슬림 단체와의 국제 관계를 규제하는 독립 기구로 1990년에 설립되었다.

08. Bayram Balci, (2018), Islam in Central Asia and the Caucasus Since the Fall of the Soviet Union, Oxford univ. press

09. 정세진, (2007), 중앙아시아 이슬람과 반러시아 경향. 중앙아시아연구 제12권, 17

하지만 동시에 이들 국가는 정권의 안정을 위해서 이슬람이 국가 내부적 균열 요소가 되는 것을 엄격히 제한하는 정책을 구사한다. 이를 위해 새로운 정부는 국가의 통제를 받아들이도록, 그들 자신의 '전통적'이고 '민족적' 이슬람을 발전시켰다. 전통적 이슬람이란 외부에서 오는 것이 아니라 과거 그들 조상들이 믿었던 것을 의미한다. 이로 인해 과거시대의 이슬람지도자나 영묘 등의 복원이나 강조가 이루어지게 된다.[10] 중앙아시아에서 이슬람의 부흥은 다름아닌 민족주의와 전통문화의 부흥과 같은 것이었다. 이러한 민족주의는 구소련 공산당 엘리트였던 민족적 지도자들이 권력을 유지할 수 있는 방법(기반)을 제공했다. 동시에 외부에서 들어온 다른 학파나 이질적인 가르침들을 경계하고 차단할 수 있는 기반이 될 수 있었다. 그래서 이 부흥은 이슬람 정통주의 내지는 근본주의로의 부흥은 아닌 것이다.

특별히 중앙아시아 이슬람이 지닌 하나피파-수피즘-민속이슬람의 특성은 이슬람을 공식적으로 통제하고 사회적 통합과 정치적 기반으로 삼으려는 중앙아시아 정치지도자들의 의도에 맞게 조정되었다.

중앙아 국가들이 공식적 이슬람으로 인정하는 하나피파는 전통에 기반을 두고 있으면서 기본적으로 온건하고 융통성이 있는 이슬람의 분파이다.[11] 하나피파는 소위 '민속이슬람'에 대한 융통성이 있으며 이로 인해 민간차원

10. 예를 들어 카자흐스탄에서는 야사위 수피즘의 창시자이자 초원의 이슬람 전파자로 추앙 받는 아흐메트 야사위가 있으며, 우즈베키스탄에서는 현지 우즈베키스탄에 속한 지역에서 태어난 하디스의 수집가 알 부하리와 법학자 알 마투리디, 수피의 대가 바하우딘 낙쉬반디가 우즈베키스탄의 위대한 아들들로 선정되었다. A. 할라드, (2019), 196

11. 카자흐스탄에서는 2011년 채택된 "종교활동 및 종교단체에 관한" 법률 전문에서 하나피파를 공식종교로 규정했다. 타지키스탄도 2009년에 국가의회가 공식적으로 인정했다.

의 이슬람에 대한 참여가 높아지게 되었다. 중앙아시아 정부는 전세계 절반 이상의 무슬림이 따르고 있는 하나피 학파에 중앙아시아 무슬림 대중이 속한다는 것은 사람들 사이에 일치와 화합에 기여한다고 생각한다.[12]

수피즘의 경우도 중앙아시아의 전통종교로 간주되고 있으며 이는 신비주의적이고 영적인 교감을 추구한다는 면에서 근본주의와는 거리가 있다. 정부가 수피전통을 복원하는 일에 적극적으로 지원하는 가장 큰 이유는 이른바 테러리즘이나 근본주의에 대항하기 위해 수피의 유산에 호소하기 위함이다. 즉 야사위, 낙쉬반디 영묘의 복원과 숭배는 비정치적 이슬람을 강화하는데 도움이 되는 것이다.

수피와 수니파 이맘은 전통적으로 별다른 갈등없이 이곳에서 공존했다. 그리고 모든 무슬림들은 수피의 영묘를 방문하는 것을 꺼려하지 않으며 수니파 이맘들도 이를 격려한다. 수피나 수니파 이맘들 중에는 정통이슬람에서 벗어난 샤머니즘적인 의례를 행하는 자들도 많다. 이처럼 수피즘과 수니이슬람, 민속이슬람의 전통은 오랫동안 공존하며 이곳 이슬람의 특징을 이루었다. [13]

이처럼 독립이후 이슬람교는 정치이념이 되지는 않으며 단지 이슬람전통을 가진 다민족을 통합하는 사회통합의 이념으로 사용되고 있다. 이점이 중동이나 탈레반 정권하의 아프가니스탄과 이란 등의 이슬람국가와의 차이점이며 또한 사회주의를 정치이념으로 하여 종교자체를 정치적으로 탄압

---

12. A. Charistian van Gorder, (2008), 74
13. Ibid., 74

했던 공산주의 국가와의 차이점이라고 할 수 있다.[14]

3) 독립이후 이슬람 종교성

이제 독립이후 이슬람의 부흥이 최근 개인적인 이슬람신앙에 어떻게 반영되어 나타났는지 살펴보자.

아래의 표는 2007년과 2012년 카자흐스탄과 키르기스스탄의 이슬람신앙에 대한 조사결과이다.[15]

구 분	카자흐스탄		키르기스스탄	
조사연도(응답인원수)	2007년 (606명)	2012년 (912명)	2007년 (839명)	2012년 (1,383명)
자신을 무슬림으로 인식	79.53	93.53	97.50	94.79
사후의 삶에 대한 믿음	36.30	51.54	71.39	66.67
지옥에 대한 믿음	41.58	57.24	72.59	73.10
천국에 대한 믿음	43.74	60.64	72.94	78.45
일주일에 최소 1회 종교의식에 참석	15.51	12.72	15.38	32.61
종교의례 외에 날마다 알라에게 기도	22.94	18.20	35.76	57.99
"좋은 정부는 샤리아를 구현해야 한다"는 점에 매우 중요하다고 믿음	5.45	13.04	7.15	10.34

이 조사는 민족적으로 무슬림 민족이라고 하는 사람들만을 조사한 것이

---

14. 한수아, (2008), 중앙아시아 종교정치, 종족과 도시선교저널

15. 표 출처: Barbara Junisbai, Azamat Junisbai, and Baurzhan Zhussupov, (2017), "Two countries, Five Years: Islam in Kazakhstan and Kyrgyzstan through the lens of public opinion surveys", Junisbai et al. Central Asian Affairs, 4,1,10

다. 여기에는 카작, 키르기스, 우즈벡, 타타르, 위구르 등이 포함된다. 이 조사에서 우리는 중앙아시아에서 이슬람의 부흥을 목격할 수 있다. 2012년 조사에서 95%의 사람들이 자신이 무슬림이라는 정체성을 나타내고 있다. 특히 카자흐스탄의 성장은 주목할 만하다. 2007년과 2012년 5년사이에 15%p나 증가하였다. 이것을 보면 이슬람은 독립초기 뿐만 아니라 2000년대에 들어와서 더욱 강화되고 있다고 볼 수 있다.

이것은 이슬람의 근본주의에 대한 믿음에 있어서도 나타난다. '샤리아를 구현하는 정부가 좋은 정부'라고 믿는 것은 이슬람주의의 핵심적인 내용이다. 이 점에서도 두 나라의 증가는 눈에 띈다. 특히 카자흐스탄은 130%가량 증가했다(5.45%에서 13.04%로). 샤리아를 지지하는데 있어서는 두나라 모두에서 소득수준이나 학력수준에 따른 차이를 보이지 않는다. 다시 말하면 다양한 사회계층에 있어서 이슬람 근본주의화가 진행되고 있다는 점을 보여준다.

물론 조사결과를 보면 카자흐스탄에서 종교적 행위(모스크 참석 및 기도)는 감소했다. 그러나 그것에는 다른 개인적 사회적 여건이 작용했다고 보여진다. 이러한 행위자체는 국가의 종교적 통제라든지 경제활동에 더 많은 시간을 내야 할 경제적 여건 등의 개인적, 사회적 상황에 기인한 것으로 보인다.[16] 그러나 사후 삶에 대한 믿음, 그리고 천국과 지옥에 대한 믿음이 증가한 것으로 보아서 이슬람의 신앙(종교성)이 강화된 것은 사실이다.

---

16. 오원교, (2019), 현대 카자흐스탄 생활이슬람의 양상과 전망, 러시아어문학연구논집 2064집, 161.

성별 연령별 분석에 의하면 남자들이 여성보다는 모스크에 많이 가고 여성들이 남성보다 개인기도를 많이 한다. 2007년에는 연령이 높은 사람들이 모스크에 가는 비율이 높았지만 2012년에는 연령별로 의미있는 차이를 보이지 않는다. 그것은 젊은층의 모스크 참석이 높아진데 기인한 것으로 보인다.

2. 외부 이슬람국가와의 관계회복과 이슬람의 부흥

중앙아시아 무슬림 국가들은 과거 구소련의 지배하에서 외부 이슬람세계와 단절되었다. 소비에트가 지배한 70년 이상의 기간 동안 중앙아시아 지역은 나머지 이슬람 세계와 완전히 분리되었던 것이다. 그것은 수니파인 중앙아시아 지역의 시아파 이란과의 단절뿐만 아니라 소비에트 시대에 냉전체제로 인해 서방의 영향력하에 있었던 중동 및 남아시아의 이슬람국가들을 포함한 다른 이슬람세계와의 단절을 말하는 것이다. 이러한 분리는 순전히 지리적, 영토적 또는 정치적인 것만이 아니고 그것은 또한 종교적, 영적, 이념적 분리도 포함된 것이었다. 러시아와 소련의 지배하에서 언어적으로 아랍어가 아니라 키릴어를 사용함으로써 이슬람문헌에 대한 접근이 어려워진 면도 있다. 이렇게 하여 중앙아시아에서 외부 이슬람의 영향력과 외부 이슬람 세계와의 교류는 매우 약해졌다.

중앙아시아에서 독립국가의 형성은 구소련지배하의 외부세계로부터의 단절(철의 장막)을 걷어내고 이제 독립국가로서 다른 국가들과 새로운 관계를 맺거나 전통적인 관계를 복원할 기회를 만들어냈다. 그것은 서방국가들만이 아니라 무엇보다 같은 이슬람을 믿고 있는 국가들과의 관계를 회복하는데 나아가도록 했다.

이로 인해 이제 독립된 중앙아시아 국가는 외부세계와의 외교관계를 수립하는 과정에서 그동안 단절되었던 무슬림국가들과 관계를 맺기 시작하면서 이슬람국가들의 도움을 받아 이슬람의 복원을 모색하기도 하였다. 한편 기본적으로 이슬람은 전세계적인 확장을 지향하는 종교이다. 그러므로 소비에트 사회주의로부터 억압을 받았던 중앙아시아 지역에 독립이후 다른 이슬람국가들이 포교를 하려는 노력이 이루어지는 것은 당연한 것이었다. 이슬람세계에게 중앙아시아 지역은 러시아 중국, 인도 등 비이슬람국가들과 국경을 마주하고 있는 일종의 이슬람세계의 변경이라고 할 수 있다. 그런 면에서 이슬람 세계의 확장을 위해 중요한 곳이다. 또한 외부의 일부 무슬림에게는 중앙아시아 이슬람이 뭔가 미성숙하고 비정통적인 것이어서 외부의 영향을 통해 정통 이슬람 신앙이 회복해야 하는 것으로 간주된다. 그래서 이곳에 신앙적인 영향을 주려고 하는 것이다.

대표적인 것이 바로 모스크의 건설이다. 예를 들어 사우디아라비아가 후원하는 세계무슬림청년회(WAMY)는 2017년 현재 키르기스스탄에 200개의 모스크를 건설했다. 키르기스스탄에 등록된 이 조직은 키르기스스탄에 있는 약 70% 모스크의 건설 자금을 지원한 것으로 알려졌다. 특히 2012년에는 '오쉬'시에 WAMY와 아랍에미리트연합의 재정적 지원을 받아 당시 국내 최대 이슬람 사원으로 인정받았던 술라이만 투 모스크(Sulaiman Too Mosque)를 건립했다. 카타르 정부도 중앙아시아 지역에 여러 주요 모스크 건설을 후원했다. 특히 타지키스탄에 독립국가연합(CIS)에서 당시 가장 큰 모스크를 건설하는 데 7,000만 달러를 지원했다. 총 건설 비용이 1억 달러인 이 모스크는 동시에 115,000명을 수용한다고 한다. 아랍에미레이트 펀드 'Zaid bin Sultan Ol-Nahyan'은 남카자흐스탄에서 가장 큰 것으로 간주되는 침켄트 대모스크 건설을 위한 기금을 제공했다.[17]

이 외에도 이슬람국가들은 중앙아시아 지역에 포교하는 다양한 수단들을 사용했다. 예를 들어 터어키 수피즘의 지도자인 귈렌(fethullah Gullen)이 1992년부터 튀르키예 정부의 암묵적 지원하에 중앙아시아에 진출했다. 그는 막대한 자금력을 바탕으로 중앙아시아에서 대학뿐만 아니라 중등교육 및 유치원 교육을 통해서 이슬람을 강화시키려고 하고 있다. 예를 들어 투르크메니스탄에서 귈렌은 누르수(Nurcu) 운동이라는 선교조직을 운영하면서 투르크메니스탄의 교육시스템에 많은 영향을 주었다. 그들은 종교적인 이슬람을 강조하지 않으면서도 교육을 통해 이슬람의 영향력을 확대하려고 한다. 또한, 카자흐스탄과 키르기스스탄에서 많은 고등학교가 이들에 의해서 건립되었으며 심지어 대학도 설립되어서 활발하게 활동 중이다.

---

17. Shavkat Ikromov ""Mosque Diplomacy" in Central Asia: Geopolitics Starting with the Mihrab". DECEMBER 3, 2020 https://www.caa-network.org/archives/21135

큘렌의 학교들은 영어 등 외국어 교육과 첨단교육시설을 기반으로 엘리트 교육을 지향한다. 그들이 엘리트를 교육함으로써 사회를 변화시키려고 한다는 점에서 가톨릭의 예수회와 비견되는 '무슬림 예수회'로 이해되기도 한다.[18] 그들은 자신들을 큘렌의 학교가 아니라 터어키학교라고 말한다. 정부가 그들의 활동을 의심스럽게 바라볼 때 그들은 터어키가 자매국가들을 돕기 위해서 그 학교를 설립했다라고 답한다.

반면에, 그들의 활동에 대해 국가의 억압도 존재하는데, 예를 들어, 터어키와의 관계가 악화되었을 때 우즈베키스탄에서는 2000년에 누르수(Nurcu)에 지원받는 모든 교육프로그램을 금지시켰다.[19] 하지만 중앙아시아 지역에서 40여개의 학교가 운영중이다.[20]

한편 이슬람 국가들과의 관계복원으로 인해 외부로부터 이슬람 선교사들이 들어와서 활동하기 시작했다.

과거에도 수니파, 수피 선교사등 이슬람 선교사들이 중앙아시아 지역에서 활동했다. 그러나 소련시절에는 어떤 외부선교사도 들어올 수 없었고 활동할 수 없었다. 그러나 독립후 변화가 일어났다. 중앙아시아 지역이 이슬람국가들과 외교관계를 맺으면서 터어키, 파키스탄, 아프가니스탄, 사우디아라비아 등지에서 선교사들이 들어왔다.[21]

18. A. 할라드, (2019), 187
19. A. Charistian van Gorder, (2008), 87
20. A. 할라드, (2019), 186
21. A. Charistian van Gorder, (2008), 80

이들은 이슬람교육에 많은 영향을 끼쳤다. 구소련 시절에는 이슬람교육이 철저히 억압되었으며 이맘을 길러내는 두개의 이슬람훈련센터만 존재했었다. 그러나 소련의 붕괴이후에는 소련시절 폐쇄되었던 모스크와 학교가 재개방 되었으며 새롭게 이슬람교육 시설이 생겨났다. 이 대부분은 이슬람 선교사들과 연관되었으며 사우디아라비아, 파키스탄, 혹은 적지만 이란 등의 이슬람국가들에 의해 재정지원을 받았다. 이외에도 사적인 이슬람교육이 활성화되고 있는데 여기에 이슬람선교사들이 관여하고 있다.[22]

선교사들에게서 영향을 받는 새로운 종교교육시설에서 공부한 이들은 과거의 전통적인 이슬람행태에 대한 비판적 시각을 배우기 시작했다. 과거에는 중앙아시아 무슬림 대중은 이슬람의 교리에 대해 잘 몰랐고 이로 인해 그들이 이슬람식이라고 믿고 있는 종교행동이 사실 상당부분 민속신앙과 연결된 것이라는 것을 몰랐다. 그런데 이슬람 선교사들을 통해 이슬람교리와 함께 보다 강화된 이슬람종교 행위가 전파되었다. 라마단 참여, 히잡 착용 등이 그것이었다. 현재 카자흐스탄은 세속 국가의 원칙을 고수하며 공립학교 내 여학생들의 히잡 착용을 법적으로 금지하고 있다. 그런데 근본주의적인 이슬람세력이 히잡에 대한 논쟁을 계속해서 제기하고 있다. 탈갓(Talgat Zhakiyanov)에 따르면, 카자흐스탄 전국에 히잡 착용을 요구하는 커뮤니티가 4곳 있다고 한다.[23]

---

22. Ibid., 81

23. Барлық құқықтар қорғалған. Kazislam.kz порталына сілтеме беру міндетті: Хиджабты талап етіп жүрген кімдер? | Қазақстандағы Ислам)

그리고 그들은 혼합주의적인 이슬람 관행에 비판적인 사고를 전파한다. 예를 들어 페르시아 종교에 근거를 둔 나우르즈(신년)을 지키는 행위를 정죄하거나 전통적인 치유사들을 공격하기도 한다.[24]

종교문서의 측면에서도 외부에서 많은 이슬람서적들이 들어왔다. 1990년에 사우디아라비아는 중앙아시아에서 과거 수십년 동안 출판이나 수입이 금지되었던 꾸란 10만부를 인쇄하여 보냈다. 또한 다양한 이슬람단체들이 러시아어와 다른 언어로 이슬람자료의 출판을 위해 자금을 지원했다. 이슬람 선교사들은 보다 근본주의적 이슬람서적들을 가지고 들어와서 영향을 주려고 한다. 이에 대해서 중앙아 정부는 민감하게 반응하고 있다.

전체적으로 이슬람 선교사들은 중앙아시아 무슬림이 민족정체성과 연관된 이슬람이 아닌 범이슬람주의와 가까워지기를 바라고 있다. 실제로 중앙아시아 무슬림 민족들은 과거에 비해, 자신들의 정체성을 민족적 전통으로서의 이슬람보다는 종교로서의 이슬람에 두는 경향이 나타나고 있다. 그들은 자신들을 단순히 중앙아시아의 어떤 민족이 아니라 무슬림으로 간주하는 경향이 커지고 있는 것이다. 그 결과 다른 종교를 지닌 민족들에 대한 거리감이 커지고 갈등의 소지가 생겨나고 있다.[25]

독립후 이슬람의 부흥과 이슬람선교사들을 통한 근본주의적 이슬람의 영향은 여성의 지위에 대한 새로운 문제를 제기하고 있다. 과거 사회주의는

---

24. A. Charistian van Gorder, (2008), 89
25. Ibid., 88

여성의 사회적 지위를 올려 놓았다.[26] 그런데 독립후에는 이슬람의 부흥가운데서 과거에 비해 여성의 지위가 하락하는 모습이 나타나고 있다.

독립이후 이슬람 선교사들뿐 만 아니라 급진주의 이슬람 단체들이 영향을 미치고 있다. 구소련이 붕괴된 초기에 외부에 개방이 되면서 이슬람선교 세력이 많이 들어왔고 그때 급진주의 이슬람단체들도 진출했다. 이를 통해서 타지키스탄에서는 내전이 벌어지기도 했다. 중앙아시아에서 활동중인 급진주의 단체들은 예를 들어 IMU[27], IRP[28], 범이슬람해방당(Hizb ul-Tahrir)[29], 타블리기 자마트(Tabligh Jammat)[30] 등이 있다. 이슬람선교사들이 처음에는 꾸란을 전파하고 종교적인 메시지를 전달했지만 점차 이러한 급진적인 단체들의 영향으로 정치적인 메시지를 내면서 정부의 의심과 탄압을 받게 되었다. 특히 1996년 탈레반이 카불을 점령한 후 급진적인 단체들에 대한 중앙아시아 정부의 통제가 강화되었다.

3. 이슬람 근본주의의 영향과 그 미래

중앙아시아 지역의 이슬람에 대한 가장 큰 쟁점 중 하나는 근본주의화에

26. 3장 서현석, '중앙아 이슬람에 대한 제정러시아 및 소련의 영향'을 참조할 것
27. 우즈벡 이슬람운동, 아프가니스탄에 기반을 둔 선교조직
28. 이슬람부흥당, 파키스탄과 아프가니스탄의 선교조직과 관련, 타직내전에 관여
29. 요르단과 팔레스타인에서 시작
30. 인도에서 시작된 단체, 키르기즈스탄에서는 합법적으로 활동한다.

대한 것이다. 독립이후 이슬람이 부흥하고 다른 이슬람국가와 교류를 하는 과정에서, 중앙아시아 지역이 중동이나 이란, 아프가니스탄 파키스탄 같은 근본주의 이슬람의 방향으로 갈 것인가 하는 논쟁이 있다. 타지키스탄의 내전이나 우즈베키스탄에서 벌어진 소요사태(안디잔 사태 등)는 그런 우려를 증폭시켰다. 그럼에도 불구하고 외부의 학자들은 중앙아시아가 근본주의화로 가지 않을 것이라고 진단한다.[31] 그 이유로 정부의 이슬람통제와 일반대중들의 근본주의에 대한 반감을 들고 있다. 그러나 현지의 학자들은 근본주의화에 대해 우려하고 극도로 경계하는 입장을 발표하고 있다. 이 두가지의 대조되는 입장을 고려하면서, 우리는 이 부분을 좀더 신중하게 접근할 필요가 있다.

과거에는 외부 이슬람국가에서 근본주의 영향력이 들어왔지만, 이제는 외부에서 유입되는 것이 아니라 전통적인 하나피즘 내에서 그러한 성향이 나타나고 있다. 그 근본주의 경향은 중앙아시아에서 이른바 살라피즘과 연관된다.[32]

공식이슬람 조직에서도 소위 '살라피화' 과정이 나타나고 있다. 실제로 최근에는 공식적으로 존경받는 하나피로 간주되는 성직자, 영적 행정부의 주요 대표자의 입에서 살라피즘의 전형적인 슬로건을 듣는 것이 점점 보편

---

31. 정세진, (2012), 중앙아시아의 민족정체성과 이슬람, 한양대학교출판부
    김태환, 이선우 외, (2020), 포스트소비에트 카자흐스탄과 키르기즈스탄 급진 이슬람운동의 동원잠재력 비교연구, 중앙아시아 이슬람의 현재, 진인진
32. 살라피즘은 초기 이슬람시대로의 회귀를 주장하는 사상이다. 살라프(salaf)는 조상이라는 뜻으로 이슬람교의 창시자와 초기 지도자들을 의미하는데 그들을 쫓는 사람들을 살라피스트라고 부른다.

화되고 있다. 이것은 반시아파적 발언뿐만 아니라 새해(나우르즈), 음악, 노래, 민속 관습, 수피 전통, 영묘숭배행위를 반대하는 공개성명에도 나타난다. 이러한 하나피파 내부의 변화는 아프가니스탄의 탈레반 운동의 경우에서도 나타난 것이었다. 탈레반은 근본주의에 경도되어 있음에도 불구하고 그 지도자와 지지자들은 여전히 스스로를 '진정한 하나피'라고 부른다.[33]

키르기스스탄 이슬람 영적 관리국 무프티(막삿 톡토무셰프)는 근본주의 단체인 타블리기 자마트와 직접적인 관련이 있다는 소문이 있다. 또한 키르기스스탄 무슬림 영적 위원회는 살라피스트 이데올로기 및 타블리기 자마트를 공개적으로 홍보하는 모스크의 이맘들과 만남을 갖는다고 알려졌다.[34]

중앙아시아에서 근본주의 단체에 가입하는 청년들의 수자가 늘어나고 있고 일부는 시리아나 중동의 이슬람 급진주의세력에 가담하기도 했다. 비공식 데이터에 따르면 사마르칸트, 안디잔, 페르가나, 타슈켄트 주에서 온 2,500명 이상의 젊은 우즈베크인과 남부 키르기스스탄의 우즈베크인이 지하드를 위해 싸웠던 적이 있다.[35]

이런 내부적인 근본주의화의 경향은 중앙아시아 지역이 지니고 있는 정

---

33. Parviz Mullojanov, "Post-Soviet Central Asia and the Muslim World: Salafization as an Instrument of Geopolitics". 21.04.2017 https://cabar.asia/ru/parviz-mullodzhanov-postsovetskaya-srednyaya-aziya-i-musulmanskij-mir-salafizatsiya-kak-instrument-geopolitiki

34. 타블리기 자마트(Tabilighi Jamat)는 남아시아에서 유입된 근본주의 단체인데 대부분의 경우 중앙아시아 정부가 탄압을 하지만 키르기스스탄에서는 공식적으로 허용되기도 한다. Bayram Balci, Islam in Central Asia and the Caucasus Since the Fall of the Soviet Union, Oxford univ. press, 2018

35. https://rus.azattyq.org/a/why-tajikistan-is-fighting-to-bring-its-islamic-state-widows-back-home/29782290.html

치, 경제적 문제와도 연관되어 있다. 이슬람 급진주의의 근거지는 바로 페르가나 지역이다. 이곳은 우즈베키스탄, 키르기스스탄, 타지키스탄의 세 국가의 국경이 만나는 곳인데 이 영토의 인구가 1,050만 명, 즉 중앙 아시아 전체 인구의 1/5에 이른다. 키르기스스탄 인구의 절반, 우즈베키스탄 인구의 27%, 타지키스탄 인구의 1/3이 이곳에 살고 있다. 또한 연간 약 2%의 인구 증가율을 감안할 때, 일부 외국 관찰자들은 일반적으로 페르가나 계곡이 중앙아시아 전체 지역에 시한폭탄이 될 것이라고 보고 있다.[36]

이곳에는 실업상태의 청년층이 많고 파키스탄이나 사우디아라비아 아프가니스탄 등 외부의 영향을 많이 받는다. 불평등 심화, 경제 위기 및 지배 엘리트의 부패가 이슬람을 지역 정치에서 강력한 세력으로 만들 수 있다. 이곳이 무슬림의 불만의 온상이 되고 있지만 중앙아시아 정부는 자신들의 통치를 공고히 하기 위해서 정적들을 이슬람 극단주의라는 이름으로 체포 구금을 하면서 반감을 일으킴으로써 오히려 이 지역 이슬람 근본주의 성장을 자극하고 있다.

한편 최근의 정치적 변화를 보면 독립후 1세대 지도자의 교체후 전체적으로 이슬람의 강화라는 방향으로 가고 있다고 볼 수 있다. 예를 들어 키르기스스탄의 민주화의 과정에서 급진이슬람의 경향이 강화될 조짐이 있다는 것을 위에서 언급했다. 우즈베키스탄에서도 새로운 정부가 이슬람에 대해서 보다 우호적인 태도를 보이고 있다.

---

36. Alik Nazarov, "Fight for Fergana Valley may be won by fundamentalists" 24.10.2002
https://www.fergananews.com/article.php?id=999

예를 들어 카리모프 사후 새로 집권한 샤브카트 마르지요예프(Shavkat Mirziyoyev) 대통령의 지시에 따라 우즈베키스탄 정부는 모스크, 교회 및 예배 장소의 재건을 위해 약700만불을 할당했다. 또한 과거 모스크는 국가 안보위원회(KNB)에 의해 감시되었었는데, 새 대통령(Shavkat Mirzieyev)은 국가안보위원회(KNB)에서 모스크의 활동을 직접 감독하는 직책을 없앴다. 동시에 공무원이 직장에서 자유롭게 기도할 수 있게 되었고, 미성년자도 자유롭게 모스크에 들어가 기도하고 예배할 수 있게 되었다.[37]

앞으로 중앙아 이슬람에 대한 근본주의 이슬람의 영향은 어느 정도가 될 것인가?

우선 그 영향력을 약화시키는 요인을 생각해 보자. 앞서 언급한대로 중앙아시아 정부는 기본적으로 외부에서 들어오는 이슬람운동에 대해서 경계하고 탄압하고 있다. 최근 들어 중앙아시아 국가들에서 2세대 지도자들이 세워졌는데. 키르기스스탄은 예외적이지만, 다른 국가들에서는 기본적으로 권위주의 체제의 기조를 이어가고 있다. 언론은 개방되지 않고 있고 출판의 자유도 제한되고 야당의 활동은 억압되고 있다. 기본적으로 반정부적인 이슬람활동은 많은 경우 살라피즘이라는 비판을 받고 억압된다. 예를 들어서 최근 들어서도 여전히 카자흐스탄의 많은 곳에서 이슬람 근본주의 활동이

---

37. http://kazanalytics.kz/%D3%A9%D0%B7%D0%B1%D0%B5%D0%BA-%D0%BF%D1%8
0%D0%B5%D0%B7%D0%B8%D0%B4%D0%B5%D0%BD%D1%82%D1%96%D0%BD
%D1%96%D2%A3-%D0%B4%D1%96%D0%BD%D0%B8-%D1%80%D0%B5%D0%BD
%D0%B5%D1%81%D1%81%D0%B0%D0%BD%D1%81%D1%8B/

처벌되고 있다.[38] 허가 받지 않는 종교자료들을 반입하는 것을 금지한다.

그리고 소련의 지배의 결과로서 중앙아시아 국민들은 사회주의 교육을 통한 높은 수준의 문해력을 지니고 있으며 비교적 서구문명에 우호적이고, 자신들은 아프가니스탄이나 파키스탄, 혹은 이란과 같은 지역의 무슬림과는 다르다고 생각한다. 그리고 소비에트 하에서 여성들이 누렸던 상대적인 자유는 여성의 지위를 낮추게 될 근본주의화에 저항하는 요인이 될 것이다. 그 외에도 수피즘과 민속이슬람의 전통이 근본주의적인 이슬람의 영향력이 쉽게 들어가지 못하게 하는 이유가 될 것이다. 이러한 정부 및 민간의 성향으로 볼 때 지역내 이슬람의 급진화의 가능성은 단기간에 높지 않아 보인다.

중앙아시아의 외교관계를 보더라도 역내에 근본주의 이슬람의 영향이 증대하는 것은 쉬워 보이지 않는다. 중앙아시아 국가들이 가장 밀접하게 외교관계를 맺고 있는 중국, 러시아 및 서방국가는 이슬람국가들의 영향력 증대와 이슬람의 확장을 경계하고 있다. 특히 최근 들어서 가장 영향력을 많이 미치는 나라인 중국은 기본적으로 무신론을 신봉하고 있으며 신장 위구르 지역에 대한 영향력을 차단하기 위해 중앙아시아에서 근본주의 이슬람의 영향력 증가에 대해서 우려하고 압력을 가하고 있다. 미국이나 서방국가들도 이슬람 급진주의나 테러단체에 중앙아시아 지역의 무슬림들이 참여하

---

38. 카자흐스탄에서 2022년, 종교와 연관해서 개인과 단체를 대상으로 143건의 행정 기소 있었다. 이 중 대부분은 무슬림 단체와 개인에 대한 것이었다. https://www.forum18.org/archive.php?article_id=2821

는 것을 크게 우려하고 있다.

반대로 근본주의의 영향력을 강화시키는 요소들도 있다.

우선 현재 공식학교에서는 종교교육을 금지하고 있지만 지역단위에서 모스크를 중심으로 사적인 코란읽기 등을 가르치는 등 비정규적 무슬림교육이 확대되고 있다. 국가의 통제를 벗어난 이슬람교육은 보다 근본주의적 성향을 지닐 가능성이 높다.

독립 후 채택한 자본주의적 경제는 과거부터 이어져 내려오는 정치적 부패 및 경제적 실정과 더불어 빈부격차를 심화시키고 있다. 그것은 분명히 급진주의 이슬람을 자라게 만드는 배경이 될 것이다.

또한 여성이 무슬림의 전통적 행위들을 강조하는 경향도 나타나고 있다. 이러한 여성들의 태도도 앞으로 중앙아시아 이슬람의 근본주의화에 영향을 주는 중요한 변수가 될 수 있을 것이다.

한편 장기적으로는 보다 근본주의 성향을 지니는 청년층이 증가하고 있는 것에 유의해야 한다. 또한, 악화되는 정치 경제적 상황 하에서 이른바 정치적 민주주의가 실현된다면 대중들의 다수가 믿는 이슬람의 정치적 영향력이 강화되어 정부가 계속해서 엄격한 세속주의를 지향할 수 없게 되면서 이슬람 근본주의화로 나아갈 가능성도 있다.

맺음말

중앙아시아 국가들이 구소련으로 독립한 후 중앙아시아 지역에서 이슬람은 재건과 새로운 부흥의 시기를 맞이하였다. 그것은 이슬람을 억압했던 구소련으로부터 독립한 후 민족에 기반한 새로운 국가를 건설하고 외부 이슬람국가들과 다시 교류를 하는 과정에서 이루어졌다. 독립 후 30여년이 지난 지금 중앙아시아 이슬람은 어쩌면 새로운 변화의 시기를 맞이하고 있다. 민족적인 전통적 이슬람이냐 범이슬람주의냐 그리고 온건한 포용적 이슬람이냐 근본주의적이고 정치적인 이슬람이냐 라는 선택과 변화의 갈림길로 나아가는 것처럼 보인다. 그것은 종교자체만이 아니라 정치 경제상황이나 국제관계 등 종교를 둘러싼 중앙아시아의 보다 넓은 지역적 환경에 의해 좌우될 것이다.

참고 문헌)

A. 할라드, (2019), 공산주의 이후의 이슬람, (오원교 역), 서울대 아시아연구소

정세진, (2007), 중앙아시아 이슬람과 반러시아 경향. 중앙아시아 연구 제12권

한수아, (2008), 중앙아시아 종교정치, 종족과 도시선교저널

오원교, (2019), 현대 카자흐스탄 생활이슬람의 양상과 전망,
    러시아어문학연구논집 2064집

정세진, (2012), 중앙아시아의 민족정체성과 이슬람, 한양대학교출판부

김태환, 이선우 외, (2020), 포스트소비에트 카자흐스탄과 키르기즈스탄 급진 이슬람
    운동의 동원잠재력 비교연구, 중앙아시아 이슬람의 현재, 진인진

A. Charistian van Gorder, (2008), Muslim-Christian Relations in Central Asia,
    Routledge

Bayram Balci, (2018), Islam in Central Asia and the Caucasus Since the Fall of the
    Soviet Union, Oxford univ. press

Barbara Junisbai, Azamat Junisbai, and Baurzhan Zhussupov, (2017),
    "Two countries, Five Years: Islam in Kazakhstan and Kyrgyzstan through the
    lenhs of public opinion surveys", Junisbai et al. Central Asian Affairs, 4,1,

Shavkat Ikromov ""Mosque Diplomacy" in Central Asia: Geopolitics Starting with
    the Mihrab". DECEMBER 3, 2020 https://www.caa-network.org/archives/21135

Alik Nazarov, "Fight for Fergana Valley may be won by fundamentalists"
    24.10.2002 https://www.fergananews.com/article.php?id=999

Барлық құқықтар қорғалған. Kazislam.kz порталына сілтеме беру міндетті:
    Хиджабты талап етіп жүрген кімдер? | Қазақстандағы Ислам)

Parviz Mullojanov, "Post-Soviet Central Asia and the Muslim World: Salafization
    as an Instrument of Geopolitics". 21.04.2017 https://cabar.asia/ru/parviz-
    mullodzhanov-postsovetskaya-srednyaya-aziya-i-musulmanskij-mir-
    salafizatsiya-kak-instrument-geopolitiki

8장
카자흐스탄의
이슬람 정책 방향과 기관들

하 자 크

1. 카자흐스탄의 이슬람 정책 방향

카자흐스탄은 사람들이 종교를 선택할 수 있고 자신의 믿음을 따라 자유롭게 실천할 수 있다는 의미에서 세속 국가임을 표방하고 있다. 그런데도 카자흐스탄 정보사회개발부 종교사무국에 따르면 카자흐스탄에 등록된 3,834개의 종교 단체 중 70%에 달하는 2,695개의 단체가 이슬람 관련 단체이다.[01] 이는 카자흐스탄에서 이슬람의 영향력이 압도적으로 크다는 것을 보여준다. 지난 2022년 8월 12일에는 누르술탄(현 아스타나)에서 중앙아시아 최대 규모인 3만 명을 수용할 수 있는 그랜드 모스크 개관식이 열렸다.[02] 이것은 카자흐스탄에서 이슬람의 영향력이 점점 더 커지고 있다는 것을 상

---

01. https://astanatimes.com/2022/08/evolution-of-islam-in-kazakhstan-how-modern-kazakh-muslims-balance-their-religious-identity-the-soviet-legacy-and-national-traditions/

02. https://astanatimes.com/2022/08/evolution-of-islam-in-kazakhstan-how-modern-kazakh-muslims-balance-their-religious-identity-the-soviet-legacy-and-national-traditions/

징적으로 보여준다.

1990년 카자흐스탄이 구소련으로부터 독립하기 전, 당시 카자흐스탄 공산당 제1서기였던 카자흐스탄의 초대 대통령인 누르술탄 나자르바예프는 카자흐스탄을 중앙아시아 무슬림 위원회에서 탈퇴하는 것으로 결정했다. 당시 중앙아시아 무슬림 위원회(SADUM)[03]는 중앙아시아 지역 전체에 걸쳐 이슬람을 통제하고 제한하는 모스크바의 주요 기관이었다. 나자르바예프는 카자흐스탄에서 활동하는 모든 무슬림을 독립적인 무프티에이트(Muftiate)[04] 또는 무슬림 종교 당국이 관할하도록 하였다. 또한 1993년 카자흐스탄의 새 헌법을 만들 때, 종교 정당의 존재를 배제하는 것을 명시하므로 종교와 정치의 분리가 보장되게 하였다.[05] 이후 2년 후인, 1995년에는 헌법을 개정하여 카자흐스탄에서 인종적, 민족적 또는 종교적 갈등을 일으키려는 모든 단체를 금지했으며, 카자흐스탄 외부에서 들어오는 종교 단체의 활동을 정부가 면밀히 감시하고 제지할 수 있는 권한을 부여하여 극단적인 종교적 갈등에서 스스로를 지킬 수 있는 근거를 마련했다.[06]

---

03. https://www.caa-network.org/archives/13643; 1943년 타쉬켄트에서 이루어진 중앙아시아 및 카자흐스탄의 무슬림 대표자들의 쿠루타이에서 만들어진 중앙아시아와 카자흐스탄 무슬림들의 단체이다. 1946년도에 미르이아랍 마드라사, 1956-62년 바락한 마드라사, 고든 이슬람연구소 등이 세워졌다. 파트와(이슬람 법에 대한 해석)가 현존하는 소련 연방의 헌법과 충돌하는 것을 막기위해 법률 자문위원회를 만들었다. 당시 모스크를 열고 닫는 것에 대한 권한을 가지고 있었는데, 위원회가 없어진 계기는 정치적 와하비스트와의 싸움에 의한 영향 때문이다.
04. 무슬림 법률가인 무프티에 의해 감독 받는 행정기관
05. https://astanatimes.com/2022/08/evolution-of-islam-in-kazakhstan-how-modern-kazakh-muslims-balance-their-religious-identity-the-soviet-legacy-and-national-traditions/
06. https://astanatimes.com/2022/08/evolution-of-islam-in-kazakhstan-how-modern-kazakh-muslims-balance-their-religious-identity-the-soviet-legacy-and-national-traditions/

이러한 흐름에서 2011년에는 정부 기관으로서 종교에 관한 국가 활동을 조정하고, 카자흐스탄 내 종교 단체의 영향력을 오용하지 못하도록 방지하며, 종교적인 관용과 자유의 전통을 보장한다는 목적으로 종교사무국(Agency for Religious Affairs)을 설립하였고, 종교 활동에 관한 새 법안을 작성하였다.[07]

2011년에 제정된 새 법안의 서문은 법의 목적을 다음과 같이 명시하고 있다.

> *"이 법은 카자흐스탄이 민주적 세속 국가이며, 양심의 자유를 추구하며, 종교적 신념과 관계없이 모든 사람의 동등한 권리를 보장하며, 하나피 이슬람과 정교회의 문화와 영적 삶의 발전에 대한 역사적 역할을 인정하고, 카자흐스탄 국민의 영적 유산과 관련된 다른 종교들을 존중하며, 종교 간 조화, 종교적 관용과 카자흐스탄 국민의 종교적 신념을 존중하는 것을 중요하게 인식하고 있음에 기초하고 있다."*[08]

카자흐스탄은 법률에 따라 종교에 대하여 민주적이며 세속적인 입장을 취하고 있으며, 개인의 양심에 따라 종교선택에 대한 자유와 권리를 동등하게 누릴 수 있게 한다. 카자흐스탄이 민주적 세속주의 입장을 취하는 데는 소비에트 연방의 종교 영향력 억제 정책이 반영되었을 뿐만 아니라, 다민족 국가로서 다양한 종교 간의 갈등을 방지하고 정치적 안정과 균형을 유지하기 위한 노력도 포함된 것으로 보인다. 그러나 종교의 역사적 역할을 인정

---

07. https://astanatimes.com/2022/08/evolution-of-islam-in-kazakhstan-how-modern-kazakh-muslims-balance-their-religious-identity-the-soviet-legacy-and-national-traditions/

08. https://www.gov.kz/memleket/entities/din/documents/details/adilet/Z1100000483?lang=ru

한다는 문구가 특별히 들어가 있는 것을 보면 주요 민족인 카자흐족과 러시아인들을 고려하고 있음을 알 수 있다. 하나피 이슬람과 러시아 정교회의 지위를 우위에 두고 종교 간의 조화와 존중을 다루겠다는 의도로 보인다. 그런 의미에서 이슬람은 국민 다수가 따르는 종교적 우위뿐만 아니라 법적 우위의 지위도 가지고 있다는 것을 확인하게 된다.

동 법률의 12조는 종교단체의 지위에 대해서 정의하고 있다. 정부로부터 종교단체의 지위를 얻기 위해서는 발기인에 의한 등록절차가 이루어져야 하는데 각 주와 대도시는 50명 이상의 발기인이 요구되고 있으며, 2개 이상의 지역에서 활동할 수 있는 광역 종교단체의 등록을 위해서는 총인원 500명 이상의 발기인이 있어야 하고, 각각의 지역에서 250명 씩 참여해야만 한다. 전 국가적으로 지역의 제한을 받지 않고 활동할 수 있는 종교단체를 등록하기 위해서는 5,000명 이상의 발기인이 필요하며, 카자흐스탄의 모든 대도시와 주에서 각각 300명 이상의 발기인을 가진 등록 단체가 함께 구성하여 등록할 수 있다.

다음은 이러한 종교법에 따라서 세워진 카자흐스탄의 이슬람 관련 기관들과 그 기능에 대하여 알아보고자 한다. 이슬람의 종교기관은 이슬람 종교와 관련하여 전체를 관리하고 조정하는 기관과 종교를 교육하는 기관, 그리고 실제 종교적 행위를 하는 예배 처소로서 모스크로 나누어 살펴볼 수 있다.

2. 종교사무국

종교사무국은 이슬람과 관련된 기관은 아니다. 그러나 카자흐스탄의 전체 종교를 총괄하는 정부기관으로서 이슬람 기관들의 법적 근거와 활동을 관할하기에 중요한 의미를 가진다. 종교사무국의 가장 중요한 역할은 카자흐스탄의 종교활동을 규제하는 것이다. 종교사무국은 국가의 헌법과 법률, 그리고 정부 법령과 기타 규제 법률 및 규정을 활동의 근거로 삼는다. 따라서 종교사무국은 카자흐스탄 내에서 종교에 대한 국가의 법적 권한과 권위를 가지고 활동하게 된다.[09]

카자흐스탄을 포함한 소비에트연방에 속했던 중앙아시아 지역들에서는 연방붕괴 이후 개인이나 특정 민족집단이 전통 유산 중에서 특정한 종교를 역사적으로 연관시켜서 정체성을 규정하기 시작했다. 이것은 이슬람교가 중앙아시아 여러 신생국에서 자연스럽게 정체성의 중심 토대로 받아들여지게 하였다.[10] 이러한 배경에서 카자흐스탄에서 종교와 관련된 업무를 총괄하는 종교사무국이 이슬람을 중심으로 활동하는 것은 자연스럽다고 하겠다.

종교사무국에는 위원장과 두 명의 부위원장이 리더쉽 그룹을 형성하고 있다. 위원장은 종교 전문가 시험, 종교 교육, 종교 단체와의 관계, 종교 영역, 파괴적인 종교 운동 추종자의 재활을 총괄하는 책임을 맡고 있다.

---

09. https://www.gov.kz/memleket/entities/din/about?lang=en
10. 한국 이슬람학회

이러한 위원장의 업무를 두 부분으로 나누어 한 명의 부위원장은 종교에 대한 인식 제고 작업, 종교 단체와의 관계, 종교 영역, 파괴적인 종교 운동 추종자들의 재활에 대한 업무를 총괄 보좌한다. 다른 한 명의 부위원장은 종교전문가 시험, 종교교육, 종교영역, 인터넷상의 종교적 극단주의 예방에 대한 업무를 총괄 보좌한다. [11]

위의 업무에 대한 실무부서는 모두 9개로 구성되어 있다. 9개의 부서를 살펴보면 인터넷 종교극단주의 예방조정실, 종교 교육 기관과의 관계 사무실, 종합분석 기획실, 인식제고 업무조정 사무실, 종교 활동 분야 법 집행 사무실, 종교전문가 시험원, 재활사업 조정실, 기독교 및 기타 종교 단체와의 관계 사무실, 이슬람 종교 단체와의 관계 사무실로 구성되어 있다. [12]

인터넷 종교극단주의 예방조정실은 소셜 네트워크, 전자 미디어 및 기타 인터넷 플랫폼에서 종교적 극단주의를 방지하기 위해 중앙 및 지역 수준에서 이해 단체의 작업을 조정하는 업무를 수행한다. 현시대에 인터넷과 소셜미디어가 종교전파와 교육 등 전반에 걸쳐 중요한 영향력을 미치며 확장해 가는 것을 볼 때 정부가 이 영역을 매우 중요하게 관심을 가지고 관리하는 것을 볼 수 있다. 종교 교육 기관 관계 사무실은 종교 교육 기관의 활동을 모니터링하고, 교육과학부와 종교 교육 및 종교 인력 훈련 조직 활동에 대해 협력작업을 수행하고, 종교 교육 기관과도 상호 협력하는 업무를 수행한다. 정부가 각 종교에서 어떤 교육들이 이루어지고 있는지 지대한 관심이

---

11. https://www.gov.kz/memleket/entities/din/about?lang=en
12. https://www.gov.kz/memleket/entities/din/about?lang=en

있다는 것을 알 수 있다. 또한 단순히 종교 교육이 이루어지고 있는 것에 대한 모니터링뿐만이 아니라 교육 관련 부처와 상호협력을 통하여 종교 교육 기관의 개설과 운영에 대한 통제와 관리가 원활하게 이루어 질 수 있는 구조를 가지고 있다.

종합분석기획실은 종교적 상황, 사회적 화합, 국가 통합 문제에 대한 연구 및 분석을 수행하며, 위원회의 사업 계획을 구성하고 실행하며, 국제협력 업무를 수행한다. 종교 활동 분야 법 집행 사무실은 종교 활동 분야에서 법 집행 관행을 분석하여 조정하고, 법에 따른 규범을 개선하는 역할을 수행한다. 종교전문가 시험원은 종교 전문가 시험을 조직하고 실시하며 종교적 공공 서비스 제공을 기획하고 실시한다. 재활사업조정실은 종교적 극단주의 방지 분야의 문제를 실행하고 조정하며, 종교적 극단주의자들의 재활 작업과 예방에 관하여 지역과 주요 도시의 집행기관과 상호작용하도록 조직되어 있다. 또한 파괴적인 종교적 견해를 가진 사람들을 재활하는 작업을 조직하고 수행한다. 인식제고 업무조정 사무실은 국가와 종교 관계문제를 담당하며, 각 지역과 도시의 기관과 상호 작용하며, 종교적 극단주의 및 테러리즘 예방에 대한 아웃리치 활동을 조직하고 지역 차원에서 관련 작업을 조정하는 역할을 한다.

이 기관들을 통해 확인되는 것은 카자흐스탄 정부가 종교화합에 대하여 얼마나 심혈을 기울이고 있는가다. 카자흐스탄은 124개[13]의 민족으로 구성

---

13. https://www.nvp.co.kr/news/articleView.html?idxno=307573

되어 있는 나라이고 세속국가를 표방하고 있다. 수많은 민족이 다양한 종교적인 배경을 가지고 자신들의 정체성을 지켜 나가고 있다. 또한 구 소비에트연방의 영향으로 정교회를 믿는 많은 러시아인이 거주하고 있다. 국가의 안정적인 운영을 위하여 종교와 문화의 다양성을 인정하고 각각의 민족의 정체성을 지켜 나갈 수 있도록 담보해주는 것은 민족간 화합을 위해 매우 중요하다.

필자는 몇 차례의 종교담당자와의 면담에서 기독교기관으로서 주위 무슬림들이나 이슬람 기관으로부터의 위협이나 가해 행위가 있었는지 묻는 질문을 받은 바 있다. 만일 그런 일들이 있을 시 자신들에게 알려주면 법적인 대응을 포함한 도움을 줄 수 있다는 언급을 덧붙였다. 특별히 종교적 극단주의자들의 활동에 관심을 기울이는 것을 볼 수 있다. 국가경영에 있어서 전체적으로 보면 친이슬람적인 성격을 가지고 있지만 이슬람이 극단으로 빠지는 것에 대하여서는 매우 경계심을 나타내고 있다. 지난 5월 '부르카 히잡 금지법'이나 최근 대통령의 '세속주의 국가로서 정치와 종교의 분리'에 대한 강조는 이러한 종교적 극단주의 위협에 대한 경계를 나타내는 예라고 할 수 있을 것이다.

'이슬람 종교 단체와의 관계 사무실'은 이슬람 종교 단체와 상호 작용하는 분야에서 국가 정책의 주요 방향을 설정 실행하며, 기독교 및 기타 종교 단체와의 관계 사무실은 기독교 및 기타 종교 단체(이슬람 단체 제외)와의 상호 작용 분야에서 국가 정책의 주요 방향을 설정한다.[14] 이 두 부서의 단순 비교만으로도 카자흐스탄에서 이슬람 종교가 차지하는 비중을 가늠해 볼 수 있다. 이슬람 주관업무가 한 부서에서 처리되는 반면 다른 모든 종교의 주관업무가 한 부서에서 처리되고 있다.

이러한 부서들을 통해서 확인하게 되는 것은 카자흐스탄 정부가 종교와 민족화합에 지대한 관심이 있다는 것이다. 국가의 기본 정체성을 이슬람에서 찾고 있지만 화합도 중요한 과제임을 알 수 있다. 그리고 종교가 극단적으로 국가 운영에 영향을 미치는 것을 경계하고 있다는 것을 보여준다.

3. 카자흐스탄 무슬림 행정조직 둠크(SAMK)[15]

둠크(SAMK: Spiritual Administration of Muslims of Kazakhstan; 카자흐스탄 무슬림 영성위원회)는 카자흐스탄의 무슬림들을 위한 영적이고 종교적인 모든 것을 관리하는 행정조직으로 협회를 구성하고 있다. 둠크(SAMK)에서는 다음과 같은 목표와 책임을 표방하고 있다.

이슬람 종교의 선전 및 보급, 이슬람 종교의 올바른 선전 및 우리 예언자

---

14. https://www.gov.kz/memleket/entities/din/about?lang=en
15. 기관의 러시아어 공식명칭이 "Духовное Управление Мусульман Казахстана: ДУМК) 이를 영어로 번역시 "Spiritual Administration of Muslims of Kazakhstan:SAMK"가 된다. 기관의 약자는 영어의 번역 약자로 표기하였지만 기관의 이름은 고유명사처럼 사용되므로 러시아어 약자가 발음나는 대로 "둠크"로 한국어 표기를 하였다.

무함마드의 설교(알라의 평화와 축복이 그에게 있기를)를 보장하고, 카자흐스탄 무슬림의 동의, 종교 단체의 샤리아 규범 보존에 기여, 해당 지역의 권한 있는 대표를 통한 무슬림의 종교적 문제 해결, 시민에게 종교 문해력 교육을 위한 전문가 훈련, 외국 종교와의 관계 수립 조직, 협회, 교육 기관, 종교 문학, 교과서 및 필요한 출판물 개발.[16]

둠크(SAMK)는 최고 무프티[17]인 의장과 두명의 부의장겸 수석 무프티, 샤리아와 파트와[18] 부서책임자, 사무총장, 무프티 수석고문, 그랜드 무프티 고문, 그리고 12개의 분과장으로 구성되어 있다. 또한 20명의 지역대표 이맘이 있어 각 지역을 책임지고 있다. 그리고 18명으로 구성된 울레마 평의회(신학자 위원회)가 있다. 울레마 평의회는 둠크(SAMK)의 부서장과 지역대표 이맘들 중에서 선발되며 사회 현안문제를 무슬림의 입장에서 어떻게 대할 것인가를 규정하는 일을 한다.

지난 2022년 6월 2일에 34차 울라마 평의회[19]가 카라간다에서 열렸는데, 최고 무프티인 나우리즈베이 카지 타가눌리야 의장은 개회 연설을 통해 울레마 평의회는 파타와와 샤리아의 원칙에 따라 무슬림 공동체가 우려하는 주제에 대해 논의하고 샤리아에 부합하는 파타와 개념 문서를 시기 적절하

---

16. https://www.muftyat.kz/ru/kmdb/sections/
17. 무프티는 이슬람법의 해석과 해설하는 이슬람 학자이다. 이슬람 법의 응용에 관한 구체적 사안에 대한 법적 견해 즉 파트와(fatwa)를 공표할 자격이 있는 사람이다.
18. 샤리아는 아랍어로 '사람의 길'이라는 뜻으로 개인의 종교적 수행이나 생활양식, 습관, 문화 등 무슬림들이 일상과 사회생활을 하면서 접하게 되는 모든 측면을 규범하고 있는 이슬람 율법이다. 파트와는 이슬람 학자가 이슬람 법에 대하여 내놓은 의견이다. 법적인 판결이 아닌 종교적인 의견이지만 어떤 나라에서는 법 이상의 권위를 갖기도 한다. 파트와는 코란과 샤리아에 입각하여 결정되어진다.
19. https://azan.kz/ahbar/read/zasedanie-soveta-ulemov-prohodit-v-karagande-14027

게 채택하는 역할을 수행하고 있음을 강조했다. 그리고 그날 회의에서 다루게 될 독점에 관한 문제와 비무슬림과의 결혼 결정, 증권거래소에서 주식 매매 결정, 증권에 대한 자카트 지불 결정, 민사 등기소에서의 결혼 등 여러 가지 주제별 문제와 금지 명령을 논의하고 승인한다고 말하였다. 이를 통해 울레마 평의회에서 시대 흐름에 맞는 파티와와 샤리아 원칙을 만들어 가기 위해 노력하고 있으며, 사회와 경제, 문화 등 전반적인 주제가 논의의 대상이 되고 있음을 볼 수 있다.

둠크(SAMK)의 기초는 19세기 말에서 20세기 초에 마련되었다. 1906년 제1회 투르키스탄 무슬림 쿠루타이가 약 100명의 대표가 참석한 가운데 현재의 알마티시인 베르니시에서 열렸다. 이후 1943년 중앙아시아와 카자흐스탄 무슬림들의 제1차 쿠루타이가 타슈켄트에서 열렸으며 이 대회에서 중앙아시아와 카자흐스탄 무슬림 영적 행정부가 설립되었다. 1990년까지 소비에트 정부의 정책으로 인해 중앙아시아와 카자흐스탄 무슬림 영적 행정부는 타슈켄트에 위치했으며, 독립적인 카자흐스탄 무슬림 영적 위원회의 창립은 1990년 1월 12일 카자흐스탄 무슬림의 첫 번째 쿠루타이를 통해서이다. 초대 의장으로 최고 무프티인 라트벡 니산바예프를 선출하고 출범한 영성위원회는 9차에 거쳐 쿠루타이를 통해서 최고 무프티를 선출하여, 의장을 중심으로 카자흐스탄 무슬림의 활동을 관리 수행하고 있다.[20]

둠크(SAMK)는 대학위원회, 후원자 협의회, 둠크 의장단, 종교 문제, 샤리

---

20. https://www.muftyat.kz/ru/kmdb/sections/

아 및 파트와, 모스크 업무, 국제 관계 및 의정서, 하즈, 설교, 교육 및 지식, 할랄 제품 표준화, 청소년 문제, 언론 서비스 및 인터넷 선전, 둠크 기구 사무국장으로 구성되어 있다. 둠크(SAMK)의 조직에서 확인하게 되는 것은 이슬람이 실제로 사회 전반에 영향을 미칠 수 있도록 구조화가 되어 있다는 것이다. 특별히 눈에 띄는 것은 종교문제 부서, 교육 및 과학 부서와 청소년 문제 부서, 언론 서비스 및 인터넷 선전 부서이다. 시대의 흐름에 따라 대외 관계와 지속적인 발전을 위한 교육과 다음 세대에 대한 관심이 반영되어 있음을 알 수 있다.

4. 카자흐스탄의 무슬림 교육기관들

1) 누르-무바라크 대학교(NMU)

누르-무바라크 대학교(NMU)는 1993년 이집트 아랍공화국과 카자흐스탄 간의 공동 협의에 의해 고등교육기관으로서 세워지는 기반이 마련되었으며 2001년에 설립되었다.[21] NMU의 총장인 무하마드 알 샤하드 압둘하미드 무하바드 알 진디는 누르 무바라크 대학교의 뿌리를 천년 역사의 이집트 알아즈하르 대학교와 연결하고 있다.[22] 알아즈하르 대학교는 이슬람 학문의

---

21. https://www.nmu.edu.kz/kk/4283-2/?lang=KK
22. https://www.nmu.edu.kz/kk/editor-blog/?lang=KK

중심지 중 하나로 여겨진다. 둡크와 많은 모스크의 이맘들이 알아즈하르 대학교에서 유학하였다. NMU는 카자흐스탄에 단 하나밖에 없는 이슬람 대학교라는 점에서 카자흐스탄이 어떤 방향성을 가지고 이슬람 종교를 발전시켜 왔으며 앞으로 발전해 나갈지를 내다볼 수 있다.

누르 무바라크 대학교는 카자흐스탄 이슬람 대학교로서 이슬람 학자와 신학자, 아랍어 및 문학 교사, 교사 및 지역 학자, 카자흐스탄에서 고등 교육을 받은 이맘을 양성하기 위하여 세워졌다. NMU는 우수한 자격을 갖춘 경쟁력 있는 전문가를 양성하고, 인도주의 및 교육 분야의 교육 프로그램을 구현하며, 사회의 과학적, 종교적 및 영적 잠재력을 향상하는 것을 사명으로 생각하고 있다.

이슬람 학부와 언어/인문학부의 두개 학부를 가지고 있으며, 이슬람 학부에는 이슬람학과가 있다. 교육되고 있는 과목은 이슬람 법의 기초, 꾸란의 윤리적 이슈, 가족학, 이슬람신학, 꾸란의 가르침, 하디스의 교리, 하디스 연구 방법 등이 있다. 석사과정으로 이슬람 연구와 종교학이 개설되어 있으며 박사과정도 역시 이슬람연구와 종교학이 개설되어 있다.

교수진으로는 124명 중에 박사가 37명, 부교수 6명, 준박사 12명, 선임교수 26명, 석사 14명이 수업을 진행하고 있다. 또한 카자흐스탄 출신 교수진이 81명, 이집트에서 파견 온 교수가 18명으로 구성되어 있다. NMU는 국제 교육 프로그램을 구현하며 학생 교환 프로그램 및 인턴십에 대해 20개의 국제 대학과 MOU를 맺고 있다.

누르 무바라크 대학교에는 1개의 자문기관과 2개의 연구기관이 있다. 대학지식위원회는 NMU의 자문기관으로서 대학의 구조와 활동, 그리고 발전전략 등을 수립하며, 대학의 교육과 연구, 국제, 금융, 행정 및 경제 서비스 조직 등 대학 전반에 걸친 문제에 대하여 결정하는 역할을 수행한다.[23]

연구기관으로서 지식혁신위원회는 이슬람 연구와 지식분야에서 국제 학계와의 협력을 강화하여 대학 교수진의 지식적 잠재력을 높이고, 이 분야의 선도적인 지식센터로 만드는 것을 목표로 2020년에 설립되었다.[24]

또 다른 하나의 연구기관은 아부하니파 연구센터이다. 이 센터의 주요 역할은 이슬람 연구 분야에서 활동하는 종교교육기관이 하나피학파의 틀 안에서 교육이 이루어질 수 있도록 각종 서적과 문헌, 교과서 및 교육 방법을 충분히 공급하고 지원하는 것이다. 이를 위해 각종 서적이나 종교학자들의 작품을 식별하고 수집하며 이를 활용할 수 있도록 지원하는 역할을 한다. 또한 학생과 젊은 전문가의 지식 잠재력을 개발하고, 이들 중 유능한 인재를 발굴하여 활동할 수 있도록 지원하는 역할도 감당하고 있다.[25]

2) 마드라사 콜리지

마드라사 콜리지는 일반학교의 9학년을 마친 학생들이 입학할 수 있는

---

23. https://www.nmu.edu.kz/kk/gylymi-kenes/?lang=KK

24. https://www.nmu.edu.kz/kk/science/?lang=KK

25. https://www.nmu.edu.kz/kk/abu-hanifa-atyndagy-gylymi-zertteu-ortalygy/?lang=KK

사립 종교학교이다. 카자흐스탄 전국적으로 9개 지역에 마드라사가 설립되어 운영되고 있다. 알마티시에 있는 '아브 하니파 마드라사 콜리지', 알마타주의 잠블에 있는 '우스코르니 마드라사 콜리지', 타라즈에 있는 '키바툴라 타라즈 마드라사', 파브로다르시에 있는 '아부 바크르 신둑 마드라사 콜리지', 남부카자흐스탄의 사리아사쉬에 있는 '사리아사쉬 마드라사 콜리지', 우랄스크시에 있는 '우랄스크 오랄 마드라사', 침켄트시에 있는 '콜리지 침켄트 마드라사', 악토베시에 있는 '악토베 마드라사 콜리지', 아스타나시에 있는 '아스타나 마드라사 콜리지'가 있다.

이 기관들은 카자흐스탄 각 지역의 교육부 인가를 받은 공식 고등교육기관이다. 이들 학교들은 합숙을 하며 교육을 진행하고, 별도의 교육을 위한 건물에서 교육이 진행되기도 하지만, 많은 경우 가까운 거리에 있는 모스크에서 교육과 실습을 진행한다.

대부분 비슷한 교육 프로그램을 가지고 있는데 특별한 것은 교사들 중에 아랍에서 파견된 교사가 적게는 1명에서 3명까지 있다. 이를 통하여 카자흐스탄 이슬람 지도자들이 종교적 정통성을 확보하고 유지하려고 기울이고 있는 노력이 얼마나 큰지를 가늠해 볼 수 있다.

이들 마드리사 중에서 '우쉬코리니 마드리사 콜리지'를 예로 이들의 교육목표와 교육프로그램, 그리고 교사에 대해 살펴볼 수 있다. '우쉬코르지 마드라사 콜리지'는 기본교육을 위하여 일반학교의 9학년을 졸업하고 입학할 수 있으며, 고등교육을 위하여서는 11학년을 졸업하고 입학할 수 있다. 이

학교의 주요목표는 이슬람의 기본과 방향, 연구 방법론, 이슬람 종교의 역사 및 지식에 대하여 자격을 갖춘 전문가를 양성하는 것이다. 이들은 졸업 후 둠크와 모스크, 종교 교육기관 등 종교와 관련된 영역에서 전문가로 활동하게 된다. 총 학교 교직원은 42명 중에서 24명이 교사로 일하고 있는데, 교사 중에서 5명이 석사 학위를 가지고 있고, 나머지는 학사 학위자이다.

종교사무국의 직원과 면담[26] 과정에서 들은 바에 따르면 카자흐스탄 전국에 100개 넘는 마드라사가 있다고 한다. 이 마드라사들은 대부분 지역 모스크에서 운영하고 있으며, 정식 교육기관의 인가를 받지 않고 학원처럼 운영되고 있는 것으로 보인다. 일반 학교에 다니는 학생들이 방과 후 학습으로 지역 마드라사에서 코란 암송이나 교리를 배우는 것이다. 지역 모스크가 운영하는 마드라사의 증가는 시사하는 바가 크다. 이슬람 교육이 이슬람 전문 성직자를 배양하는 것을 넘어 교리에 따른 무슬림의 질적 향상을 추구하고 있다고 볼 수 있다. 카자흐스탄의 이슬람은 명목적 신앙에서 종교가 모든 삶에 영향력을 발휘하는 실제적 신앙으로 빠르게 변화하고 있는 것이다.

5. 카자흐스탄의 모스크들

종교사무국의 2020년 공식 집계에 따르면 카자흐스탄에는 2,673개의 모

---

26. 2023년 3월

스크가 있다. 각 지역별로는 아스타나에 13개, 알마티시에 52개, 알마티주에 474개, 몰라주에 80개, 토베주에 68개, 아트라우주에 68개, 아트라우주에 33개, 카라간다주에 147개, 크즐오르다주에 174개, 코스타나이주에 30개, 잠블주에 313개, 망그스타우주에 33개, 파블로르다주에 97개, 침켄트에 89개, 북카자흐스탄주에 63개, 서카자흐스탄주에 48개, 동카자흐스탄주에 208개, 투르키스탄주에 751개가 있다.[27] 대체적으로 남쪽에 있는 주와 도시들에 모스크가 많이 세워져 있고 투르키스탄주와 알마타주, 그리고 잠블주에 두드러지게 많은 모스크가 있는 것을 볼 수 있다.

대표적인 모스크로는 2022년에 세워진 아스타나의 그랜드 모스크, 1999년에 알마티에 세워진 알마티 중앙모스크, 2012년에 아스타나에 세워진 하지라트 술탄 모스크가 있으며 각 도시별로 대규모의 모스크들이 있다. 모스크의 수는 1989년에 59개에서 1993년 269개, 2011년에 2,300개, 2021년 2,716으로 계속 증가하고 있다.[28]

1) 아스타나 그랜드모스크

아스타나의 그랜드모스크는 2022년에 세워진 카자흐스탄뿐 아니라 중앙아시아에서 가장 큰 규모의 모스크이다. 그랜드모스크는 23만 5천 명을 수용하며, 3만 5천 명이 동시에 홀에서 예배드릴 수 있고, 20만 명은 야외에서

---

27. https://www.gov.kz/memleket/entities/din/documents/details/534247?lang=en
28. https://centralasiaprogram.org/state-mandated-muslimness-kazakhstan/

예배를 드릴 수 있는 규모를 자랑한다. 이 모스크를 짓는 데 있어서 정부의 예산은 전혀 사용되지 않고 모두 민간의 후원과 헌금을 통해서 지어졌다고 한다. 그러나 한 조사에 의하면 나자르바예프와 밀접하게 관계된 재단이 이 건설을 담당했다고 알려지고 있다.[29] 아스타나 인구가 120만명 정도 되는 것을 생각하면 지역민들만을 위해 지어지지 않은 듯하다. 최근 카자흐스탄에서 이슬람이 발전해 가고 있다는 것을 상징적으로 보여주는 건축물이라 하겠다.[30]

2) 알마티 중앙 모스크

알마티 중앙 모스크는 1890년부터 운영되었던 오래된 타타르 모스크 부지에 지어졌는데, 1993년에 공사를 시작하여 1999년에 완공되었다. 알마티 중앙모스크는 1991년 카자흐스탄이 독립하여 종교에 있어서 자유를 얻었다는 상징적 역할을 해 왔다는 점에서 중요하게 여겨진다. 이 건물은 2001년에 알마티에서 지역적으로 중요한 역사 및 문화 기념물의 국가 목록에 포함되었다. 이 모스크는 동시에 3,000명이 예배를 드릴 수 있는 규모이며 둠크(SAMK)의 사무실이 아스타나로 옮겨가지 전까지 이곳에 있었다.

---

29. https://centralasiaprogram.org/state-mandated-muslimness-kazakhstan/
30. https://vechastana.kz/samaya-bol-shaya-mechet-v-central-noj-azii/

3) 하지라트 술탄 모스크

하지라트 술탄 모스크는 2012년에 아스타나에 세워진 모스크로 카자흐스탄 사람들의 정신적 부를 상징한다고 말한다. 하지라트 술탄이라는 이름은 '성스러운 술탄'이라는 뜻으로, 12세기에 활동한 수피 지도자 코자 아흐메트 야사위의 별명 중 하나이다. 모스크는 고전적인 이슬람 양식으로 지어졌으며 카자흐스탄 전통 장식품을 사용하였다. 총 3층으로 구성되어 있고, 1층에는 웨딩홀과 기타 보조실, 2층에는 4천 명을 수용할 수 있는 남성 기도실이 있고, 3층에는 천 명을 위한 여성 기도실이 있다. 동시에 5,000명이 기도할 수 있고, 최대 10,000명까지 모일 수 있는 규모이다. 그랜드모스크가 세워지기 전까지 동양에서 두 번째, 카자흐스탄에서는 가장 큰 모스크였다.[31]

카자흐스탄의 모스크는 수적으로 증가하고 있을 뿐 아니라 규모에서도 대형을 추구하고 있는 것으로 보인다. 이렇게 카자흐스탄에서 이슬람은 자연스럽게 국가종교로 인식하도록 가시화되고 있다고 해도 과언이 아닐 것이다. 한편으로는 과격 이슬람을 견제하면서 다른 한편에서는 이슬람의 발전을 도모하고 있다고 볼 수 있다.

---

31. https://visitnursultan.kz/en/about-city/what-to-see/hazrat-sultan-mosque/

맺음말

카자흐스탄에서 이슬람은 계속 발전해 왔다. 이것은 단순히 종교적 관심에 의해서 이루어 지고 있는 현상만은 아니라는 것을 이슬람 기관들을 살펴보면서 확인하게 된다. 카자흐스탄의 이슬람 기관들은 구조적으로 발전할 수 있는 체계를 만들어 왔고, 향후 얼마 동안 성장할 수 있는 동력이 준비되어 있음을 확인할 수 있다.

종교사무국은 이슬람의 발전 방향을 제시하고 종교적 극단으로 치우치지 않도록 법적인 기틀을 잡아주고 있다. 둠크(SAMK)는 지식적 기반과 이론적 체계, 신앙의 실천적 적용이 가능하도록 해석들을 내어 놓고 있다. 그리고 시대적 변화에 능동적으로 대응하고 있는 것을 볼 수 있다. 카자흐스탄 내에서 모스크가 빠르게 확장해 갈 수 있었던 배경에는 교육에 대한 투자를 들 수 있다. 독립 후 많은 학생들을 이집트와 튀르키예에 유학을 보내어 교육의 기틀을 잡았고, 대학교를 설립하여 전문인력을 양성해 냄으로 모스크가 급속하게 증가할 수 있는 기반을 마련했다.

카자흐스탄에서의 이슬람은 급속하게 발전해 가고 있지만 안정감을 가지고 있다. 실천적 구조와 교육, 적극적인 홍보가 이루어지고 있으며, 민간의 적극적인 참여 유도를 통한 대중적 공감이 이루어지고 있다. 이 모든 것을 이슬람 기관들의 잘 짜여진 구조가 반영하고 있다고 하겠다.

9장
근본주의 이슬람과
카자흐스탄 정부의 대응

노 성 열

시작하면서

근본주의 이슬람[01]에 근거한 이슬람 극단주의자들의 전세계를 향한 테러와 이로 인한 사회적 불안은 대단히 위협적이며 지속적이고 광범위하게 진행되고 있다. 이러한 현상은 '이슬람포비아'나 '이슬람 = 폭력적 집단' 이라는 단순한 도식적 이해보다는 이슬람 근본주의의 출현과 성장 과정, 그리고 역사적 이해를 필요로 한다. 이슬람은 타 종교와 지역의 극심한 탄압을 극

---

01. **이슬람 근본주의**라는 단어는 2001년 9/11 테러 후 이슬람포비아가 증대하자, 이슬람 전반에 대한 대중의 공포증을 예방하기 위해 일반 무슬림들과 구분하려는 목적에서 기독교 근본주의(Fundamentalism)에서 따와서 보급된 단어로, 현대 신조어. 전통적으로 무슬림 학자들은 해당 단어 대신 "타크피르주의자(신앙심이 부족해 보이는 다른 무슬림을 불신자로 간주하여 폭력과 같은 사적제재를 이슬람 율법으로 정당화하려는 사상)" 같은 어휘를 사용한다. 아예 기독교 근본주의라는 것은 존재하지만 이슬람 근본주의라는 것 자체는 존재하지 않으며 기독교 신자들, 서구인들이 이슬람에 대한 편견과 선입견 때문에 비하하고자 만들어 사용하기 시작한 용어라고 하거나, 서양 언론에서 기독교 근본주의와 비슷하다고 보고 이슬람교에 붙여 만든 신조어라는 주장도 있다. 학계에서는 다양한 용어가 난립하고 있다. 주로 "이슬람 근본주의"나 "이슬람 극단주의"라는 용어가 사용되는데, "이슬람 근본주의"라는 용어가 주로 쓰인다. https://namu.wiki/w/%EC%9D%B4%EC%8A%AC%EB%9E%8C%20%EA%B7%BC%EB%B3%B8%EC%A3%BC%EC%9D%98

복하며 포교를 해 나가야 했으며 이슬람교를 반대하는 기존 세력과의 전쟁은 끊임없이 계속될 수밖에 없었다. 이러한 역사적 부침속에서도 무슬림들 사이에 깊게 뿌리내린 이슬람 신앙은 종교에 국한되는 것이 아닌 그들의 일상이며 삶의 총체적 근거가 되었던 것이다.[02] 이러한 이슬람의 끈질긴 생명력(호모 이슬라미쿠스, Homo Islamicus)[03]은 우리를 주목하게 한다. 중앙 아시아에서 태어나 성장해서 중앙아시아인이 되는 것은 곧 무슬림이 되는 것을 의미하기도 한다. 중앙아시아의 5개 국가 중 카자흐스탄은 비교적 종교간 갈등이 적고 안정된 국가이다.[04] 그러나 최근의 추세는 근본주의 이슬람의 출현과 정통 종교관이 성장하고 있음을 보여준다. 근본주의 이슬람은 일반적으로 꾸란과 하디스[05]와 같은 이슬람 경전의 구절과 가르침을 충실

---

02. 오원교, (2017), '현대 우즈베키스탄의 생활이슬람의 양상과 전망', 러시아 연구 제27권 제1호 2017년 5월 31일, p.1

03. **호모 이슬라미쿠스**(Homo Islamicus)라 함은 이슬람 법인 샤리아를 바탕으로 한 이슬람 패러다임 내에서 정치·경제·사회·문화 등 삶의 총체적 활동을 지향하는 이슬람형 인간을 지칭하는 것이다. 즉 이슬람의 지향에 맞춘 삶을 살아가는 인간형을 말하는 것이다. (김종도&안정국 2012, 중동연구 31권 2호, 146쪽) 재인용

04. **카자흐스탄**은 중앙아시아에서 가장 큰 영토의 국가이며 약 1,900만 명의 인구를 보유하고 있다. 인구의 약 70%는 수니파 무슬림, 26%는 기독교(정교회, 개신교, 가톨릭, 여호와의 증인 포함), 3%는 기타(유대교, 불교, 바하이교, 하레 크리슈나 포함), 1%는 시아파와 수피 무슬림이다. 인구의 약 2/3는 투르크족인 카자흐족이고 나머지는 슬라브족과 우즈베키스탄과 위구르족을 포함한 기타 투르크족이다. 카자흐스탄은 주로 북부에 러시아인 인구가 많은 유일한 중앙아시아 국가이다. 정부는 세속적이며 잠재적으로 불안정한 세력으로 간주되는 종교를 통제하려고 한다. 수니파 이슬람 법학의 전통적인 "Hanafi" 학파에 대한 영향력과 선호도를 유지하며 일반적으로 다른 국가에서 나오는 이슬람 관행을 경계한다. 카자흐스탄 정부는 특히 종교적 극단주의의 확산과 개종 및 선교 활동으로 인해 야기되는 사회적 혼란의 가능성에 대해 우려하고 있다. -미국 국제종교자유위원회(USCIRF) 2022년 연례 보고서 (rilcca.com)-

05. **하디스**(아랍어: يونسديث)는 무함마드가 말하고(Qaul), 행동하고(Fi'ul), 다른 사람의 행위를 묵인한(Taqreer) 내용을 기록한 책이다. 하디스는 꾸란(코란), 이즈마, 끼야쓰와 함께 샤리아(이슬람법)의 4대 원천을 이루며 그 중 꾸란 다음으로 가장 중요한 자료이다. 무슬림은 알라의 말씀인 꾸란과 더불어 하디스에 기록된 무함마드의 언행(순나)에 따라 행동함을 삶의 기반으로 한다. -위키백과-

히 따르면서 타락한 서구사회는 물론 변질된 무슬림 사회를 변화시키려는 급진적인 사상운동을 일컫는다. 서구 문화의 유입을 통한 근대화와 세속화를 거부하고 이슬람법에 기초한 국가를 건설하고자 하는 열광적 움직임이며 순수하고 이상적인 이슬람 사회를 다시 부흥시키자는 운동인 것이다.

카자흐스탄에서 대부분의 테러 활동은 이슬람 근본주의, 특히 살라피즘[06] 추종자들과 관련이 있다. 공식 수치에 따르면 지난 5년 동안 카자흐스탄에서 14건의 테러 공격이 발생했고 30건의 테러 사건이 예방되었다. 사람들이 비전통적인 형태의 이슬람에 매력을 느끼는 것은 카자흐스탄 정부에게는 하나의 도전 과제가 되었다. 종교의 성장에 대응하여 국가는 이슬람에 대한 통제를 강화할 것을 제안하고 있으며 특히, 국가의 종교 활동 및 종교 단체에 관한 새로운 법률 초안에 따르면 국가는 공공장소에서 얼굴을 가리는 옷 착용을 금지하고 특정 종교 이념의 홍보를 금지하고 있다.[07] 본고는 이처럼 카자흐스탄내에서 일어나는 근본주의 이슬람의 출현 배경과 활동을 고찰하고 그것이 지니는 사회적 의미와 카자흐스탄 정부의 대응을 중심으로 글을 이어가고자 한다.

---

06. **살라프파**(영어: Salafism 살라피즘, 아랍어: ﺔﻴﻔﻠﺳ)은 샤리아가 지배하던 7세기 이전 초기 이슬람 시대를 모범으로 그에 회귀해야 한다는 수니파의 사상, 이슬람 근본주의이다. 살라피스트는 '살라프를 따르는 사람'이라는 뜻이다. 살라프(salaf)는 '선조'라는 뜻으로, 이슬람교 창시자인 예언자 무함마드의 동료와 직계 제자들을 가리킨다. 남자들은 턱수염을 기르며, 여자들은 눈을 제외한 전신을 가리는 니캅을 착용하며 순수 이슬람 세계를 건설하기 위해 무력 사용을 불사한다. -위키백과-

07. 「Islam in Kazakhstan: The case of Salafism」ANU 2018.6.22

1. 근본주의(Fundamentalism, 원리주의)란?

근본주의(원리주의)는 근대화에 대응해 일어난 전 지구적 종교 현상이다. 이슬람에만 국한하지 않으며 기독교나 유대교에서도 발견할 수 있다. 근본주의(Fundamentalism)라는 말이 처음 탄생한 것은 1차 세계대전 직후인 1920년대 미국 기독교계이다. 사람들은 1차 세계대전을 겪으며 전쟁의 참혹함과 폭력성 그리고 여전한 사회적 불평등 문제를 보게 되었다. 그로 인해 근대화의 상징인 인간의 이성과 합리성에 기반한 과학과 이념을 거부하고 절대적 확실성에 대해 갈망하게 되었다. 이런 상황에서 종교가 공적 영역에 더 중심된 역할을 하기 바라는 염원이 바로 근본주의이다. 근본주의를 이해하기 위해 한 가지 더 알아야 할 흐름은 바로 '세속주의'이다. 세속주의란 근대화를 거치며 다수 국가에서 일어났던 정교(政敎) 분리의 움직임이다. 근대화와 함께 변방으로 내몰리는 듯 보이던 종교가 근본주의라는 이름으로 다시 소환된 데에는 근대성에 대한 실망과 함께 세속주의 정부가 종교를 없애려 한다는 공포 어린 확신이 있는 것이다.

종교를 막론하고 근본주의 자체는 폭력적 현상이 아니다. 폭력 행사는 전체가 아닌 일부의 양태이며 처음부터 모두 투쟁의 형태를 보이지도 않았다. 이슬람 근본주의=폭력적 집단의 등식이 성립되지 않는다는 것이다.[08] 이슬

---

08. 이슬람 극단주의와 관련해 우리가 가지고 있는 하나의 오해가 있는데, 바로 모든 테러가 무슬림으로 인해 일어난다는 것이다. 그와 관련해 유명한 말이 "All Muslims are not terrorist but all terrorist are Muslims." (모든 무슬림은 테러리스트가 아니지만, 모든 테러리스트는 무슬림이다)라는 것이다. (이 문구는 오히려 여전히 무슬림이 테러를 저지른다는 암시로 읽힘.) 모든

람 근본주의는 새로운 시대에 걸맞은 내부적 신앙 운동으로 출발하다가 이차적 단계에서 외부의 적을 대상으로 삼게 되는 것이다. 대체로 자신들만의 공동체를 만드는 데 먼저 주의를 기울이고, 그 다음 단계에서 더 넓은 사회를 개종시키고자 하는 '반격'의 형태를 나타나게 된다. 종교적 이상의 재구현과, 이대로라면 현대 사회에서 자신들의 신앙이 파괴되리라는 불안과 공포가 기저에 있는 것이다.[09]

다수의 무슬림은 무함마드가 그의 4명의 후계자와 함께 북아프리카와 중동 지역 전체를 정복했던 과거 이슬람 제국을 가장 '완벽한' 국가 및 체제로 생각한다. 이른바 '영광의 시대'인 것이다. 알라의 계시와 율법에 따라 형성된 사회라는 것이다. 오늘날 이슬람 근본주의가 널리 퍼져 큰 힘을 발휘하는 이유가 여기에 있다. 과거 '이상이 실제 역사 속에 존재'했기 때문이다.

테러가 이슬람 극단주의자 때문에 일어나는 것도 아니다. 미국 국가 안보부 국가 테러리즘연구소는 1970년부터 2011년 사이 미국 내 테러 사건을 분석했는데, 종교적 극단주의로 인한 테러는 7%에 불과했다. 7%의 종교적 극단주의 안에는 유대교 극단주의자 등도 포함되어 있다. 또한, 2011년에서 2015년 사이 유럽연합에서 일어난 사건의 2%만이 종교적 극단주의자들에 의한 테러였다. 2007년부터 계산하면 유럽 내 이슬람 극단주의자에 의한 테러의 비중은 더욱 감소했다. 이에 덧붙여, 미국 메릴랜드 대학교의 국제 테러리즘 데이터베이스(GTD)의 분석 자료에 따르면,1970년부터 2012년 사이의 미국 내에서 벌어진 2,400건의 테러 중 60건이 이슬람 극단주의자에 의한 테러 사건이었다고 한다. 이것은 전체 사건의 2.5% 비율이다. 또한, 미국 FBI에서 분석한 1980년에서 2005년 사이의 테러리즘 분석 자료에 따르면, 6%가 무슬림에 의한 테러 사건이었다. 유럽 형사 경찰 기구인 유로폴(Europol)의 테러리즘 연례 분석 자료인 "EU Terrorism Situation and Trend" 보고서를 보면 유럽연합에서 2011~2015년 사이에 일어난 사건의 2% 정도만이 종교적 극단주의자들에 의한 테러로 드러났다. 물론 이들 종교적 극단주의자 대다수가 '무슬림'이다. 그리고, 2007년부터 2016년까지 10년의 자료를 중심으로 살펴보면 이 기간에 유럽에서 벌어진 테러 사건 3,094건 중 35건이 이슬람 극단주의자에 의한 테러 사건이었다. 전체 테러 사건의 1.1% 정도였다. / https://nancen.org/1975#_ftn1 재인용

09. 카렌 암스트롱, (2021), 신의 전쟁, (정영목 역), 교양인, https://www.dokdok.co/post/islam3 재인용

과거의 영광을 재현하기 위해 그 율법을 똑같이 엄격히 적용하려는 것과 순수한 '본래의 이슬람'으로 돌아가려는 것이 근본주의의 핵심이다.

그러나 이러한 이슬람 근본주의는 진화하는 시대와의 괴리를 보여주는데 이슬람 국가는 신앙 공동체인 '움마'[10]가 확대돼 만들어졌기에 주권은 신에게 있고 그렇기에 신의 계시를 기록한 꾸란이 헌법이나 마찬가지이다. 그런데 문제는 1400여년 전 쓰인 꾸란이 무함마드 사후 더 이상 변경되지 않는다는 사실이다. 알라가 한 번 계시한 말씀은 영원 불변하며, 교리의 변질을 우려해 편집을 허용하지 않았기 때문이다. 이슬람 법학자들이 해석을 통해 유연성을 발휘하지만 이 역시 한계가 있고 권력자의 성향에 따라 악용될 여지가 큰 것이다. 더불어 근본주의가 답을 구하는 방식은 환원주의이다. 지나치게 전통을 따르는 것이다. 근대화와 세속주의의 공포에 사로잡힌 근본주의자들은 자신들이 지켜야 할 전통을 오히려 왜곡하게 된다. 전통의 근본주의적 해석을 공고히 하고자 교리를 선택적으로 적용하는 우를 범하게 되는 것이다.[11]

2. 근본주의 이슬람의 역사적 흐름

---

10. **움마**(아랍어: أُمّة)는 이슬람의 교단(敎團)이나 공동체를 뜻한다. 이슬람 이전과 같은 종족적 결합이 아니고 이슬람의 유대를 성립케 하는 결합이다. 샤리아에 의하여 통합되는 보편적 종교 사회가 '움마'로서 이념화되고 정통파 이슬람은 개인적인 교단 지도자에 대해서가 아닌 '움마'에 카리스마를 부여하였다. -위키백과-

11. https://youtu.be/G28rarKQjTsttps://youtu.be/G28rarKQjTs

이슬람의 초기 정복 전쟁은 이슬람의 예언자 무함마드가 7세기 초에 시작한 정복에서 시작되었다. 그는 최초로 아라비아 반도에 통일된 정권을 수립하였고, 이후 정통 칼리파[12]국과 우마이야 칼리파국[13]의 확장 정책으로 이 전쟁은 지속된다.

세계역사상 제국이 종교를 수용한 경우는 있지만 종교가 제국을 만든 것은 이슬람 제국이 최초인 것이다. 근본주의 이슬람은 이 찬란했던 제국을 회상하며 태동하게 된다. 이후 13세기 몽골제국의 침입으로 근본주의가 발흥되었고, 샤리아는 공격적이며, 종교 선전을 위한 포교용으로 전이된 해석을 띄게 된다. 18세기 '와하비즘'[14]은 사우드 가문과 결탁하여 사우디아라비아를 건국하고 이슬람에 대한 복종과 비무슬림에 대한 증오, 여성차별을 강조하였고 종교적 극단주의의 양상을 나타내게 되었다. 1928년 이집트에서는 '무슬림 형제단'[15](민주주의를 통해 샤리아의 원칙을 구현)과 '사

---

12. **칼리파**(아랍어: خليفة) 또는 **칼리프**(영어: caliph)는 '뒤따르는 자'라는 뜻의 아랍어로 무함마드가 죽은 후 움마(이슬람 공동체), 이슬람 국가의 지도자· 최고 종교 권위자의 칭호이다. 가톨릭의 최고 지위인 교황과 유사하다. -위키백과-

13. **우마이야 칼리파국**(아랍어: الخلافة الأموية)은 661년부터 750년까지 존속했던 첫 번째 이슬람 세습 칼리파국이다. 중앙아시아, 북아프리카, 이베리아 반도에 이르는 넓은 영토를 장악했으며, 특히 동로마 제국의 영토를 많이 정복했다. -위키백과-

14. **와하비파**(아랍어: وهابية 와하비야, Wahhabism 와하비즘)은 아랍인들이 쿠란의 가르침대로 살아야 한다고 주장하는 이슬람교 수니파 안의 운동이다. 그 민족 운동을 와하브 운동(아랍어: الدعوة الوهابية 알다와 알와하비야)이라 한다. 이슬람교의 타락과 형식주의를 비판하여 순수 이슬람화하자는 운동이다. 이 운동으로 인해 와하브 왕국이 성립되었다. 사우디아라비아의 수도가 리야드로 된 것은 이 운동이 리야드에서 일어난 데서 유래되었기 때문이다. 이 운동은 무함마드 이븐 압둘 와하브가 제창하였다. -위키백과-

15. **무슬림 형제단**(아랍어: جماعة الإخوان المسلمون)은 아랍권의 가장 영향력 있고, 가장 큰 이슬람 단체이다. 1928년, 이집트의 하산 알반나에 의해 설립된 범이슬람주의, 종교, 정치, 사회 단체이다. -위키백과-

이드 쿠틉'[16](원리주의의 아버지)이 등장하였다. 1987년 팔레스타인에서는 '인티파다'[17]와 '하마스'(팔레스타인 가자 지구 장악)[18]가 활동했고, 레바논에서는 '헤즈볼라'[19](자살 폭탄 테러 원조. 레바논 집권 여당) 등이 출현하게 되었다. 구소련과 아프간 전쟁 중 무자헤딘[20]이 '알카에다'[21]로 성장하며 걸프전 이후 반미와 테러리즘이 그들 안에서의 대세 모토로 자리를 잡

---

16. **사이드 쿠틉**(아랍어: سيد قطب'Sayyid Quṭb)은 이집트의 저술가이자 교육자, 이슬람교 이론가, 시인으로 1950년대와 1960년대의 이집트 무슬림 형제단의 지도자였다. 1966년 가말 압델 나세르 이집트 대통령의 암살을 기도하여 유죄판결을 받고 교수형을 당했다. 그는 이슬람 과격주의의 아버지로 일컬어지고 있으며, 그의 책 24권 중 《진리를 향한 이정표》는 원리주의 이슬람의 사상적 토대를 이루고 있다. -위키백과-

17. **인티파다**(영어: Intifada, 아랍어: انتفاضة)는 1987년부터 시작된 이스라엘에 대한 저항운동으로, 잔혹한 압제를 받는 팔레스타인인의 민중봉기이다. -위키백과-

18. **하마스**(아랍어: حماس, Hamas)는 정당이자 준군사단체로서, 팔레스타인을 억압하는 이스라엘에 대한 무장 투쟁으로 널리 알려져 있다. 아랍어로 하마스는 알라를 따르는 헌신과 열정을 뜻하기도 하며 하마스 단체에서는 "힘과 용기"로 설명한다. -위키백과-

19. **헤즈볼라**(아랍어: حزب الله 히즈발라, 신의 당)는 레바논에 기반을 둔 시아파 이슬람 무장투쟁 조직이다. 시리아와 이란의 지원을 받고 있다. 헤즈볼라는 레바논 정치에서 중요한 역할을 하고 있으며, 레바논 정규군보다 강력한 무력을 소유한 것으로 알려져 있다. 서방 국가에서는 헤즈볼라의 행동에 대하여 비판이 끊이지 않고 있는데, 이는 그들이 국내적으로는 학교 설립 등의 공익 사업을 벌이면서도, 국제적인 테러와 무장 공격에 연루되어 왔기 때문이었다고 주장한다. -위키백과-

20. **무자헤딘**(아랍어: مجاهدين mujāhidīn)은 무자히드(아랍어: مجاهد mujahid)의 복수형으로서, 성전(지하드)에서 싸우는 "전사"를 의미한다. 냉전 시대 이래로 이슬람 이념에 따라 지하드에 참여하는 게릴라 의용군을 가리키는 말로 확립되었다. 소비에트 연방의 아프가니스탄 침공이 계기가 되었으며, 이후 미얀마, 이란, 키프로스, 필리핀 등의 이슬람 무장단체에 의해서도 사용된 말이다. -위키백과-

21. **알카에다**(아랍어: القاعدة 알카이다)는 사우디 아라비아 출신인 오사마 빈 라덴이 창시한, 극단적 살라프파 무슬림에 의한 국제 무장 세력이다. 소위 이슬람 원리주의 계통에 속해 반미국, 반유대를 표방한다. 1990년대 이래 주로 미국을 표적으로 테러했다고 일컬어지며, 많은 사건을 대상으로 하여 스스로 그 실행을 인정하는 이 과격파 국제 테러 조직은 2001년 미국에 동시다발 테러를 단행하여 미국을 비롯한 전세계에 충격을 주었으며, 과격 테러로 인해 주변 중동 국가들마저도 알카에다에 매우 적대적인 입장이다. -위키백과-

으며 9.11 테러가 일어나고 아프간 내전 중 '탈레반'[22]이 세계문화유산인 바미안 석불을 파괴하면서 극단주의내에서도 따돌림을 당하게 된다. 이후 알카에다는 일부 아프리카와 중동 지역으로 확산하면서 나이지리아의 '보코하람'[23], 소말리아의 '알샤바브'[24], 시리아의 '알누스라'[25], 이라크의 '유일신과 성전'[26](미디어 선전)과 같은 근본주의에 근거한 극단적 이슬람 단체들이 나타났다. 2006년 아부바크르 바그다디[27]가 조직 개편 후 ISIS가 탄생하고-

---

22. **탈레반**(다리어: طالبان 탈레반) 또는 탈리반(파슈토어: طالبان 탈리반)은 아프가니스탄 남부를 중심으로 거주하는 파슈툰족에 바탕을 둔 부족 단체에서 출발한 반군 단체이다. 탈레반은 마드라사의 학생 또는 탐구자를 가리키는데 1990년대 중반 활동을 시작, 지도자 무하마드 오마르를 중심으로 결속해 1997년 정권을 장악했으며 이후 2001년 미국의 공격으로 축출되기까지 아프간을 통치했다. -위키백과-

23. **보코 하람**(Boko Haram)은 2001년 결성된 나이지리아의 이슬람 무장단체이다. 보코 하람은 서양 교육을 죄악으로 여기며 서구 문명뿐만 아니라, 생물학, 물리학, 우주학 등을 포함한 모든 과학을 부정하고 있다. 그 중에서 다원주의를 가장 혐오하고 있다. 나이지리아 북부의 완전한 이슬람 국가로서의 독립과 북부 각 주(州)에 샤리아 도입을 목표로 무장 테러를 전개하고 있으며 나이지리아의 탈레반이라는 별명을 가지고 있다. ISIS는 보코 하람을 그들의 행정 구역으로 보아 이런 맥락에서 이슬람 국가 서아프리카 지부라고도 불리웠다. -위키백과-

24. **알샤바브**(아랍어: الشباب)는 아랍어로 "청년"을 뜻한다. -위키백과-

25. **알누스라 전선**(영어: al-Nusra Front) 또는 자브하트 알누스라(아랍어: جبهة النصرة لأهل الشام)는 시리아와 레바논에서 활동하는 알카에다 분파 조직이다. 시리아 내전 중인 2012년 1월 23일 형성을 발표했다. 이후 시리아에서 "가장 공격적이고 성공적"이고 "가장 효과적인 반군"으로 불리며 세를 과시하고 있다. 2017년 2월 28일 알누스라 전선은 4개의 단체를 통합하여 레반트 자유인민위원회를 결성하여 해체되었다. -위키백과-

26. **유일신과 성전**(아랍어: جماعة التوحيد والجهاد)은 아부 무사브 알자르카위를 지도자로 하는 이슬람교 계열 무장 단체였다. 2004년 10월 17일 알카에다에 충성을 서약한 이후 이름을 알카에다 이라크 지부로 변경했다. 이라크 지역의 수호를 위해 닉 버그, 김선일 등의 외국인들을 인질로 잡아 공개적으로 협박 후 살해했다. -위키백과-

27. 이라크에서 태어난 이슬람 극단주의자이자 테러리스트. 테러 조직 이라크 레반트 이슬람국가를 세운 장본인 겸 지도자이자 자칭 IS의 칼리프이다. 자칭이므로 정통성은 없고 2010년대 테러리스트하면 가장 먼저 떠오르는 인물이다. -위키백과-

ISIL(다이시[28]) - 2014년 칼리프국을 선포하며 아랍 극단주의의 맹주로 자리 잡게 된다.[29]

3. 근본주의 이슬람의 등장 원인

이슬람 근본주의자들은 서구가 발전한 이유가 이슬람의 뛰어난 점을 먼저 발견해 수용한 덕분이라고 보았다. 반대로 이슬람 국가들은 본래의 이슬람으로부터 멀어져 쇠락했다고 주장했다. 따라서 본래의 이슬람으로 돌아간다면 이슬람 국가들이 다시금 찬란한 발전의 길로 들어설 수 있다고 설파한다.[30]

이슬람 근본주의의 시각에서 1930~40년대에 걸쳐 진행된 경제대공황과

---

28. **ISIL**(Islamic State of Iraq and Levant)의 이슬람식 표기인 '알다울라 알이슬라미야 알이라크 알샴'(al-Dawla al-Islamiya al-Iraq al-Sham)의 각 단어 머리글자(Da-i-i-sh)를 연결해 발음하여 만들어진 이름으로 중동 주민들 사이에서 널리 사용된다. IS가 해당 명칭에 대한 거부반응을 보이는 것은 '다이시'라는 단어의 발음이 '짓밟는 자'라는 의미의 '다에스'(Daes)나 '불화를 조장하는 자'라는 의미인 '다헤스'(Dahes)와 유사해 현지에서는 IS를 모욕하기 위한 용도로 활용되기 때문이다. 따라서 '다이시'라는 이름 자체는 IS의 과거 명칭에서 유래한 것임에도 불구하고, 그 안에는 IS를 국가로 인정하지 않고 일개 '폭도 집단'으로 규정한다는 의미가 포함돼 있다. 각국 정부가 해당 명칭을 공식적으로 사용한다는 것은 곧 IS를 정식 국가로 인정하지 않겠다는 의지를 표현하는 것으로 해석되고 있다.
https://nownews.seoul.co.kr/news/newsView.php?id=20151117601007

29. https://www.youtube.com/watch?v=z51vG6CVwBA

30. "프랑스혁명은 인권을 선언하고 자유, 평등, 박애를 부르짖었다. 러시아혁명은 계급 철폐와 사회 정의를 선포했다. 그러나 위대한 이슬람혁명은 이미 1300년 전에 이 모든 것들을 선언했다." ─ 하산 알 반나(이슬람 근본주의의 시초 '무슬림 형제단' 창립자) https://www.dokdok.co/post/islam3 재인용

2차 세계대전은 서구 문명이 무너지고 있다는 증거였다. 낡은 이슬람을 버리고 서구의 가치와 문화를 받아들여 발전을 이루고자 했던 아랍 민족주의자들과 달리 이슬람 근본주의자들에게 서구 문화는 극복의 대상이었다. 이슬람 세계의 발전의 해답은 이슬람의 뿌리에 있다고 여기게 된 것이다. 따라서 이슬람 세계가 약화되어 유럽 제국의 식민 지배를 받고 오늘날까지 서구에 뒤처져 있는 원인이 지나치게 서구화해 이슬람의 가르침에서 멀어진 것에 있다고 생각하였다. 특히 직업도 없고 가난에 허덕이며 차별받는 빈곤층들은 이런 이슬람 근본주의에 쉽게 빠져들었다. 현재의 암울한 상황에서 벗어나고자 다시 이슬람의 원리로 돌아가야 한다고 설득되었던 것이다. 이것이 바로 이슬람을 이념적 혹은 정치적으로 이용하려는 '이슬람주의'인 것이다. 이를 실현하기 위해선 세속주의 세력이나 외세에 대한 무력 투쟁도 정당하다고 여기게 된다.[31]

또한 이슬람 사회가 혼란에 빠져드는 원인을 서구 기독교 이념의 수용에서 찾았고, 이슬람 본연의 이념에 충실하게 될 경우 이러한 혼란을 극복하고 새로운 이슬람 번영의 시대를 맞이할 수 있다고 주장하게 된다. 그들은 자유주의건, 사회주의건, 민족주의건 그 무엇이건 관계없이 이슬람교도들 사이의 대립을 초래하는 모든 외세의 이념은 악이라고 간주하며 현재 이슬람 사회의 고통은 이슬람의 신(알라)이 명시해 준 율법이 아닌 다른 외세의 법을 따른 것으로 비롯되는 필연적인 결과라고 여긴다.

---

31. https://www.dokdok.co/post/islam3

이러한 문제들을 해결하기 위한 유일한 방법은 오랫동안 지속되어 온 무슬림들의 의무인 지하드(Jihad, 聖戰)라고 여긴다. 물론 지하드를 성전(聖戰)과 동일시하는 것은 무리가 있다.[32] 이러한 성전(聖戰)은 첫 번째로 그들의 사회 속 내부에서부터 비롯해야 한다고 주장하며 그들은 성전을 수행해야 할 첫 번째 대상으로 먼저 이슬람 사회 속에 존재하는 개종 이슬람 교도 및 신앙이 투철하지 않은 무슬림을 지목한다. 그들의 논리에 따르면, 서구 기독교 사회의 정치 제도에 따라 국가를 통치하는 국가의 지도자들은 모두 이슬람교도가 아닐 수밖에 없었고, 이러한 집권자들을 축출하려는 노력을 시작으로 지하드가 시작되게 되는 것이다. 이러한 지하드의 특징은 종교의 자유 억압, 문화 검열, 성적 억압, 과도한 폭력성, 서구 및 기독교와 유대교에 대한 극단적 혐오, 비판적 풍자 거부 등으로 나타나게 된다.

4. 카자흐스탄에서의 이슬람 근본주의의 활동과 정부의 대응

카자흐스탄은 중앙아시아 국가들 중 가장 러시아화된 국가이며, 이슬람화가 가장 미약하게 자리잡은 국가이다.[33] 20세기 초반 '알라시(Alash)당'[34]

---

32. **지하드**(아랍어: جهاد)는 아랍어로 고투 혹은 분투를 의미한다. 이슬람교 성전은 지하드에 포함되는 내용이기는 하지만, 지하드와 성전이 동의어인 것은 아니다. 라마단에 해가 떴을 때 욕구를 참고 금식을 하는 것도 영적인 지하드라고 할 수 있다. -위키백과-
33. 「중앙아시아 분쟁과 이슬람」, 장병옥(2013), p29.
34. **Alash** 자치당은 1917년 카자흐 엘리트들에 의해 설립되었으며 볼세비키가 금지한 후 해체되었다. 당의 목표는 러시아 내에서 자치권을 획득하고 민족적 민주주의 국가를 형성하는 것이었다. -위키백과-

의 활동(이슬람주의+투르키즘)이 카자흐스탄 남부에 뿌리를 두고 주로 젊은이들 사이에서 퍼졌으며 1990년대 중반까지 약 3천 명 정도가 활동을 했다. 이들은 공산주의 체제에 반기를 들고 인종적 민족주의를 반대했으며 이슬람과 투르키즘, 그리고 민주주의의 결합을 시도했다.

카자흐스탄에서는 상대적으로 근본주의의 활동이 미약했지만 2016년 서부 지역인 악토베에서의 무장 살해사건[35]과 아트라우시 폭탄 공격 등 테러 활동이 급증했다. 이에 정부는 국가 기관 내 기도실 금지, 선교사 규제 강화의 종교법을 실시하기에 이르렀다.

카자흐스탄의 이슬람 근본주의 운동은 일반적으로 규모가 작고 정교한 조직을 갖추지는 않았지만 최근 몇 년 동안 가장 눈에 띄는 단체 중 하나는 이슬람의 가르침과 가치를 전파하는데 초점을 맞춘 비정치적 운동인 '자마아트 알 타블리그(Jamaat al Tabligh)'[36]이다. 이 단체는 폭력적 활동에 가담

---

35. 2016년 6월 카자흐스탄의 서부 도시인 악토베에서 발생한 폭력 사건으로 20명이 넘는 남성들이 두 개의 사냥용품 상점을 공격하여 산탄총을 탈취하고 군 수비대를 공격했다. 이 소요 사태로 7명이 숨지고 수십 명이 다쳤으며 나자르바예프 대통령은 공격자들을 "Salafis"라고 불렀고 그들이 해외에서 명령을 받았다고 주장했다. 그런 다음 그는 관리들에게 "비 전통적 종교 단체"에 대한 법률과 통제를 강화하도록 지시했다. 이후 "Secularism and Foundations"의 필수 과정이 개설되었고 2018년 미성년자의 종교 참석을 제한하는 법률이 추가로 개정되었다.
https://overseas.mofa.go.kr/kz-ko/brd/m_9026/view.do?seq=1229127&srchFr=&amp%3BsrchTo=&amp%3BsrchWord=&amp%3BsrchTp=&amp%3Bmulti_itm_seq=0&amp%3Bitm_seq_1=0&amp%3Bitm_seq_2=0&amp%3Bcompany_cd=&amp%3Bcompany_nm=

36. **Tablighi Jamaat**(우르두어: جماعت تبليغی lit. 'Society of Preachers'는 "선전파" 또는 "설교파"로도 번역됨) 무슬림이 보다 종교적이 되도록 권고하는 데 중점을 두고있다. "가장 널리 퍼진 수니파" 이슬라(Islah, 개혁)중 하나이며 "20세기 이슬람에서 가장 영향력 있는 종교 운동 중 하나"라고 불리는 이 조직은 전 세계적으로 1200만에서 8000만 명의 신도를 보유하고 있는 것으로 추정된다. 150개국 이상에 퍼져 있으며 대다수가 남아시아에 살고 있다. -위키백과-

한 적은 없지만 카자흐스탄 정부의 감시 대상이다.

주목을 받는 또다른 그룹은 '히즈브 우타리르(Hizb ut-Tahrir)'[37]이다. 이 조직은 비폭력적 수단을 통해 이슬람 칼리프 국가를 수립하려는 국제 이슬람 정치조직이지만 테러조직으로 간주되어 카자흐스탄을 포함한 여러나라에서 활동이 금지되었다. 이러한 단체들의 활동에도 불구하고 카자흐스탄에서는 이슬람 근본주의 세력이 활발한 활동을 벌이지는 못하고 있으며 개인이나 소그룹이 급진화되어 IS(다이시)와 같은 극단적인 조직에 가담한다는 보고는 있지만 이슬람 근본주의가 제기하는 전반적인 위협은 상대적으로 낮다고 여겨진다.

2021년과 2022년 카자흐스탄 정부가 종교나 신념의 자유와 연관하여 기소한 건수와 내용들을 살펴보면 주로 국가의 허가를 받지 않은 종교 시설에서의 종교적 모임과 강의, 자료 배포, 어린아이들을 대상으로 한 종교 교육, 종교 서적과 성상 판매, 온라인상에서의 종교 자료 게시, 타인을 향한 전도 등이었다. 이 중에서 근본주의 이슬람과 관련 있다고 판단되는 사례는 2022년 12월 12일 '극단주의자'일 가능성이 있는 '짧은 머리와 수염을 가진 사람들'이 아크몰라 자선 시설에 출입하고 있다는 보고를 추적하여 국가 허

---

37. **Hizb ut-Tahrir**(아랍어: حزب التحرير, '해방당', HT)는 국제적인 범이슬람주의 근본주의 정치 조직으로, 목표는 이슬람 칼리프를 재건하는 것이며 무슬림 공동체(ummah)를 통합하고 전 세계적으로 샤리아를 구현하고자 한다. Hizb ut-Tahrir는 방글라데시, 중국, 독일, 러시아, 터키, 인도네시아, 및 레바논, 예멘, UAE를 제외한 모든 아랍 국가에서 활동이 금지되었다. 2017년 7월 인도네시아 정부는 극단주의 및 국가 이데올로기에 대한 정부 규정과 양립할 수 없다는 이유로 Hizb ut-Tahrir의 법적 지위를 취소했다. -위키백과-

가없이 기도에 참석한 교사와 최대 30명의 학생을 발견했다는 정도이다.[38]

2019년부터 카자흐스탄 정부는 2011년 개정된 종교법의 개혁을 논의하기 위해 미국 정부 및 시민 사회 이해관계자와 함께 미국-카자흐스탄 종교 자유 실무 그룹(RFWG)에 참여해왔다. 이 법을 제정하기 전에 카자흐스탄은 종교 또는 신념의 자유와 관련하여 구소련 이후 중앙아시아에서 가장 억압이 약한 국가 중 하나였다. 그러나 이 법은 회원 자격 기준에 엄격한 등록 요건을 설정하고 교육 제공, 출판물 배포, 성직자 훈련과 관련된 미등록 종교 활동을 금지하거나 제한했고 승인되지 않은 대부분의 종교 또는 정치 활동을 국가가 처벌할 수 있도록 했다. 수차례의 회의를 거쳤지만, 2021년 12월 29일에 통과된 개정안은 미국 정부의 권고 사항을 최소한으로 반영했으며, 반대로 평화로운 종교 활동을 제한하는 사항을 포함했다. 새로운 개정안은 2011년 종교법의 문제적 조항이었던 종교 단체 등록 의무, 등록에 필요한 회원 수, 미등록 종교단체에 의한 종교 자료 제한, 선교 활동 등록, 선교사 여부에 대한 모호성을 포함한 여러 문제를 여전히 지니고 있다. 정부는 허가된 등록 공간 외 종교 활동에 대한 공식 허가 요건을 승인을 전제로 하는 신고제로 대체하겠다고 약속했지만 정부가 통과시킨 제도는 사실상 허가 제도와 구별할 수 없었다.

한편 2022년 1월 2일부터 11일까지 카자흐스탄에서 광범위하게 일어났던 민생문제로 인한 시민들의 분노는 급기야 반정부 투쟁과 독재정권에 대한

---

38. Forum 18 (https://www.forum18.org/archive.php?article_id=2821) 재인용

항거, 부를 독점한 소수의 권력자들을 향한 저항으로 나타났다. 이러한 일련의 시위들 속에 일부의 극단주의자와 테러리스트들이 없었다고는 확신할 수 없지만 정부는 시민들의 정당한 요구를 종교적 극단주의로 돌리려는 시도를 하였다. 더불어 대량 체포, 고문, 비무장 민간인에 대한 무차별 총격 등 카자흐스탄 정부의 대응은 인권과 종교의 자유에 대한 우려를 불러일으키게 되었다.[39]

주산작전으로 카자흐스탄으로 돌아오는 사람들

카자흐스탄 정부가 근본주의 이슬람 세력들을 바라보는 관점과 대응은

39. https://www.uscirf.gov/sites/default/files/2022-05/2022%20Kazakhstan.pdf

2018년부터 시작된 시리아로 잠입한 카자흐스탄 출신 IS 대원들을 구출하는 이른 바 '주산(Жусан)'[40]작전을 통해 엿볼 수 있다. 이 주산(Жусан)작전을 통하여 카자흐스탄 정부가 이슬람 근본주의와는 분명한 선을 긋고 있음을 알 수 있기 때문이다.

카자흐어 '주산(Жусан)'은 '초원과 들판에 산재한 쑥'을 의미한다. 카자흐 문화에서 대초원은 고향, 기억 및 시간의 상징이며 쑥의 향기는 어린시절의 추억이며 자유의 냄새이다. 따라서 고국으로 돌아가는 작전을 상징적으로 '주산'이라고 불렀다.

일부 카자흐인들이 '이슬람 국가'(ISIS, IS는 카자흐스탄에서 금지된 테러 조직)에 가입했고, 특히 2013년~2015년에 많은 카자흐인들이 ISIS가 활동하는 지역으로 갔고 작전이 시행될 당시 그들은 포로 상태였다. 2019년 2월 28일, 시리아 민주군(SDF)은 미국의 지원을 받아 시리아에서 ISIS가 소유한 영토를 100% 장악했다. ISIS가 패배하고 두 도시 모술(Mosul)과 락카(Raqqa)가 함락 된 후 무장 세력과 함께 외국인, 가족 구성원, 부녀자 및 자녀가 체포되기 시작했다. 무장 세력은 감옥으로 보내졌고 그들의 가족은 고향으로 이송되기 위해 기다리는 동안 특별 난민 수용소로 보내졌다. 수용소는 시리아와 이라크 영토에 위치하고 있으며 사람들은 오랜 시간 그 안에서 살아야했다. 2018년 11월 브뤼셀에서 기자 회견이 열렸고, 시리아 북동부의

---

40. 시리아에서 IS에 가입하여 활동하던 카자흐스탄 시민을 반환하기 위한 특별 작전이다. 2018년 5~6월에 준비를 시작하여 2019년 1월 6일 첫 작전을 시작하였다. Masa Media | Операция "Жусан": почему казахстанцы оказались в Сирии – Издание о политике, правах и законах Казахстана

쿠르드족 행정부 대표들은 급속한 인구 증가로 인해 수용소에서 자국민들을 철수시킬 것을 해당국에 촉구했다.

카자흐스탄은 가장 먼저 자국인들의 대피를 시작한 국가 중 하나였다. 총 5번의 주산(Жусан)작전이 시행되었으며, 루사파(Rusafa)라는 작전은 이라크에서 카자흐인을 귀환시키기 위해 수행되었다.

KNB[41]에 따르면 주산작전을 통해 어린이 413명을 포함해 600명을 귀환시켰고 이들의 적응을 위해 이슬람 신학자, 심리학자, 사회학자, 변호사, 의사, 교사가 센터에서 일하고 있다.

예를 들어 '아크니엣(Akniet)'은 종교적 급진주의를 대응하고 방지하며 급진적 운동 및 그룹의 사람들을 재활시키기 위해 만들어진 비정부 조직이다. 또한 사회심리학적, 법적 지원센터 '찬스(Chance)'는 가족이 일상 생활을 영위하고 의료 및 사회적 지원을 받을 수 있는 법률 사무소와 어린이 거주 공간으로 구성되었다.[42]

지난 2022년 1월 액화석유가스(LPG) 가격 상한제 폐지로 촉발된 대규모 반정부 시위로 막대한 피해가 발생했다. 1월 4일부터 본격적으로 진행된 폭력 시위로 시위 참가자들과 경찰, 군이 충돌하였으며, 일부 시위 참가자들은 공공 기관 시설을 파괴하고 은행과 가게를 약탈하기도 했다. 군과 경찰

---

41. KNB는 카자흐스탄 공화국의 국가 안보 기관, 정보, 방첩, 작전 및 수색 활동, 카자흐스탄 공화국의 국경 보호, 정부 통신 서비스 및 특별 서비스의 임무 수행의 통합 시스템을 관리하고 있다. https://www.gov.kz/memleket/entities/knb?lang=en

42. Masa Media | Операция «Жусан»: почему казахстанцы оказались в Сирии – Издание о политике, правах и законах Казахстана

이 시위대를 진압하는 과정에서 시위 참가자와 군, 경찰 측 사망자가 238명에 달한 것으로 알려졌다.

2022년 1월 시위대로부터의 승리를 선언한 이후 카자흐스탄 내에서는 피해 복구 사업이 진행되었다. 2023년 1월 5일 로만 스클야르(Roman Sklyar) 카자흐스탄 제1부총리는 반정부 시위로 인해 파괴된 공공기물과 상업시설을 복구하기 위해 카자흐스탄 정부가 310억 텡게(한화 약 836억 원)를 할당하였다고 발표하였다.

카자흐스탄은 정기적으로 세계종교 평화 포럼을 개최하고 있다. 이 회의를 통하여 세계 종교간의 공존과 평화를 이야기하면서 자연스럽게 극단주의 이슬람 세력 확장을 억제하는 역할도 하고 있다고 보여진다. [43]

앞서 열거한 사례들을 볼 때 근본주의 이슬람 세력에 대응하는 카자흐스탄 정부의 태도는 기본적으로 근본주의적 종교적 신념에 근거한 극단적인 행태들을 허용하지 않는 정책들을 시행하고 있다고 볼 수 있다.

---

43. 2022년 9월 14일-15일, 토카예프 대통령의 주도로 아스타나에서 세계 및 전통 종교 지도자들의 회의가 열렸다. 사회 및 전통 종교 지도자, 정치인, 국제기구 지도자들이 참여했으며 회의 결과 아스타나 선언이 채택되었다. 이 선언에서는 "종교는 문명 간의 연결 고리가 되어야 한다"고 강조하며 "우리는 민족의 평화와 번영은 모든 종교와 세계 문화의 궁극적인 목표이며 모든 사람들이 사회 정의와 협력을 확립하기 위해 종교 간 및 종파 간 대화를 구현하기 위한 실질적인 이니셔티브를 지원하도록 촉구합니다. 요약하자면, 우리는 지역 안보를 지원하기 위한 메커니즘으로서 세계 및 전통 종교 지도자들의 회의를 개최하는 것이 문화와 문명 간의 대화 발전에 대한 카자흐스탄의 기여라고 믿습니다."라고 명시하고 있다.
https://kazislam.kz/astana-deklaraciyasy/

2023년 10월 아스타나에서 열린 세계 종교 지도자 회의

나오면서

중앙아시아의 대부분의 초기 정치지도자들은 과거 소련(USSR) 시절 공산당 서기장 출신들이다. 이들은 무신론자들이며 사회주의의 이념과 더불어 살아왔지만 세속 정권 유지와 민족주의의 부흥이라는 정치적 목적을 위해 무슬림으로서의 삶을 살아가고 있다. 또한, 정권 유지 차원에서 정교일치를 주장하는 극단주의 이슬람 세력의 활동을 견제하며 억제하고 있는 것이다.

그러나 정치적 민주주의, 경제적 불평등 해소, 분배의 정의, 각종 차별과 인권에 대한 신장 등 사회의 각 분야에서 합리적 진보와 발전이 이루어지지 않는다면 사회 구성원들의 불만은 이슬람 근본주의라는 명분으로 폭력적

이고 자극적인 양태로 나타날 것으로 예상된다. 이슬람이 추구하는 보편적 가치의 실현을 위해 정치 지도자들뿐 아니라 사회 구성원들 모두가 합의된 담론을 만들어내고 구체적이고 실천적 목표를 향해 나아가야 할 것이다.

참고문헌)

카렌 암스트롱, (2021), 신의 전쟁, (정영목 역), 교양인

서정민, (2015), 이슬람은 그렇게 말하지 않았다, 시공사

장병옥, (2012), 중앙아시아 분쟁과 이슬람, 한국 학술정보

박정욱, (2018), 중동은 왜 싸우는가?, 지식 프레임

오원교, (2017), '현대 우즈베키스탄의 생활이슬람의 양상과 전망',
    러시아 연구 제27권 제1호

미국 국제종교자유위원회(USCIRF) 2022년 연례 보고서 (rilcca.com)

위키백과

Forum 18 (https://www.forum18.org/archive.php?article_id=2821)

Masa Media | Операция ≪Жусан≫: почему казахстанцы оказались в Сирии
    - Издание о политике, правах и законах Казахстана

「Islam in Kazakhstan: The case of Salafism」 ANU 2018.6.22

https://kazislam.kz/astana-deklaraciyasy/

https://www.emerics.org:446/issueDetail.es?mid=a10200000000&systemcode
    =04&brdctsNo=341670

https://youtu.be/G28rarKQ jTsttps://youtu.be/G28rarKQ jTs

https://nownews.seoul.co.kr/news/newsView.php?id=20151117601007

https://www.youtube.com/watch?v=z51vG6CVwBA

https://www.dokdok.co/post/islam3

https://www.uscirf.gov/sites/default/files/2022-05/2022%20Kazakhstan.pdf

https://www.gov.kz/memleket/entities/knb?lang=en

*부록, 중앙아시아 원리주의 단체들

| 범이슬람 부흥당(IRP)

러시아에서 출발한 정당으로 소비에트 영역에 사는 모든 무슬림들의 정치운동의 원동력이 되었으며, 원리주의 성장과 전파에 큰 역할을 했다. 이슬람의 원리주의는 극단적으로 정치적, 행동주의적이다. 우슬리야(usuliya 아랍어로 원리주의 의미)는 아슬(asl 뿌리)에서 유래했는데, 외부(특히 서구)의 정치이론, 가치, 행동 기준이 무슬림 전통 사회로 침투하려는 것에 대한 무슬림들의 대응이다. 중앙아시아 IRP는 계율 준수, 이슬람 원리에 기초한 문화, 사회정치, 경제생활에 참여하는 무슬림들을 결속시키는 정치, 종교 단체이다.

| 이슬람 지하드 단체
(IJG 자마아트 알 지하드 알 이슬라미 '성스러운 전사들'의 단체)

알카에다, 탈레반과 연계하여 폭발물 제조, 테러 훈련 등 폭력적 이슬람 저항운동 추구하였는데, 중앙아시아와 러시아에서 활동하였으며 IMU와 협력관계를 가지고 있다. 2004년 3~4월 우즈베키스탄에서 테러 공격을 하여 47명이 사망하였다. 2004년 7월 30일 우즈베키스탄 검찰 청사와 이스라엘, 미국 대사관에 폭탄테러 공격을 하였는데 이는 미 공군기지를 허용한 우즈베키스탄 정부에 대한 저항이었고 공격대상이 독재정권을 비호하는 서방세계로 전환되는 사례였다.

| 이슬람 해방당
(Hizb al-Tahrir al-islami HT)

서구 무슬림들의 지지를 얻어 서구 문명을 반대하고 사회를 전복하여 점령당한 이슬람 영토를 회복하고, 샤리아 법을 국법으로 하는 범이슬람 칼리프 국가를 만드는 것을 목표로 한다. IMU와 연계하여 주로 우즈베키스탄에서 활동하며 무력 사용과 과격한 행동은 거부한다. 우즈베키스탄 정부는 HT를 감시, 탄압하고 2003년 독일은 HT를 테러 조직으로 분류하고 있다.

| 아크로미야
(Akromiya)

지도자인 아크람 욜다세프의 이름에서 유래하였는데 우즈베키스탄 카리모프 정부의 전복과 이슬람 국가의 수립을 목표로 했다. 2005년 안디잔 사태를 주도했다.

10장
이슬람 경제 개념과
중앙아시아 이슬람 경제 활동
[카자흐스탄을 중심으로]

이 광 천

이슬람 경제는 꾸란과 하디스를 비롯한 무함마드의 가르침에 뿌리를 둔 이슬람 금융 및 윤리 원칙을 기반으로 한다. 이슬람 경제는 정의, 공평, 연민과 같은 이슬람 원칙에 의해 인도되며 투명성 및 사회적 책임과 같은 윤리를 강조함으로 자신의 이익에만 집중하기보다 사회 전체에 유익한 방식으로 경제를 운영하는 것을 핵심 목표로 삼는다. 본 글에서는 이슬람 경제의 발전과정과 주요 개념들, 그리고 현재 이슬람 금융이 중앙아시아와 카자흐스탄을 중심으로 어떻게 운영되는지와 오늘날을 살아가는 무슬림들의 경제 활동에 대해 간략하게 알아보고 실생활에서 이슬람 경제의 원칙들이 잘 지켜지고 있는지 살펴보고자 한다.

1. 이슬람 경제 개념과 사상

이슬람 경제 사상의 기본은 꾸란과 하디스의 법리를 따르는 샤리아법에 부합하는 행동양식으로 정의할 수 있다. 대부분의 경제활동은 불공정과 불평등의 문제 해결에 초점이 있으며 신(알라)은 부족함 없이 충분히 주었으므로 인간은 풍부한 자원을 개발하는 것으로 인식된다.[01]

1) 이슬람 경제의 목표

(1) 알라의 만족

이슬람 경제활동의 목표는 인간의 행동을 통해 알라의 뜻을 만족시키는 것(꾸란 11:52, 61:10-14)이다. 인간은 알라의 종속적인 존재로 이 세상에서 번영하기를 원한다면 알라의 만족을 추구해야 한다(꾸란 30:38-39, 87:14). 그러므로 생산뿐 아니라 소비 활동의 목표도 알라의 만족에 있어야 하며 허용(할랄, حلال)과 금지(하람, حرام)를 실천함으로 현세와 내세의 행복을 추구하는 것이 목표가 된다.[02]

---

01. 신은 인간의 욕망을 충족시키는데 필요한 재화를 정확하게 창조했다고 꾸란에 명시되어 있으며(7:10, 54:49, 14:34), 신이 창조한 자원은 감소하지 않는다. 자원의 희소성을 가정하는 것 자체가 불완전한 자연상태의 인식을 의미하며, 인간의 욕망을 만족시키는 데에는 부적당하다는 점을 함축한다. 이슬람에서는 '세상에 인간의 욕구를 충족시킬 수 있을 만큼 신은 모든 재화를 창조하였'고 인식하는 동시에, 경제학의 주요 연구 분야인 희소성의 문제를 이슬람의 시각에서 조화시킬 수 있는 요인을 찾았다. 김중관, "이슬람 사상의 경제 원리 및 규범체계 분석" p241

02. 할랄(حلال)과 하람(حرام): 이슬람에서 알라가 허용한 것은 '합법적'이라는 아랍어의 '할랄(Halal)'이고, 금지한 것은 '하람(Haram)'이라고 한다. 꾸란에서는 죽은 짐승의 고기, 돼지고기, 알라 이외의 이름을 빌어 도살한 고기(꾸란, 2: 173; 5: 3)와, 인간의 정신이나 도덕, 신체에 유해하다고 간주되는 음료, 취하게 하는 것과 도박 등은 금지한다. (꾸란,5:90-91) 예를 들면, 불법적으로

(2) 이윤의 극대화

경제적인 활동에 있어서 노동은 모든 무슬림의 의무이다(꾸란, 62: 10). 그러므로 경제활동은 개인의 부를 부정하지 않는다. 샤리아의 계율 안에서 생산자는 경제적 이윤의 극대화를 추구한다. 그러나 공공의 이익을 극대화하는 것이 우선이며 이윤을 추구하는 과정에서 타인의 손해나 고통을 금지한다.

(3) 사회적 이익의 우선

이슬람 경제활동은 움마(Umma, 공동체)내에 타인의 삶을 돕고 극단적인 궁핍과 무질서 상태의 어려움을 최소화하는 것을 목표로 한다. 이윤추구에 앞서 생산과 소비활동에서 도덕적 양심과 이슬람 가치, 신앙심에 의존하게 됨으로 경제행위 자체도 믿음과 신앙의 행위가 될 수 있다. 믿음과 신앙에 기초한 사회적 이익이 우선된 사업이 소비자에게 영향을 미침으로 자연스럽게 공공의 이익에 기여한다. 예를 들어 어떤 물품을 생산할 때, 생산자의 의무가 발생하게 되는데, 생산자는 모든 사람들이 구매가 가능한 가격으로 기초 생산품을 생산하는 동시에 저소득 소비자의 수요까지 고려하여 충

번 돈, 이자수수, 살인행위, 마약, 술, 돼지고기 등은 '하람'에 해당한다. 하지만 이자는 금하지만 합법적인 상업활동은 장려한다. 술과 돼지고기는 금하지만 취하지 않는 음료 (대표적으로 커피)나 다른 고기의 식용은 허용한다.
홍성민, 이슬람금융, 한국금융연구소(http://hopia.net/kime/mid_IsEconomy1.htm).

분한 양을 생산하는 것이 윤리적 의무로 작용하며 생산과 소비에 있어서 탐심과 낭비는 경계해야 할 요소이다.[03]

2) 이슬람 금융과 경제활동 원칙

이슬람 금융원칙은 이슬람의 신앙을 기반으로 한 금융 체계로서 첫째, 이자(riba', ربا; 고리대금)를 취급하는 것이 금지된다. 이자 대신에 공유, 파트너십, 공동 투자 등의 방식으로 수익을 추구한다.[04]

둘째, 불확실성이 내포된 계약(Gharar, 가라르) 금지의 원칙으로 자산/실물 기반으로 운영된다.

셋째, 화폐는 교환의 수단이 되며 실물이 중요하다.[05] 즉, 돈 자체가 상품으로 취급되지 않으며 자산/실물에 기반한 투자와 금융활동이 이루어진다.

넷째, 투자자와 금융기관이 함께 위험 분담하여 자금을 공동 투자하고, 이익과 손실을 공동으로 나누는 방식을 사용한다.

다섯째, 하람(Haram) 준수의 원칙이다. 하람은 알라가 금지한 행위로서 무슬림이 절대로 행하지 말아야 할 행위에 대한 경제활동을 금지한다. 즉, 샤리아에 금지된 경제 행위는 불가능하다. 도덕적으로 사회적, 종교적 판단

---

03. 김중관, "이슬람 사상의 경제 원리와 규범체계", 철학사상문화 제24호, p.249
04. 이슬람 은행은 무다라바(mudarabah)와 무샤라카(musharaka)라는 두 가지 방식으로 손익 공유(profit-and-loss sharing, PLS) 원칙을 구현하여 이자(리바)를 피한다.'
05. 이 외에 이슬람 금융개념이 생겨나면서 '투자자들의 손해와 이익의 공동부담'과 '샤리아위원회의 승인'의 규율이 추가되었다. 손태우, 김분태, "이슬람 금융상품에 내포된 샤리아(이슬람법)의 원칙에 관한 연구", p.138-140.

하에 부합하지 않은 사업은 금지된다. 예로 꾸란에 의해 금지되는 사업인 도박, 포르노, 양조업 및 주류판매, 담배 관련 산업, 무기 및 군수산업, 돼지 고기 관련업 등에 투자하거나 관련 거래를 하는 것을 금지한다.

여섯째, 자금 축적 금지의 원칙이다. 이슬람법은 무슬림이 보유하고 있는 자금을 모두 경제행위에 투입될 것을 요구하기에 자금의 저장을 금지한다.

일곱째, 샤리아위원회 승인 획득의 원칙이다. 모든 이슬람 금융 및 금융서 비스의 개발과 운영은 사전에 반드시 이슬람 법학자로 구성된 샤리아위원 회를 통해 그것이 적합한지를 승인받아야 한다.[06]

이슬람은 합법적인 수단에 의해 이익을 극대화하는 것은 인정한다. 그러 나 도덕적, 혹은 사회적으로 불이익을 주는 모든 소비방법은 금지되며 탐심 과 쾌락의 수단으로도 사용될 수 없다. 이슬람 경제의 근본적인 목표가 수 익의 극대화가 아닌 계율의 완성이기 때문이다. 그래서 생산활동에 대한 책 임과 의무가 수반되는 동시에 불로소득은 금지된다.[07] 불로소득에 해당하는

---

06. 손태우, 김분태, "이슬람 금융상품에 내포된 샤리아(이슬람법)의 원칙에 관한 연구", 원광법학 제34권 제 2호, 138-140
07. 그러므로 자금을 빌려주고 이자를 받는 것은 불로소득으로 구분되기에 리바(riba', ربا; 고리대 금, 이자)로 분류되어 금지가 된다. 리바는 소득뿐 아니라 가라르와 마이시르까지 포함한다. 실 물이 아닌 불확실성 때문에 리바로 구분한다.

이자(리바, Riba)[08], 불확실성(가라르, Gaharar)[09]과 투기(마이시르, Maisir)를 배제한다. 타인을 위한 소비는 도덕적으로 완벽한 행위로 간주된다.

2. 이슬람 금융[10]

1) 이슬람 은행(Islamic Banking)

2022년 현재, 전 세계 29개국 345개 이슬람 금융 기관에서 약 2,000억 달러의 관리 자산을 운용하는 1,500개 이상의 이슬람 펀드가 있다.[11] 자카트

08. 이자, 즉 리바(riba)의 금지는 이슬람교리의 측면에서 보면 일종의 불로소득(不勞所得)이라는 인식 때문이다. 아울러 이자 금지사상은 이슬람에 한하는 것이 아니고, 유대교나 기독교에도 나타난다. 이슬람 출현시기에 메카는 이미 국제적인 상업도시로서 경제적 번영을 누리고 있었으며, 고리대금업에 의한 부의 수탈이나 축적이 횡행하였다. 역사에 따르면, 이슬람교도들에게 리바를 금지하였기에 오히려 이교도 지역에서 영리를 추구하는 유대교도들에게 금융업을 독점시키는 결과가 되었다고 한다.
홍성민, 이슬람금융, 한국금융연구소(http://hopia.net/kime/mid_IsEconomy1.htm).

09. 시간의 가치 차이를 통한 이윤 추구 역시 '리바'로 규정하기 때문에 원천적으로 금지한다. 인터넷 쇼핑의 경우 '가라르'로 구분하여 문제가 될 수 있다. '언제 배송이 되지?' 하는 불확실성 때문이다. 투기목적의 투자, '마이시르'는 불확실한 미래의 불확실한 이익을 바라는 것이므로 금지된다. 보험 역시 시간과 불확실성에 속하게 되는데, 이슬람 금융에선 '타카풀(Takaful)'이 일반 보험 상품을 대체하고 있다. 타카풀은 사고를 대비하여 가입자가 소정의 금액을 내어 상부상조의 펀드를 조성하고, 펀드자금은 모든 가입자에게 귀속된다. 이때 가입자가 낸 소정의 금액은 기부금으로 분류된다. 김중관, "이슬람 사상의 경제 원리및 규범체계 분석" p.254.

10. 이슬람 금융의 기원은 주전 7세기, 오먀야 왕조에서 유래한 것으로 당시 왕조의 가신들에게 현금외에 주어지는 수쿠크(Suck)형태로 지불되었다. 현대 이슬람 금융의 역사는 1963년 이집트의 아흐마드 엘-나자르(Ahmad El Najjar)라는 인물이 미트 가므르 저축은행(Mit Ghamr Local Saving Bank)을 개설한 것으로부터 시작되었다는 설이 가장 유력하다.

11. Doyinsola Oladipo, 'Global Islamic funds market grows 300% in decade - report,' Reuters JAnuary 26, 2022, https://www.reuters.com/markets/funds/global-islamic-funds-market-grows-300-decade-report-2022-01-26/

(구제)가 미덕인 이슬람사회에서 국민의 예금을 동원하는 것은 이슬람은행을 활성화하는 최상의 목적이 된다. 무이자 예금 계정은 진실한 무슬림들의 자금을 보관하고 이자나 이익배분을 행하지 않는다. 이슬람 사상 체계하에서 이자는 어떠한 목적과 형태로든지 사용이 금지되어 있기 때문에 무이자 은행은 샤리아법을 따르는 이슬람 제도의 통제를 받는다. 이슬람 경제에서 손익배분은 자본을 제공하는 사람과 자본을 이용하는 사람들 간의 거래형태인 무다라바(mudarabah)와 무샤라카(musharaka)라는 두 가지 방식의 손익공유(PLS, profit-and-loss sharing) 원칙을 따른다. 손익공유 방식은 자본 제공자와 자본 사용자 간의 관계 또는 이윤배분에 관한 계약이다. 이것은 이슬람 체제에 있어서 자본과 기업간의 제휴관계라 볼 수 있다. 이슬람 은행이 자본과 기업간의 손익공유를 적용하기 위해서는 1) 자본의 실질적인 사용자 또는 기업 2) 자본의 부분적인 사용자 및 중개자로 봉사하는 은행 3) 예금주 혹은 자본금(은행예금)으로 구별되는 무이자은행의 세 당사자들 간의 관계를 살펴보아야 한다.[12]

무다라바(mudarabah) 계약의 한 그룹은 '예금주와 은행'이 되며, 다른 한 그룹은 은행과 실질적인 기금의 사용자, 즉 '기업'이 된다. 은행과 기업은 이슬람 정부나 중앙은행의 규제 하에 쌍방 간에 합의된 비율, 예를 들면 50:50 혹은 60:40으로 이윤을 분배한다. 또한 은행과 예금주도 대략 50:50이나 60:40의 비율로 이윤을 배분한다. 무샤라카(musharaka)는 사업가와

---

12. 홍성민, (1999), "이슬람은행과 금융", 중동연구 제 18-1권, 서울: 한국외국어대학교
https://hopia.net/hong/file/mid02_Islambank.htm.

이슬람 금융기관이 일정 비율로 사업에 출자하여 각 각의 출자 비율에 따른 배당 수령권 및 경영 발언권을 가지며, 또한 손실 발생시 리스크 부담의 책임을 함께 지는 계약으로 공동사업으로서 투자자가 경영에 참여할 권리를 갖는다.[13]

2) 이슬람 은행의 발전

이슬람 은행은 1960년대 이집트, 파키스탄, 수단에서 이슬람 부흥운동가들이 세속주의 정권의 반대에 부딪혔을 때 민간 주도하에 탄생했다.[14] 이집트에서 아흐마드 엘-나자르(Ahmad El Najjar)에 의해 주도된 선구적인 노력으로, 1963년 이집트의 '미트 가므르'(Mit Ghamr)에서 '이익분할'(profit-sharing)에 기초를 둔 저축은행(savings bank)의 형태가 이루어졌다. 이러한 실험은 1967년까지 이루어졌으며, 그때까지 이집트에는 유사한 형태의 9개 은행이 있었다. 이자를 주지도 받지도 않는 초기 이슬람 은행들은 주로 무역과 산업에 직접투자를 하거나, 다른 사람들과 합작하여 투자하였고, 예금자들과 이익을 분배하였다. '이슬람개발은행'(Islamic Development Bank; IDB)은 1974년 '이슬람국가기구'(Organization of

---

13. Ibid., https://hopia.net/hong/file/mid02_Islambank.htm.
14. Rajesh K. Aggarwal and Tarik Yousef, 'Islamic Banks and Investment Financing,' Jornal of Money, Credit and Banking 32, no. 1 (2000): 94; Yaroslav Trofimov, "Borrowed Ideas: Malaysia Transforms Rules for Finance Under Islam," Wall Street Journal, April 4, 2007: A1

Islamic Countries; OIC)에 의해 설립되었고, 주로 회원국에 개발 프로젝트를 위한 자금을 제공할 목적을 갖는 정부 간 은행이다. 이슬람개발은행은 금융서비스 베이스의 수수료와 회원국에 대해 이윤분할 방식의 재정원조를 제공한다. 이 은행은 샤리아에 기반을 둔 무이자 원칙으로 운영된다.

3. 현재 중앙아시아의 이슬람 금융

1990년초 소련의 해체를 통해 독립한 중앙아시아 국가들의 인프라 개발과 에너지 개발을 위한 투자의 필요성이 대두됨으로 외자유치, 다국적 기업들의 대규모 투자가 중앙아시아에서 시작되었다. 초기에는 구소련 지역 국가들에 대한 개발과 지원사업을 추진하는 유럽국가들로 구성된 유럽부흥개발은행(EBRD)과 일본과 미국이 주요 지분을 보유한 아시아개발은행(ADB) 등이 중앙아시아 지역에 적극적이고 활발한 투자를 시작하였다.[15] 동시에 이슬람 은행도 투자에 참여하였다.

1) 이슬람개발은행(IDB)[16]

---

15. 조영관, "중앙아시아 지역에서 유라시아개발은행의 활동연구" 슬라브학보 제 31권 3호, p 323-334.
16. 홈페이지 상에는 IsDB이지만 실제 같은 은행이므로 본 글에서는 IDB로 통일한다.

이슬람개발은행(IDB)은 1993년 키르기스스탄, 1994년 투르크메니스탄, 1995년 카자흐스탄, 1996년 타지키스탄, 2003년 우즈베키스탄에 지원을 시작했다. 이슬람개발은행은 사우디아라비아, 쿠웨이트의 자본을 통해 과학 및 기술, 교육, 보건, 인도주의적 지원, 여성복지 등의 분야에 투자하기 시작했으며 그 이외에 이슬람 국가 간의 통신, 교통, 항공, 운하 등의 인프라 건설 등에 투자하고 있다.[17] 카자흐스탄에서 이슬람개발은행은 1997년 알마티에 지부를 개설한 뒤에 활발하게 활동하고 있다. 2008년 10월에 이슬람 금융 도입을 위한 법률안 '이슬람 은행과 이슬람 금융의 설립과 활동에 관한 카자흐스탄 법률 개정법'이 의회에서 통과되었다. 2012년 3월에는 이슬람 금융과 관련된 제도 개선, 시장 교육, 공공부문 발전, 분쟁 관리에서 이슬람 원칙들이 도입되었고 투자자 관계 등 다양한 이슬람 금융 발전 방안이 포함된 '2012-2020 이슬람 금융 발전방안' 정책을 추진하였다. 이후 "2020-2025 이슬람 금융 발전방안 정책'이 발표되어 진행 중에 있다.[18] 2023년 5월 현재 중앙아시아 5개국에 75억 달러(약 10조 1천억원)의 이슬람 은행 자금이 운영되며 종료된 프로젝트는 258개, 현재 진행중인 프로젝트는 140개이다.[19]

---

17. Jumad Awwal, "ISLAMIC DEVELOPMENT BANK GROUP IN BRIEF", 2012. p13.

18. 더 자세히 알기를 원하면 "Islamic finance master plan for the republic of kazakhstan 2020-2025"을 참조할 것, https://aifc.kz/files/pages/721/documents/1/islamic-finance-master-plan-for-the-republic-of-kazakhstan-2020-2025.pdf

19. https://www.isdb.org/hub/almaty 환율은 2023년 5월 기준.

2) 카자흐스탄의 이슬람 금융센터

2009년에는 카자흐스탄 중앙 은행의 지원으로 '아스타나 국제금융센터 (AIFC, The Astana International Financial Centre)'가 설립되었다. AIFC 는 카자흐스탄의 이슬람 금융투자에 대한 체계적인 접근을 기업에 제공하는 중앙아시아 최초의 플랫폼으로 코카서스, 동유럽, 중국 서부, 몽골, 중동 및 유럽의 경제를 연결하는 비지니스 및 금융센터의 역할을 하고 있다. 현재 등록된 기업이 1,800개 이상이며 사업이 진행되는 회사는 270개 이상으로 81억 달러(한화 약 11조원)의 자금을 가지고 운영 중에 있다.[20]

https://aifc.kz

3) 카자흐스탄의 이슬람 은행

---

20. https://aifc.kz/en 환율은 2023년 12월 기준.

2010년에 아부다비에 본사를 둔 아랍에미레이트 국영 '알 힐랄(al hilal) 은행'이 알마티에 지점을 개설하고 활동을 시작했다.[21] 2013년에는 이슬람 개발은행이 이슬람 리스 회사인 '카자흐스탄 이자라 (ljarah)'회사를 설립했고,[22] 카자흐스탄 정부는 2015년 4월 샤리아 법에 따라 이슬람 보험, 리스, 예금이 가능하도록 하는 법안을 통과시켰다. 카자흐스탄의 '알 힐랄' 은행은 주로 예금을 중심으로 운영되는데 예금을 통해 은행 내 샤리아위원회를 거쳐 선별된 사업에 투자하고 그 이윤을 고객과 은행이 분배하는 무다라바(mudarabah)형식이 주로 운영되고 있다. '카자흐스탄 이자라'는 중장비, 아파트, 공장 및 생산설비 등을 구입하여 이자가 없는 장기 할부 형태로 리스를 제공한다.

https://alhilalbank.kz

---

21. https://alhilalbank.kz/
22. https://kic.kz 이외에 https://alsaqr.kz/eng, https://alsaqr.kz/eng/islamic-mortgage2

4. 카자흐스탄 이슬람 은행과 카자흐스탄 일반은행 비교

2022년 '알 힐랄' 카자흐스탄 지점의 재무감사표에 의하면 2021년 자산 금액은 52,739,359,000텡게(약 1억1000만 USD)이며, 2022년 50,096,527,000텡게(약 1 억 USD)[23]의 수준을 보이고 있다. 이에 반해 카자흐스탄의 금융시장 규제 및 개발을 담당하는 기관인 ARDFM(Agency on Regulation and Development of the Financial Market in Kazakhstan)에 따르면 카자흐스탄의 은행의 수익만 보더라도 약 32억 USD (약 4조 3천억 원)에 달하고 있다.[24] 카자흐스탄 국영은행인 할릭(Halyk)은행의 경우 정기 예금에 대한 이자율이 16%이며 이외에 금, 가상화폐, 주식 및 증권투자를 적극적으로 권장하고 있다.[25] 카자흐스탄의 이슬람 은행의 규모는 일반 은행과 비교할 때 매우 미미하다. 카자흐스탄의 대다수 무슬림은 이슬람 은행의 금융보다는 일반 은행의 금융상품을 주로 이용하는 것을 볼 수 있다.[26]

5. 실생활 속 무슬림 경제활동[27]

23. https://alhilalbank.kz/ru/page/reporting 환율은 2023년 12월 기준.
24. https://kz.kursiv.media/en/2023-03-27/sp-affirms-ratings-of-leading-banks-in-kazakhstan/
25. https://halykbank.kz/other/halyk-invest
26. https://www.ceicdata.com/en/indicator/kazakhstan/total-loans
27. 본 내용은 실제 무슬림 교육을 정식으로 받았던 여성(24세)을 인터뷰한 내용

무슬림들의 실생활에 있어서의 이슬람식 경제활동을 살펴보자. 실생활 속에서 무슬림들의 경제활동의 기반은 구제, 자선을 통한 믿음의 표현이며 알라의 복을 얻는 통로가 된다.

1) 자카트 (Zakat)

자카트는 가난한 사람들을 돕기 위해 의무적으로 납부해야 하는 세금으로 일정 기준 이상의 재산을 보유한 무슬림은 연간 소득의 2.5%를 이슬람 종교지도자 혹은 이슬람 사원에 기부하는 형태로 납부하게 된다.

2) 사다카(Sadaqah)

사다카는 이슬람에서 자카트 이외에 자발적인 자선금이나 기부를 의미한다. 사다카는 실제로 이슬람에서 가장 중요한 가치 중 하나로 여겨지며, 이슬람 교리에서는 사다카를 통해 자신의 재산을 정화하고, 더 나은 세상을 만들 수 있다고 가르친다. 사다카는 이슬람의 다섯 가지 기본 기둥 중 하나인 자카트와 더불어 자선의 의무를 지키는 방법 중 하나로서 이러한 자선과 기부를 통해 인간관계를 강화하고 사회적으로 불균형한 상황을 개선할 수 있다고 믿는다. 이를 통해 다양한 사회복지 제도가 운영되며, 돈이 없는 가난한 사람들도 이를 통해 생계를 유지하는 등 도움을 받을 수 있다. 사람들은 사다카를 실천했을 때 다가오는 위험을 피할 수 있고 축복을 받을 것이라는 믿음으로 구제와 자선을 행한다.[28] 그런데 필자의 인터뷰에 의하면 알라가 도우며 축복할 것이라는 전제로 기부와 자선을 행하지만 실제 그 금액이 어떻게 사용되는지는 철저하게 관심 갖지 않는다. 이것은 자신은 알라에 대한 의무를 다 했고 알라에게 복을 얻는 것이 더 중요하다고 생각하기 때문이다.

3) 자카트와 사다카가 실생활에서 행해지는 형태

첫째, 일반 사원에 내는 헌금의 개념으로 행해진다. 필자의 인터뷰 결과에 따르면 이 헌금들은 500텡게에서부터 5,000텡게(한화 1,500원에서 15,000원)까지 다양하게 이루어진다. 특히 라마단 기간에는 1인이 가족 5명을 위해 1인당 1,000텡게씩 5,000텡게를 내는 사다카가 있다.[29]

둘째, 부자가 큰 금액을 내는 기부금 형태로 행해진다. 최저 100만텡게부터 시작하고 상한 금액은 없으며 기부자의 상황에 따라 금액을 정하여 낸다.

셋째, 종교지도자에게 주는 사례금 형태로 행해진다. 가정에 방문하여 장례나 혼례 등 가정 행사에 참여하면 적게는 1만텡게에서 2만텡게를 사례금으로 주고 부자의 경우 현물(자동차 등)도 준다.[30]

---

28. 카자흐스탄 현지인 D의 인터뷰 내용
29. 텡게, 카자흐스탄의 화폐단위, 100텡게의 경우 한화 300원에 해당하는 금액.
30. 카자흐스탄의 이슬람 종교지도자의 평균 임금은 월 15만텡게(한화 약 45만원)

넷째, 아살-움메(asarume)[31], 아살-움메는 친척들이 다 같이 모여서 서로를 돕는 카작의 전통인 '아살(Asal)'[32] 이라고 하는 개념과 이슬람의 움마(Umma, 공동체)가 합쳐진 의미로서 '함께 도와주자'라는 의미를 내포하고 있다. 아살-움메는 마을이나 무슬림 사원을 중심으로 한 공동체 내에 가난한 사람들이나 장애인 등 도움이 필요한 사람이나 상황이 생기면 자발적으로 서로 연락하여 개개인이 십시일반하여 돈을 모아 공동체가 함께 지원하는 형태로 이루어 진다. 중앙아시아 무슬림의 믿음 속에는 '가난한 사람들을 도울 때, 알라가 도울 것'이라는 것과 '우리가 알라에게 바치면 알라가 더 많이 복을 줄 것' 이라는 믿음이 전제되어 있기 때문에 적극적으로 도우려 한다.

<아살-움메> 집짓기 프로젝트 2009. Asar-Ume.kz

---

31. asarume.kz 참조, 인터넷 사이트와 카자흐스탄과 중앙아시아에서 사용하는 "Kaspi" 라는 간편결제서비스를 통해 손쉽게 참여할 수 있다.
32. 한국의 품앗이 개념

글을 마치며

이 글에서 필자는 이슬람 경제 개념과 이에 근거한 중앙아시아 이슬람 경제 활동을 간략하게 살펴보았다. 구체적으로 카자흐스탄을 중심으로 이슬람 은행들이 어떻게 활동하고 있는지와 실생활에서 사람들이 주로 행하는 자선과 기부의 형태를 살펴보았다. 중앙아시아 지역은 세속주의국가를 지향하기에 샤리아법을 준수하지 않지만 이슬람 은행은 실제 샤리아법을 근거로 세워진 이슬람금융원칙들을 바탕으로 금융거래를 하고 있다. 그러나 일반 은행과 비교하여 그 규모가 작고 실제로 카자흐스탄의 금융시스템은 세속적인 원칙에 따라 운영되고 있음을 알 수 있다.

한편, 실제 중앙아시아의 무슬림들의 삶에서는 주로 공동체적인 전통과 결합된 아살-움메의 형식으로 자선과 기부가 이루어진다. 또한 샤리아법에 근거하는 자카트를 통해 사회악을 근절하고 부를 재분배한다는 원리보다는 알라에게 받는 복에 더 집중하는 개인적 차원의 신앙행태를 띠고 있음을 발견할 수 있었다.

참고문헌)

김중관, (2017), "이슬람 사상의 경제 원리 및 규범체계 분석", 철학·사상·문화 제24호

김중관, (2009), "중앙아시아 이슬람 금융의 특징에 대한 연구" 슬라브학보 제34권 2호

손태우, 김분태, (2018), "이슬람 금융상품에 내포된 샤리아(이슬람법)의 원칙에 관한
    연구", 원광법학 제34권 제2호, 2018.

김동환, (2014), "시대적 배경을 통해 나타난 리바의 특징과 종류' 한국이슬람학회논총,
    제24-3집

김중관, 이중화 외, (2012), "윤리적 가치체계 측면의 이슬람 경제에 대한 분석",
    한국중동학회논총, 제32권 제 3호

정영규, (2010), "이슬람국가의 금융산업에 관한 연구(UAE와 말레이시아를
    중심으로)", 한국이슬람학회논총, 제20-3집

손태우, 김홍배, 김분태, 정희진, (2013), "이슬람금융상품의 국내 도입을 위한
    이슬람은행에 관한 연구", 부산대학교, Vol 54, NO 2,

손태우, 김홍배, 정태우, (2014), "이슬람 금융의 무이자 제도에 관한 연구", 충남대학교,
    Vol 25

손태우, 김분태, (2018), "이슬람 금융상품에 내포된 샤리아(이슬람법)의 원칙에 관한
    연구", 원광법학 제34권 제 2호

장건, (2011), "이슬람은행의 금융 이론적 특징에 대한 연구: 자금운용시스템을
    중심으로", 한국이슬람학회 제21-3집

한덕규, (2004), "이슬람 무이자 은행에 관한 연구", 한국이슬람학회 제14-1집

홍성민, (2011), "이슬람금융과 이슬람채권, 수쿡", 중동경제연구소

김한수, 김보영, (2012), "이슬람금융의 현황과 시사점" 자본시장연구원

조영관, (2016), "중앙아시아 지역에서 유라시아개발은행의 활동에 대한 연구",
    슬라브학보 제31권 3호

조영관, (2019), "중앙아시아 이슬람 금융의 특징에 대한 연구", 슬라브학보 제34권 2호

홍성민, (2002), "중동의 상관습: 이슬람 율법과 경제", 국제무역정보제공교육 11,
    한국외국어대학교 외국학연구센터

John Cheong, (2023), "기독교사역과 선교를 위한 이슬람 경제학" 로잔글로벌분석
　　제12권 5호

Jumad Awwal, (2012), "ISLAMIC DEVELOPMENT BANK GROUP IN BRIEF",
　　Islamic Development Bank Group

Doyinsola Oladipo, (2022), "Global Islamic funds market grows 300% in decade -
　　report," Reuters J Anuary 26

Rajesh K. Aggarwal and Tarik Yousef, (2000), 'Islamic Banks and Investment
　　Financing,' Jornal of Money, Credit and Banking 32, no. 1: 94

Yaroslav Trofimov, (2007), "Borrowed Ideas: Malaysia Transforms Rules for
　　Finance Under Islam," Wall Street Journal, April 4, 2007: A1

www.kiri.or.kr 보험연구원 조사자료 "이슬람금융의 개요 및 현황"

http://hopia.net/hong/file/mid02_custom.htm

asarume.kz

https://www.isdb.org/hub/almaty

https://aifc.kz/en

https://alhilalbank.kz/

https://kic.kz

https://alsaqr.kz/eng, https://alsaqr.kz/eng/islamic-mortgage2

https://aifc.kz/files/pages/721/documents/1/islamic-finance-master-plan-for-the-
　　republic-of-kazakhstan-2020-2025.pdf

https://alhilalbank.kz/ru/page/reporting

https://kz.kursiv.media/en/2023-03-27/sp-affirms-ratings-of-leading-banks-in-
　　kazakhstan/

https://www.ceicdata.com/en/indicator/kazakhstan/total-loans

https://halykbank.kz/other/halyk-invest

https://lausanne.org/ko/content-ko/lga-ko/2023-09-ko/islamic-economics-for-
　　christian-ministry-and-mission#endnote-16

https://www.reuters.com/markets/funds/global-islamic-funds-market-grows-300-
　　decade-report-2022-01-26/

이슬람 경제활동의 목적,
사회의 공공선인가 개인의 복인가?

11장
카자흐스탄 무슬림의
전통 절기

이 규 성, 안 도 현

이 글에서는 카자흐스탄 무슬림들이 지키는 가장 중요한 절기를 소개하고자 한다. 다른 지역에서 무슬림은 라마단과 함께 코르반아잇(희생절)을 가장 큰 절기로 지키는 것이 일반적이다. 그런데 중앙아시아 특히 카자흐스탄에서는 라마단과 그와 연관된 축제를 가장 중요시하여 지키고 있으면서 그에 못지않게 전통적인 절기인 나우르즈도 성대하게 지내고 있다.[01] 이는 이슬람과는 관계가 없는 조로아스터교에 기원을 두고 있는 페르시아의 절기인 것이다. 이를 통해서 카자흐인들이 스스로를 무슬림이라고 여기면서도 동시에 이슬람과 다른 종교적인 영향력을 받고 있다는 점을 알 수 있다.

일반적으로 무슬림들은 자신들의 경전과 가르침을 따라 통일된 방식으로 절기들을 지낸다. 그러나 그것을 지키는 방식은 시대와 지역과 민족에 따라 조금씩 다른 양상을 띠게 되는 것도 사실이다. 이 글에서는 카자흐스탄에 거주하고 있는 무슬림들이 실제로 어떻게 절기를 지내고 있는지에 초점을

---

01. 라마단은 이규성 작성, 나우르즈는 안도현 작성

맞추었다. 이를 위해 기존 문헌들에 의존하기 보다는, 카자흐스탄 무슬림들과의 인터뷰를 통해[02] 현재 카자흐인들이 절기를 보내는 모습을 보고자 한다.

1. 라마단 절기

1) 라마단의 일반적 의미

라마단은 이슬람의 종교적 의무 사항인 다섯 기둥 중에 하나로서, 이슬람력으로 아홉 번째 달[03]에 행해진다. 이 기간 동안에 지속적으로 금식이 행해지는데, 모스크에서는 다양한 예배가 진행되고, 이와 더불어 '이프따르'(Iftar), 카자흐어로 '아우즈 아샤르'(ауыз ашар)[04] 음식 나눔이나 '오라자 아잇'(Oraza Ait, Eid al-Fitr)[05] 행사에서의 기부와 나눔 등 다양한 행사들을 통하여 라마단의 분위기는 한껏 고조된다.

이 기간 동안 무슬림들은 개인적으로 자신을 돌아보며 금욕과 절제를 배

---

02. 중앙아시아언어문화연구소에서 2022년도에 각종 문헌들과 인터넷, 신문과 잡지 등을 기초로 연구한 자료와 함께, 2021년 5월에 11명의 카자흐족과 1명의 위구르족 무슬림을 대상으로 실시한 인터뷰 자료를 참고하였으며, 추가적으로 2023년도 3월에 4명의 위구르족 무슬림을 대상으로 인터뷰한 내용을 기반으로 작성하였다.

03. 라마단은 종교 행사의 명칭인 동시에 이슬람력의 아홉 번째 달의 명칭이기도 하다.
조정호, (2014), 라마단에 대한 인격교육적 해석, 한국인격교육학회 2014 vol.8, no.3, 60.

04. 라마단 금식 기간 중, 낮 시간의 금식을 마치고 처음 갖게 되는 저녁 식사를 말한다.

05. 라마단 기간을 마치는 다음 날부터 3일간 지내는 절기이다.

우고, 이웃을 돌아보며 자선을 실천하는 기회로 삼으며, 알라에 순종할 것을 다짐하며 신앙을 공고히 하는 시간을 갖는다. 특별히 무슬림들은 이 계율에 순종하면 개인적인 과실과 악행이 속죄되고 낙원에 이르게 된다고 믿는다. 이러한 의미에서 무슬림들에게 라마단 기간은 종교적 의미 이외에 삶의 영역에 중요한 의미를 부여하는 절기가 된다.

2) 라마단 기간 결정

라마단이 시작되는 날은 기본적으로 이슬람력을 사용하므로 매년 동일하지 않고, 또한 같은 해에도 지역별로 차이가 있다. 카자흐스탄에서는 무슬림 행정조직(둠크)에서 샤리아 및 파트와에 의해 매년 종교 공휴일 일정을 결정하는데, 라마단(Oraza Bayram) 기간을 비롯해서 권능의 밤(Kadir tun)과 쿠르반 바이람(Kurban Bayram) 일자도 여기에서 결정한다. 또한 이러한 결정은 우즈베키스탄과 키르키스스탄의 무슬림 영적위원회와 합의하여 이루어지게 된다.[06]

3) 라마단 기간에 금식하는 이유

무슬림들이 라마단 기간에 금식한다는 것은 기본적으로 무슬림으로서의

---

06. 중앙아시아언어문화연구소 연구 자료 (2022)

의무에 순종한다는 의미를 담고 있다. 따라서 이 의무에 순종한 자는 내세에 알라로부터 죄 용서함과 큰 보상을 받게 될 것이지만, 이것을 수행하지 않는 사람은 내세에 큰 고통을 받게 될 것이라고 믿는다.

현지인을 대상으로 한 인터뷰 자료에 따르면, "왜 라마단 기간에 금식해야 한다고 생각하는가?"라는 질문에 대하여 제일 많은 응답자들이 "알라의 명령에 순종해야 하기 때문" 이라고 응답했으며, 그 다음으로 많은 사람들이 "알라로부터 죄 용서함을 받기 위해 금식을 한다"라고 응답하였다.[07]

현대 카자흐인들은 건강을 위해 금식한다는 사람도 종종 있다. 라마단 기간 서로 서로 아우즈 아샤르에 초대하며 관계를 돈독히 하는 계기를 삼는 동기, 최근 터어키 지진의 재난을 보며 금식행위를 통한 영적인 안전감을 누리고자 하는 이유, 그리고 젊은 세대가운데는 금식이 어떤 외형적으로 표식이 되어 유행적이며 자신을 종교의 힘을 빌어 드러내는 수단으로 삼는 동기도 있다.

이와 같이, 이들 무슬림들은 라마단 기간 동안의 금식을 "알라로부터 죄 용서함을 받고 낙원으로 들어갈 수 있는 가장 좋은 기회"로 인식한다. 이러한 인식은 하디스(hadith)에도 명확히 나타나는데, 이에 따르면, "실제로 마지막 날에, 금식하는 사람들만 들어갈 수 있는 낙원으로 들어가는 문이 있다. 다른 사람은 아무도 그 문을 통해 들어갈 수 없다."라고 기록하고 있다.[08]

또한 이들 무슬림들은 이 기간에 금식하는 것은 다른 날에 금식하는 것과

---

07. 중앙아시아언어문화연구소 2021년도 인터뷰 자료
08. 중앙아시아언어문화연구소 2021년도 인터뷰 자료

는 비교할 수 없이 큰 복을 받을 것이라고 믿는다. 혹자는 "라마단 기간 이외의 모든 생애 동안 금식을 하더라도 라마단 기간 동안의 하루 금식보다 더 보상을 받지 못할 것이다"라고 말하기도 한다. 어떤 하디스에는 다음과 같이 기록되어 있다. "누구든지 알라를 위해 하루를 금식하는 사람이 있다면, 알라는 그 하루의 금식 때문에 70 년 동안 지옥의 불에서 그를 건져 줄 것이다."[09]

또한 라마단 기간이 여름에 시작되는 해에는 낮 시간이 길어져서 자연히 금식이 더 어려워지게 되는데, 이때는 알라가 다른 해보다 더 많은 상을 준다고 믿는다. 또한 일부 무슬림들은 라마단 기간에 세상을 떠나게 되면 즉시 낙원으로 가게 된다고 믿는다. 그러므로 연세가 많으신 분들은 이 기간 동안에 세상을 떠나기를 소원하기도 한다.[10]

4) 금식의 실례

라마단 기간에 금식하는 것은 성인으로서 신체와 정신적으로 건강한 모든 무슬림에게 의무적이다. 그러나 금식하기 어려운 사람들, 즉 병자, 어린이, 여행중인 사람들과 군인 등은 라마단 금식 대상에서 면제된다.
기본적으로 라마단 기간 동안에는 이슬람의 가르침을 따르기 위해 힘쓰게

---

09. 부카리, 무슬림, 티르미디, 나사이, 이븐 마자 등 학자들의 주장. 중앙아시아언어문화연구소 연구자료(2022).
10. 2023년도 인터뷰 자료

되는데, 음주와 흡연, 성행위, 폭력 등을 비롯하여 내면적인 분노, 시기, 탐욕, 중상 등도 삼가하도록 한다.

금식은 전통적으로 동틀 때부터 해가 수평선 아래로 완전히 저물 때까지 지켜지는데, 낮에 음식과 음료를 먹고 마시는 것과 쾌락을 즐기는 것은 금지된다. 동시에, 기도, 꾸란 읽기 등 경건한 생각과 행동, 그리고 이웃에 대한 자선 활동을 힘쓰도록 요구된다.

일상적으로 행해지던 다섯 번의 기도(나마즈)는 이 기간에도 지속되고 강화되는데, 평상시에 나마즈를 하지 않던 사람들도 이 기간에는 함께 참여하기도 하며, 나마즈를 집에서 개인적으로 하던 사람들도 이 기간에는 모스크에 가서 함께 하는 경우가 많아진다.[11]

또한 먹고 마시는 것은 일몰 후부터 일출 전 까지만 허용되는데, 동이 트기 전에 하는 식사를 '조'(Zho)라고 하고, 해가 진 후에 처음 먹는 저녁식사를 아우즈아샤르 혹은 '이프따르'(Iftar)라고 한다. '이프따르'(Iftar)는 대체적으로 같은 시각에 마을의 모든 사람들이 거의 동시에 먹게 되는데, 평소에 가까이 지내지 못했던 사람들도 집으로 초대하여 함께하며, 서로의 금식을 공감해 주고 격려하면서 공동체 의식을 강화하게 된다. 또한 마을 공동체에 '이프따르' 음식을 기부하기도 하고, 무료 '이프따르'를 제공하는 자선 행사도 시행하면서 축제분위기는 고조된다.[12] 식사 전에는 보통 설탕물을 마시고, 무함마드가 좋아했다고 하는 대추야자 열매(쿠르마)를 먹는데, 이

---

11. 2023년도 인터뷰 자료
12. 조정호, (2014), 65.

것은 아마도 영적인 정결함과 연관성이 있는 것으로 보인다.

술을 마시는 사람은 라마단 기간 40일 전부터 금주함으로 라마단 기간을 준비하도록 권면 받는다. 한편, 금식이 어려운 사람은 처음 3일과 마지막 3일, 그리고 중간에 3일 동안 금식을 하면, 전체를 금식 한 것만큼은 아니지만 유사한 효과가 있다고 믿는다. 또한 금식하지 않아도 저녁에 사람들에게 '이프따르' 식사를 제공하면 금식한 사람들과 동일하게 죄 용서를 받는다고 믿는다.[13]

또한 심각한 질병 등으로 의도치 않게 금식을 위반한 경우에는, 차후에 날수를 계산하여 추가적으로 금식을 하거나, 일정 금액 또는 물품으로 가난한 사람들에게 제공하는 것으로 대체할 수 있다고 한다.

5) 라마단 기간 중 결혼

알라는 무슬림들에게 라마단 기간 동안 금식하며 의무를 완수하라고 명령한다. 이를 소홀히 하는 것은 부정한 것(하람)이므로, 성스러운 라마단 달의 낮에 손님을 초대하여 결혼, 생일 등 잔치를 베풀거나, 장례식 만찬을 개최하는 것은 엄격히 금지되어 있다.

그렇다고 이것이 이 기간 동안에 결혼을 금지한다는 의미는 아니다. 샤리아에서는 라마단 기간에 결혼하는 것을 금지하지 않으며, 일년 중 언제든지

---

13. 2023년도 인터뷰 자료

결혼할 수 있다고 정하고 있다. 따라서 해가 진 후에 만찬을 하는 등, 금식 의무를 어기지 않는다면 결혼 자체만으로는 죄가 되지 않는다는 것이다. 그러나 만일 이 축복받은 달에 금식 규례를 위반할 경우, 큰 죄를 범하는 것이 되며, 속죄가 필요하게 된다.[14] 그러므로 무슬림들은 결혼식을 라마단 기간 이후로 미루는 것이 일반적이다.[15]

6) 권능의 밤(카드르 툰, Kadir tun)

라마단은 마지막 십일 동안 절정에 이르게 되는데, 특히 무함마드가 꾸란의 첫 번째 경구를 계시 받은 날[16]로 여기는 권능의 밤은 특별한 날로 지키게 된다. 꾸란에서는 "권능의 밤이 수천 개월의 세월보다 낫도다"라고 말하며 권능의 밤에 밤을 새워가며 알라에게 축복과 용서를 간구하라고 가르친다. 따라서 일부 무슬림들은 이 날 밤을 새워 기도하면 자신이 평생토록 지은 모든 죄가 용서받는다고 믿는다. 그러므로 이날에는 많은 사람들이 모스크 사원으로 가서 하루 종일 밤낮으로 기도하기도 하고, 삼삼오오 모여서 밤이 새도록 이야기하며 기도를 하게 된다.

---

14. 중앙아시아언어문화연구소 연구자료 (2022)
15. 2023년도 인터뷰 자료
16. 이슬람 달력에는 라마단 27일째 날로 제시하지만, 하디스에서는 정확한 일자를 알 수 없다고 보고 있다. 조정호, (2014), 60.

7) 오라자 아잇 (Oraza Ait, Eid al-Fitr)

라마단이 종료하면 그 다음 날부터 3일간[17] '오라자 아잇' 축제를 거행한다. 이 기간은 라마단 금식을 잘 마무리한 것에 대하여 알라에게 감사하며, 친지들과 화목을 도모하는 시간이 된다. 이 중에 첫째 날을 가장 소중하게 여기며 지내게 되는데, 남자들은 첫째 날 해가 뜨는 시간에 맞추어서 선조들의 무덤을 찾아 가서 기도한다. 그리고 3일 동안 친지들을 방문하여 선물도 교환하고 함께 만찬을 하며 화목을 도모하게 되는데, 일반적으로 첫째 날에는 부모를 찾아가서 인사드리고, 둘째와 셋째 날에는 친척과 이웃들의 집을 방문하게 된다. 또한 이 축제의 첫날에는 모스크 사원에 종교적 납부금(오라자 프트르) 즉, 프트르 사다카(пітір садақа)를 바쳐서 가난한 이웃을 돕는 일을 하도록 하는데, 모스크 사원에서 한 사람당 일정 금액을[18] 정하여 통보하면 가족 단위로 이 금액을 납부하는 방식으로 진행한다.

라마단 기간 중에 일몰 후에 제공되는 '이프따르'가 식사 수준의 자선이라면, '오라자 프트르'는 재정지원이 필요한 공공단체와 저개발국가를 돕는 범위까지 규모가 확대된다.[19]

8) 마을 분위기

---

17. 이슬람력으로 10월 첫 날부터 3일까지 기간.
18. 한 사람당 300텡게(900원)정도 납부하는데, 자원하는 사람들은 큰 금액을 납부하기도 한다.
19. 조정호. (2014). 63, 66.

이 기간의 마을 분위기는 단순히 딱딱한 율법적 명령에 억지로 순종하는 모습과는 거리가 있어 보인다. 반대로 마을 전체가 축제 분위기에 휩싸이게 되며, 알라에 대한 신앙을 다시 돈독하게 하고, 마음을 깨끗하게 정화하며, 이웃과 화합하는 기회로 삼는다.

특히 이 기간에는 무슬림의 중요 행사 11개 중의 4개를 포함하고 있다. 이슬람력 9월 1일에 라마단을 시작하고, 17일은 무함마드가 처음으로 승전한 바드르 전투(Ghazwat Badr) 기념일로 지내며, 27일은 무함마드가 꾸란의 첫 번째 경구를 알라로부터 계시 받은 '권능의 밤'(Kadir tun)으로 지낸다. 또한 라마단이 끝난 바로 다음 날부터 3일간은 '오라자 아잇' 축제로 지낸다. 한편, 라마단 전달인 8월(샤반) 15일에 열리는 '샤비바랏'도 라마단을 준비하는 성격을 갖는다.[20]

따라서 이 기간은 카자흐인을 비롯한 모든 무슬림들에게 가장 중요한 시간이며, 민족적 단결과, 종교적 자부심을 고양시키며, 신앙을 공고히 하는 시간이 된다.

9) 라마단 참여율 통계 및 추이

(1) 라마단 참여율 통계

한 설문조사 기관(SocioExpert)이 2022년 4월에 카자흐인 중에 총 6,800

---

20. 조정호. 라마단에 대한 인격교육적 해석 (2014). P 66.

명의 응답자를 대상으로 설문조사를 실시했다. 그 결과에 따르면 응답자의 35.2%가 금식에 참여하고 있었다. 금식에 참여하는 사람들의 지역별 비율은 잠불 지역(65.6%), 쉼켄트(60.1%) 및 알마티(53.6%) 등 카자흐스탄 남부 지역에서 참여율이 더 높았다. 필자의 인터뷰자료에 의하면, 마을의 민족 구성비에 따라 차이가 많지만, 작은 마을로 들어 갈수록 참여율은 70-80%까지 높게 나온다. 나이별로 보면, 젊을수록 금식 참여율이 더 높았는데, 18-29세는 응답자의 41.1%, 61세 이상은 27%만이 금식했다. 또한 성별로는 남성(34.3%)과 여성(35.7%)이 거의 같은 참여율을 보였다.[21]

(2) 라마단 참여율 추이

전체적으로 라마단 참여율은 최근 들어 급속하게 증가하는 것으로 나타난다. 특히 젊은 층에서 급속하게 증가하고 있으며, 심지어는 가정에서 어린 아이까지도 금식을 하도록 교육을 하고 있는 추세이다. 이 중에 일부는 원래의 취지를 이해하면서 참여하지만, 상당수는 왜 해야 하는지에 대한 깊은 이해 없이 사회적 분위기에 편승하여 참여하고 있는 것으로 보인다.[22]

이러한 분위기는 구소련으로부터 독립 이후 정부 차원에서 꾸준히 추진해 온 카자흐족의 무슬림 민족 정체성 확립을 위한 노력과, 모스크 사원을 비롯한 각종 종교 기관에서의 청년들을 중심으로 한 꾸란 교육이 주요한 원

---

21. 중앙아시아언어문화연구소 2021년도 인터뷰 자료
22. 2023년도 인터뷰 자료

인으로 보인다. 특히 젊은 층이 많이 이용하는 인스타그램(Instagram), 유튜브(YouTube), 틱톡(TicTok) 및 페이스북(Facebook) 등을 통한 무슬림 교사들의 종교 교육은 이들에게 많은 영향을 주었을 것으로 보인다.

10) 라마단의 사회적 기능

라마단은, 종교와 삶의 영역이 분리되어 있지 않고, 동전의 앞면과 뒷면처럼 결코 뗄 수 없는 밀접한 관계를 갖고 있다는 것을 보여준다. 즉 라마단이 종교적인 요소를 강화시키는 것뿐만 아니라, 실제의 삶의 영역에 커다란 영향을 주고 있는 의식이라는 것은 누구도 부인할 수 없을 것이다.

라마단은 이슬람의 기본 가치를 공유하는 무슬림 공동체를 견고하게 세우는데 중추적 역할을 한다고 할 수 있다. 이 기간 함께 금식하고 함께 기도하며, 친지들을 돌아보고, 함께 힘을 모아 이웃을 돌보는 활동들은, 민족적 정체성을 확립하고, 무슬림 공동체의 유대를 더욱 강화하는 역할을 하게 된다. 한 마디로, 라마단은 무슬림 공동체를 유지하고 이끌어 가는 중심에 서 있다고 해도 과언이 아닐 것이다.

2. 카자흐인의 새해 나우르즈(Nauryz)[23]

---

23. '나우르즈'(Nowruz, наурыз)라는 단어는 '새로운'을 의미하는 페르시아어 نو now와 '날'을 의미하는 روز ruz의 조합이다. https://en.wikipedia.org/wiki/Nowruz,"Nauryz holiday - Kazakh

1) 나우르즈의 기원과 의미

'나우르즈'는 페르시아의 새해에서 유래되었고 나우르즈는 페르시아어로 '새 날'이라는 의미이다. 나우르즈는 그레고리력으로 3월 21일경 춘분에 해당된다. 나우르즈 축제는 조로아스터교라는 이란 종교에 기원을 두고 있다. 이 축제는 기원전 2세기경까지 그 기록이 남아있으며 지난 약 2,000년 동안 서아시아, 중앙아시아, 코카서스, 흑해 분지, 발칸 반도 및 남아시아에 이르기까지 다양한 나라에 널리 퍼지게 되었다. 중앙아시아 지역이 이슬람화된 이후에도 전통절기로서 나우르즈는 계속 지켜져왔다. 조로아스터교, 바하이 및 일부 무슬림 공동체에게는 아직도 성스러운 날로 남아 있다. 나우르즈는 일반인들에게 즐거운 축일이기에 여러 다른 신앙과 배경을 가진 사람들도 같이 기뻐하고 축하한다.

나우르즈는 북반구에서 봄의 시작을 표시한다. 나우르즈의 전통 관습에는 불과 물, 춤, 선물 교환, 시 낭독 등이 포함된다. 이상의 관습들은 다양한 민족과 국가에 따라 약간 다르다.

일부 중앙아시아인들에게 나우르즈의 역사적 배경에 대해 소련 정권 붕괴 후 공휴일이 도입된 1991년까지 거의 알려지지 않았다. 나우르즈는 원래는 종교적 정체성을 의미하지는 않지만 축하 행사에 이슬람과 이교도 전통이 혼합되었다. 중앙아시아 국가들 특히 카자흐스탄과 키르기스스탄에서

New Year | Kazakhstan culture". visitkazakhstan.kz.

나우르즈는 대중 사이에서 점점 더 중요성과 인기를 얻고 있다. 나우르즈는 명절이 금지되었던 소련 통치 70년 동안 살아남은 강한 민족적 정체성의 표시로 사용되기도 한다.[24] 나우르즈가 인기를 얻으면서 더 많은 사람들이 전통적인 음식을 요리하고 축하하는 전통을 따른다.[25] 매년 중앙아시아의 주요 도시에서 민족 의상, 춤 및 음식으로 성대하게 대규모 축하 행사가 열린다. 나우르즈는 화합, 용서, 새로운 시작의 가치와 관련이 있다.

2) 카자흐스탄의 나우르즈

---

24. 1926-1988년 사이에 나우르즈 명절은 카자흐스탄(당시 카자흐 소비에트 사회주의 공화국)에서 공식적으로 기념되지 않았다. 2009년 3월 21일부터 3일간의 나우르즈 휴일이 카자흐스탄의 공 휴일로 공식 발표되었다.
25. "Celebrating Nowruz in Central Asia". fravahr.org. Archived from the original on 23 May 2007. Retrieved 23 March 2007.

카자흐스탄에서는 추운 겨울을 지나고 따뜻한 봄이 오는 춘분 3월21일부터 3일간 국가적으로 나우르즈(Nowruz, наурыз) 축제를 성대하게 치른다. 마치 한국의 '설'처럼 새해를 맞는 의미를 갖는다. 카자흐 사람들은 "3월에는 태양, 달, 플레이아데스(Pleiades)[26]의 별이 하늘에 한 줄로 서 있게 되면 춘분이 온다." 라고 믿는다. 이 날은 겨울 서리 내림이 끝나고 많은 가축이 새끼를 낳으며 새는 따뜻한 나라에서 돌아오고 짐승은 동면에서 깨어나는 때이다. 그런 성스러운 날을 카자흐 사람들은 '위대한 날' (Ulys Kun)이라고 하며 나우르즈라고 불렀다.[27]

나우르즈 휴일 동안 크고 작은 도시와 마을에 성대한 축제가 열리고, 펠트(Felt, киіз 키이으즈)[28]로 만든 전통적인 유목민 가옥인 '키이으즈 위'(Киіз үй, Yurt)가 세워지고 풍성한 음식들이 테이블보를 덮은 상(Dastarkhan) 위에 차려지게 된다. 사람들은 다양하고 아름다운 민족 의상을 차려 입는다. 집과 마을에서 많은 음식을 마련하고 음악과 함께 춤을 추며 성대한 잔치를 치른다. 도시 광장은 사람들로 가득차고 많은 놀이와 공연이 열린다. 아름다운 카자흐 민족의상을 입은 사람들이 카자흐 전통악기를 연주하며 노래를 부른다. 요즘은 많은 유명 스타들이 도시에서 콘서트를 열고 불꽃놀

---

26. '플레이아데스'(Pleiades). 그리이스 신화에 나오는 아틀라스(Atlas)와 플레이오네의 일곱 딸들. 알키오네, 켈라이노, 엘렉트라, 마이아, 메로페, 스테로페 및 타이게테 이다. 사냥꾼 오리온에게 쫓기게 되자 제우스에 의해 비둘기의 모습으로 바뀌어 승천, 7개의 별이 되었다고 한다. https://languages.oup.com/google-dictionary-ko/

27. "Nauryz Kozhe" is a spring dish.https://e-history.kz/en/news/show/7172 Archived from the original on 12 April 2021. Retrieved 18 March 2021.

28. '펠트'(Felt). 양털이나 그 밖의 짐승 털을 원료로 하여 습기, 열, 압력을 가하여 만든 물건으로 모자, 양탄자 등을 만드는 데 사용된다. https://languages.oup.com/google-dictionary-ko/

이 등을 한다.

나우르즈는 선함과 부, 행복과 사랑, 위대한 우정의 날을 상징한다. 이 축제 기간 동안 지난 해의 잘못을 서로 용서하며, 모든 나쁜 일을 뒤로하고 새해를 맞이하기를 기원한다.

3) '나우르즈 코제'(Nauryz Kozhe)[29]

카자흐 사람들은 전통 음식인 나우르즈 코제(Nauryz Kozhe)를 요리하며 새해인 나우르즈를 시작한다. 전통적으로 이날은 잠을 자면 안된다고 한다. 액운을 피하고 좋은 기운을 얻기 위해 이 음식을 먹는다. 나우르즈 코제에 대한 많은 전설이 있다. 이 음식을 같이

---

29. '코제'(Kozhe, көже). 더운 여름 유목민들이 갈증을 없애기 위해 마시는 차가운 전통음료이다. '나우르즈 코제(Nauryz kozhe)'는 7가지 재료로 만들어진다. 카자흐 사람들의 세계관에서 '7'은 신성한 숫자이다. 따라서 나우르즈 코제를 구성하는 성분은 신성한 것으로 간주된다. 나우르즈 코제의 7가지 재료는 기쁨, 성공, 지성, 건강, 부, 민첩성 및 안전과 같은 7가지 미덕 또는 자질을 상징한다. 구체적으로 사용되는 재료는 다음과 같다.
1. 물. 물은 생명의 근원이다. 미래에 끓는 물과 같은 풍부한 자손이 있기를 기원한다. 2. 고기. 훈제 또는 신선한 고기가 사용된다. 고기의 맛은 다양한 음식과 잘 어울리고 풍부한 영양이 들어있다. 3. 곡물(기장, 밀, 옥수수, 쌀)들은 한 알에서 시작되어 자란 이삭처럼 풍성한 자손이 생기라는 기원을 담고 있다. 4. 유제품. 고대부터 카자흐 사람들은 유제품을 매우 중요하게 여겼다. 따라서 우유 또는 버터 등 유제품이 추가된다.
"Nauryz Kozhe is a spring dish". Archived from the original on 12 April 2021. Retrieved 18 March 2021.
"Nauryz holiday - Kazakh New Year | Kazakhstan culture". visitkazakhstan.kz.

나누면서 서로가 형제처럼 존경하자는 의미로 서로를 용서하고 함께 평화롭게 살기를 기원한다. 또한, 이 음식은 긴 겨울을 보낸 후 몸보신을 하는 의미도 있었다. 영양이 풍부한 보리가루, 그리고 충만과 번영의 상징인 '쟌바스'(Zhanbas, 소고기 엉덩이 살)를 넣는다. 이 축제 기간동안 나우르즈 코제는 카자흐스탄의 모든 도시 또는 마을의 모든 손님에게 제공된다. 그 외에도 베스바르막(Beshbarmak), 쿠르닥(Kuurdak), 바우르삭(Baursak), 그리고 우유로 만든 다양한 종류의 음식(요구르트, 커트, 크림, 버터, 치즈 등)도 제공된다.

참고문헌)

조정호, (2014), 라마단에 대한 인격교육적 해석, 한국인격교육학회 2014 vol.8, no.3

중앙아시아언어문화연구소 연구자료 (2022)

중앙아시아언어문화연구소 2021년도 인터뷰 자료

2023년도 인터뷰 자료

중앙아시아언어문화연구소 2021년도 인터뷰 자료(알마티)

중앙아시아언어문화연구소 2021년도 인터뷰 자료
　　(케메르토간 마을, 쉼켄트 지역 및 제투겐 지역)

https: //toibiznes.kz/ru/articles/tradition/suinshi-korimdik-shashu

https://nomadparadise.com/kazakh-food/

https://www.gov.kz/article/64578?lang=en

https://sputnik.kz/spravka/20190602/10359137/Adamdy-esinen-ayyruy-mumkin-
　　Adyraspan-turaly-ne-bilemiz.html

"Адыраспан қандай ауруларға ем болады: Тек дәрет алып ер адамдарға ғана
　　жинауға рұқсат" https://kznews.kz/zhanalyqtar/adyraspan-qandaj-aurularga-
　　em-bolady-tek-daret-alyp-er-adamdarga-gana-zhinauga-ruqsat/

https: //toibiznes.kz/ru/articles/tradition/suinshi-korimdik-shashu

https://kazislam.kz/eislam-282/

https://asylarna.kz/kk/maqala/419

"Traditional customs in Kazakhstan." Kazakh culture and national traditions.
　　https://www.orexca.com/kazakhstan/culture/customs.htm

https://en.wikipedia.org/wiki/Nowruz

"Celebrating Nowruz in Central Asia". fravahr.org. Archived from the original on 23
　　May 2007. Retrieved 23 March 2007.

"Nauryz holiday - Kazakh New Year | Kazakhstan culture". visitkazakhstan.kz.

"Nauryz Kozhe" is a spring dish". Archived from the original on 12 April 2021.
　　Retrieved 18 March 2021. https://languages.oup.com/google-dictionary-ko/

12장
카자흐인의 생애의례와 이슬람

안 도 현, 이 규 성

생애(통과)의례(rite of passage)는 출생, 성장, 결혼, 죽음과 같은 인간 생애의 각각의 단계에 새로운 의미를 부여하는 의례이다. 이 글에서는 카자흐인들이 중요시하는 4가지 생애(통과)의례 즉, 출생의례 및 성장의례 그리고 혼인의례 및 장례의례[01]의 의미와 이 의례들이 어떻게 치루어지고 있으며 사람들이 이 의례들에 대해 어떻게 생각하고 있는지를 알아볼 것이다.

카자흐인의 전통적인 의례에 대하여는 많은 자료들이 나와 있다. 그러나 많은 자료에 나와있는 모습은 현재라는 시간에 현지인들이 실제적으로 시행하고 있는 모습과는 많은 거리가 있다. 따라서 본고는 카자흐인의 생애의례에 대하여 인터뷰한 자료를 중심으로, 현재 실제로 행하고 있는 의례를 기술하였다. 조사과정에서 10명에게 인터뷰를 했고, 중앙아시아언어문화연구소에서 2022년도에 수집한 자료도 참고했다. 조사 과정에서 의례들이 실제로 지역별, 가정별로 상당한 차이가 있음을 인지할 수 있었다. 그러므로

---

01. 출생의례, 성장의례는 안도현 작성, 혼인의례 및 장례의례는 이규성 작성

이 글에서 언급하는 모든 의례들이 어느 곳에서나 행해진다고 볼 수 없다. 또한 이 글은 카자흐인이 거주하는 한 지역의 실례를 기록한 것으로, 카자흐인 전체의 관습을 다루지 못한다는 한계를 가지고 있다.

1. 출생관련 의례

1) 임신 축하잔치(쿠르삭 토이, Kursak Toy)[02]

‘쿠르삭 토이(Kursak Toy)’는 엄마의 뱃속에 아기가 생긴 것을 축하하기 위해 임신 3개월에 그 집의 할머니가 주최하는 축하의식으로 '쿠르삭 샤슈(Kursak Shashu)'[03]라고도 한다.[04] 임산부와 아직 태어나지 않은 아기가 안전하고 건강하게 태어나기를 기원하면서 이웃과 친척들에게 '쿠르삭 토이(Kursak Toy)'를 한다. 현재 이 의식은 도시에서는 잘 하지 않고 시골지역에서 주로 한다. 또한 연로한 여성들이 와서 자신들의 임신과 출산에 대한 경험을 나누며 임산부의 친구들이 음식을 만들어와서 축하하며 격려를 해준

----

02. 카자흐어로 ‘쿠르삭’(Kursak, күрсақ)은 자궁, 토이(Toy, той)는 잔치의 의미이다.
03. ‘샤슈’(Shashu, Шашу) 뿌리다의 뜻. 이것은 기쁨의 표시로서 고대부터 지금까지도 보존되어온 카자흐스탄 사람들에게만 특징적인 의식이다. 이 의식은 결혼식, 아기의 탄생의식, 먼 친척의 도착, 할례 등 많은 즐거운 행사에서 사용된다. 남녀노소 모두 이 의식에 기쁘게 참여한다. 사탕, 설탕, 막대 사탕, 건포도 같은 것들을 뿌리기도 한다.
https://toibiznes.kz/ru/articles/tradition/suinshi-korimdik-shashu
04. 중앙아시아언어문화연구소 2021년도 인터뷰 자료 (쉼켄트 지역)

다. 이때 임산부가 어떤 음식을 먹는지를 보면 출산 후 어떤 아기가 태어날 지를 예견할 수 있다고 생각한다.[05]

2) 아기 이름 짓기 의식
(아잔[06] 샤커럽 아트 코유, Азан шақырып ат қою)[07]

일반적으로 '아트 코유'라 하며 '베슥 토이(Бесқ той)'에서 동시에 진 행한다. 병원에서 아기가 태어난 지 3일 또는 일주일 후에 산모의 나이 많 고 존경받는 사람 또는 물라[08](Mullah)를 불러 이름 짓기(Азан шақырып ат қою)의식을 연다.[09] 이 의식은 전통적으로 아침에 이루어진다. 물라는 아기 를 안고 "알라 아크바르!"(알라는 위대하다! Allahu Akbar!) 를 외친 후 아기 의 머리가 키블라(Qibla)[10]로 향하게 한 후 오른쪽 귀에 부모가 선택한 아기 의 이름을 세번 반복한다. 만약 물라(Mullah)를 부를 수 없다면 아기의 아 빠가 하기도 한다. 부모가 지어준 이름을 아기가 듣고 기억하도록 하기 위

---

05. 중앙아시아언어문화연구소 2021년도 인터뷰 자료 (알마티)
06. '아잔'(Азан)은 이슬람교에서 신도에게 아침 예배시간을 알리는 소리이다.
07. "아잔 샤커럽 아트 코유."(Азан шақырыпатқою.) "기도를 부르고 이름을 짓다."의 뜻
08. '물라'(아랍어: الله, 영어: Mullah)는 이슬람교의 법과 교리에 대해 정통한 사람을 가리켜 쓰는 존 칭이다. 이란과 중앙아시아에서는 종교 학자나 성직자에게 붙여주는 칭호로서 사용되고 튀르키 예에서는 재판관이라는 뜻으로도 쓰인다. https://ko.wikipedia.org/wiki/물라_(이슬람교) 카자흐스탄에서는 '이맘'이나 '물라'를 이슬람성직자를 지칭하는 호칭으로 구분없이 사용하는 경향이 있다.
09. 중앙아시아언어문화연구소 2021년도 인터뷰 자료(알마티)
10. '키블라'(Qibla, 아랍어: قبلة)는 예배의 방향으로 메카의 카바를 향한 방향을 가리킨다.

함이다. 아기를 위해 기도하고 참석한 모든 친척들이 아기와 부모를 축복하며 모든 의식이 끝나게 된다. 이것은 오래된 카자흐스탄 무슬림 전통 중의 하나이다.[11]

3) 출생 40일 축하의식 (크륵난 셔가루, Kyrkynan Shygaru)[12]

카자흐 사람들은 아기가 태어난 후 가까운 친척을 제외하고 40일 동안 누구에게도 아기를 보여주지 않는다. 이것은 아기가 병에 걸리지 않도록 하기 위한 일종의 예방조치라 할 수 있다. 이 40일 중 며칠은 아기를 소금물과 비눗물에 잠기게 하여 아기 피부가 건강하도록 한다. 또한, 아기가 어른이 되어 몸이 손상되면 상처가 빨리 낫기를 기원하기 위해서다. 이 40일 기간 동안 산모는 건강을 위해 '블라묵(Bylamyk)'[13]이라는 기장 스프(Millet soup)를 먹는다.

---

11. 중앙아시아언어문화연구소 2021년도 인터뷰 자료(알마티)

12. '크륵난 셔가루'(Kyrkynan Shygaru, ҚырқынанШығару) 40일이 지나다의 뜻

13. '블라묵'(Bylamyk, Быламық). 전통적으로 산모, 병자, 노인에게 제공되는 곡물로 만든 죽으로 밀이나 기장 가루로 만들어 동물성 지방과 함께 황금빛 갈색이 될 때까지 볶은 다음 우유에 끓이고 설탕과 소금으로 맛을 낸다. https://nomadparadise.com/kazakh-food/

아기 출생 40일 후에 아기의 할머니가 은반지, 은팔찌, 은화를 아기를 씻을 대야에 넣고 큰 숟가락으로 깨끗한 물을 40번 떠 넣어 붓는다. 이 물로 아기의 머리카락과 몸을 씻어준다. 여자 아기일 경우 은귀걸이를 넣기도 한다.[14] 은은 악마로부터 보호하며 반지와 동전은 부를 상징한다고 믿기 때문이다. 이때 아기의 장수를 기원하며 아기의 머리 뒤쪽에서 작은 머리카락을 잘라 흰 천으로 싸서 요람에 묶거나 베게 아래 넣어둔다. 또, 어떤 사람들은 더 많은 자손을 낳기를 기원하며 아기의 손톱을 한적한 곳에 묻거나 과일나무 아래에 묻기도 한다.[15]

4) 요람축하의식(베슥 토이, Besik Toy)[16]

요람 축하의식은 주로 첫아기가 태어났을 때 여러 친척들이 모여 아기를 아기침대 즉 요람에 넣으며 축하하는 카자흐스탄 전통의식

---

14. 중앙아시아언어문화연구소 2021년도 인터뷰 자료(쉼켄트 지역)
15. 중앙아시아언어문화연구소 2021년도 인터뷰 자료(알마티)
16. 카자흐어로 '베슥(Besik, Бесік)'은 요람, '토이'(Toy, той)는 축하의식의 의미이다.

이다. 손님들이 '코름득(Korimdik)'[17]이란 선물을 가져오고 차를 마시고 저녁을 먹은 뒤, 의식이 시작된다. 아기를 요람에 눕히기 전에 할머니가 요람의 주변을 거닐며 신성한 식물로 여기는 아드라스판(Adyraspan)[18]에 불을 피워 연기가 나게 한다. 이것은 불 숭배 시대의 의식으로서 악마와 악귀가 이 식물이 타는 불과 그 냄새로 부터 도망간다 라고 믿는 고대부터 내려오

는 무속의 유산이라고 한다. 참고로 아이들이 독감에 걸리면 집에서 아드라스판 풀을 태운다. 복통이 있는 경우 물에 타서 마시

17. '코름득('Korimdik, көрімдік) 젊은 기혼 여성이나 갓 태어난 아기를 처음 본 손님이 주는 선물이다. https://www.gov.kz/article/64578?lang=en 지금은 주로 돈으로 준다.

18. '아드라스판'(Adyraspan, адыраспан)은 동백 속에 속하는 다년생 식물로 줄기와 꽃은 독성이 있지만, 향기로운 약초이다. 30-80 cm. 산비탈, 길가 및 대초원에서 자란다. 민간 치료사는 아드라스판을 사용하여 류머티즘, 옴 및 기타 피부질환을 치료한다. 이 약초를 달여서 감기, 말라리아, 신경계장애 및 발작을 치료하는데 사용된다. 또한 질병에 감염된 사람들이 자는 방을 소독하는데 사용한다.
https://sputnik.kz/spravka/20190602/10359137/Adamdy-esinen-ayyruy-mumkin-Adyraspan-turaly-ne-bilemiz.html
사람들은 감기에 걸리거나 피부가 가려울 때 아드라스판 물에 몸을 담갔다. 임질을 앓고 있는 사람은 아드라스판의 줄기와 잎을 끓여서 하루에 두세 번 연속으로 마신다. 치통이 생겼을 때 아드라스판 한약재로 담배를 피우면 완화된다. 건망증이 심하면 줄기와 잎을 함께 끓여서 마신다. 유목민들은 도마뱀과 같은 곤충이 상처를 입으면 하늘을 뒹굴며 스스로 치유한다는 사실에 주목했다.
아드라스판(Adyraspan)은 오늘날 카자흐민족 사이에서 여전히 널리 사용된다. 아드라스판은 카자흐족의 성스러운 약초로 집안의 눈에 잘 띄는 서까래 위에 걸어 두면 재앙으로부터 지켜준다고 믿는다. 새 집에 들어갈 때 귀신이 전혀 들어오지 못하도록 문 위에 걸어 둔다.
https://kznews.kz/zhanalyqtar/adyraspan-qandaj-aurularga-em-bolady-tek-daret-alyp-er-adamdarga-gana-zhinauga-ruqsat/

기도 한다. 집에서 이 풀을 태우면 많은 나쁜 일을 피할 수 있다고 믿는다.[19]

그후 할머니가 나와서 아기를 요람에 눕힌 다음 '트쉬트마(tyshtyma)'[20]라는 의식을 진행한다. 요람의 바닥에 있는 구멍을 통해 치즈, 과자, 부드러운 빵 등을 통과시킨다. 그 후 "트쉬트마? 트쉬트마?"(Тыштыма?-Tyshtyma?)라고 주변 사람들에게 질문하면, 주위에 앉아있는 사람들은 "트쉬트! 트쉬트!"(тышты, тышты)[21]라고 대답한다. 또한 산모의 친정 어머니와 시어머니가 서로에게 팔찌와 반지를 주고받는다.[22] 남자 아기에게는 똑똑하고 현명하기를 바라는 마음으로 할머니는 아기침대의 베개 아래에 채찍, 펜 및 종이를 넣는다. 여자 아기에게는 베개 아래에 거울, 빗, 펜, 종이를 넣는다. 그런 다음 아기가 편안하게 잘 자도록 성인 옷, 식탁보, 천 등 9개의 물건으로 요람을 덮는다. 이어서, 아기를 위해 자장가를 부르고 춤을 추며 오락을 제공한다.[23]

2. 성장관련 의례

---

19. 중앙아시아언어문화연구소 2021년도 인터뷰 자료(알마티)
20. '트쉬트마?'(Tyshtyma,Тыштыма?) '화장실에 갔니?'라는 의미로 요람 밑 바닥에 구멍을 만들어 이 구멍으로 사탕을 던져 밑으로 빠지게 이 구멍으로 잘빠지면 아기의 변이 잘 통과하는 것을 확인하는 일종의 놀이의식.
21. '트쉬'(Tyshy, Тышу)는 '오줌을 누다'라는 뜻.
22. 중앙아시아언어문화연구소 2021년도 인터뷰 자료(알마티)
23. 중앙아시아언어문화연구소 2021년도 인터뷰 자료(쉼켄트 지역)

1) 돌잔치(투싸우 케세르, Tusau Keser)[24]

아이가 첫 돌이 되었을 때 '투싸우 케세르'(Tusau Keser) 의식을 거행한다. 아이는 머리부터 발끝까지 아름다운 카자흐 전통 옷을 입는다. 사람들은 노래를 부르고 아이를 데려와 그의 다리를 끈(흰색과 검은색 실)으로 묶는다. 실은 거짓말하지 않고 도둑질하지 않고 악을 행하지 말라는 의미이다. 아이 앞에 흰색 천을 펼쳐 놓고 가족 중 제일 연장자가 그의 발목에 묶어 놓은 실을 자른다. 그런 다음 두 명의 할머니가 각각 아이의 손을 잡고 흰색천의 위를 걸어가도록 이끌어준다.[25]

아이가 흰 천 위를 걸어갈 때 참석한 하객들에게 '샤슈(Shashu)'[26]즉, 사탕이나 돈을 뿌린다. 맨 마지막에 아이 앞에 채찍, 책, 돔브라, 펜, 종이, 돈 등을 나열해 놓고 이중 하나를 아이가 집도록 한다. 만약 악기인 돔브라를 집

---

24. '투사우'(Tusau, Тұсау) 발목, '케사르(Keser, Kecep,)' 끈을 자르다의 뜻.
25. 중앙아시아언어문화연구소 2021년도 인터뷰 자료(쉼켄트 지역)
26. '샤슈'(Shashu,Шашу) 뿌리다의 뜻. 이것은 기쁨의 표시로서 고대부터 지금까지도 보존되어온 카자흐스탄 사람들에게만 특징적인 의식이다. 이 의식은 결혼식, 아기의 탄생의식, 먼 친척의 도착, 할례등 많은 즐거운 행사에서 사용된다. 남녀노소 모두 이 의식에 기쁘게 참여한다. 사탕, 설탕, 막대 사탕, 건포도, 은화와 같은 모든 종류의 과자와 음식을 넣는다.
https: //toibiznes.kz/ru/articles/tradition/suinshi-korimdik-shashu

으면 예술적 재능이 있고, 돈을 집으면 부자가 되고, 채찍을 집으면 많은 소를 기를 것이며, 책을 집으면 좋은 교육을 받을 것이라고 믿는다. 이것은 아주 오래된 전통으로 아이가 넘어져 다치지 않고 건강하게 잘 자라라는 의미였다고 한다. 남자아이에게만 시행되어 오다가 지금은 여자 아이에게도 시행된다.[27]

2) 할례의식(순뎃 토이, Сүндет Той, Circumcision)[28]

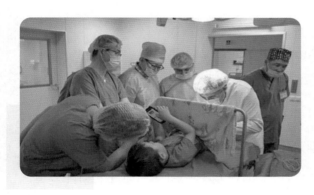

남자 아이가 자라 주로 3, 5, 7세가 되면, 할례의식을 행한다. 과거에는 물라에게서 할례를 받았으나 오늘날에는 주로 병원이나 집에

27. 중앙아시아언어문화연구소 2021년도 인터뷰 자료(알마티)
28. '할례(순뎃 토이, Сүндет Той)'는 이슬람의 표시이다. 즉, 할례를 받는다는 것은 무슬림이 되는 것을 의미한다. 할례는 소년의 성기 피부 조각을 자르는 이슬람 의식이다. 할례는 이슬람의 일부가 되었고 나중에 카자흐 사람들의 국가 관습이 되었다. 할례 문제는 꾸란에서 언급되지 않았지만 하디스에서 언급되어 있다. https://kazislam.kz/eislam-282/
"할례는 아브라함에게서 물려받은 전통입니다. 그런데 대부분의 사람들은 그것을 모릅니다."
중앙아시아언어문화연구소 2021년도 인터뷰 자료(쉼켄트지역)
소년에게 할례 하는 의식은 순나(Sunnah)에서 비롯되었다. 무함마드(Muhammad)가 자신의 손자인 하산(Hassan)과 후세인(Hussein)의 출생 7일후 할례를 베푸는 것이 하디스(Hadith)에 언급되어 있다. (Al-Mujam as-Saghir at-Tabarani) '순나'(Sunnah, 아랍어: سنة سنن)는 무함마드의 말과 행동 및 결정을 의미한다. https://asylarna.kz/kk/maqala/419

서 의사에게 받는다.[29] 수술 후 일주일이나 1개월 후 친척, 친구 및 이웃들을 집이나 레스토랑으로 초대하여 양을 잡고 '신의 음식(쿠다이 타막, Kyday Tamak, Құдай тамақ)'[30]을 대접하며 코란이 낭송되는 성대한 파티를 연다.[31] 할례 받은 아이 앞에 과자를 놓아 그를 즐겁게 한다. 남자아이에게 할례는 순결과 무슬림이 되는 표시로서 자신의 아이에 대한 부모의 가장 큰 의무라고 한다. 할례를 받지 않은 아이는 불신자 즉 이슬람을 믿지 않고 알라와 그의 예언자 무함마드를 믿지 않는 사람으로 간주된다. 할례는 몸과 영혼의 순결을 의미한다.[32]

3) 말타기 (아샤마이, Ашамай, Ashamai)[33]

카자흐어로 아트카 믄거주(Атқа Мінгізу)라고 한다. 말타기는 소년들을 위한 카자흐 사람들의 교육 전통이다. 이것은 아이가 전사, 강한 사람으로 자라도록 하기 위한 것이다. 이 의식은 남자 아이가 주변을 인식하고 말을

---

29. 중앙아시아언어문화연구소 2021년도 인터뷰 자료 (케메르토간 마을)
30. '신의 음식(쿠다이 타막, KydayTamak, Құдай тамақ)' 결혼, 할례, 장례, 아프거나 어떤 큰 어려움 가운데 있을 때, 또는 새 차를 구입했을 때 이슬람 지도자 물라를 초청하여 코란을 읽고 기도를 청한다. 이 때 양을 잡아 음식을 만들어 사람들에게 나눈다. 이 음식을 '신의 음식'이라 한다.
31. 중앙아시아언어문화연구소 2021년도 인터뷰 자료(쉼켄트 지역)
32. 중앙아시아언어문화연구소 2021년도 인터뷰 자료(제투겐 지역)
33. '아샤마이'(Ashamai, Ашамай)는 일종의 말 안장이다. 남자 아이의 크기에 맞게 나무로 만든다. 앞면과 뒷면에 받침이 있지만 등자(stirrup)는 없다. 아샤마이는 남자 아이가 말을 타려는 첫 번째 시도를 기념하는 것이다. "Traditional customs in Kazakhstan." Kazakh culture and national traditions. https://www.orexca.com/kazakhstan/culture/customs.htm

타고 행동할 수 있는 약 5-6세 때 이루어진다. 아이의 아버지는 아이를 위한 말과 안장 등과 같은 마구들을 준비한다. 아이에게 아름다운 옷을 입히고, 가급적 순하고 말을 잘 듣는 말을 타게 한다. 마을 전체가 모여 소를 잡아 잔치를 벌이고 축하한다.

어른들은 처음으로 말을 타는 이 아이가 건강하고 멋있는 청년으로 잘 자라가도록 축복하고 행운을 기원한다. 마을의 존경받는 장로가 아이를 말에 태운다. 시골 지역에서는 마당에서 말에 태웠었다. 현재는 카페나 레스토랑에서 하기도 한다. 이 의식이 진행되는 동안 아이는 말을 타고 식당이나 카페 주변을 돌게 된다. 이 의식에 참석한 친척, 이웃들은 이 아이가 드디어 남자가 되었다고 축하하며 말이 끄는 바구니에 선물을 던져 넣는다.[34]

4) 소녀의 귀를 뚫는 전통(쿨락 테수, Kylak Tesu)[35]

소녀의 귀를 뚫고 귀걸이를 착용하는 것은 교육적으로 큰 가치가 있다. 빠른 경우 2~3 세 소녀때부터 귀를 뚫는다. 귀를 뚫고 귀걸이를 하는 것은

---

34. 중앙아시아언어문화연구소 2021년도 인터뷰 자료(알마티)

35. '쿨락'(Qolak, кұлақты)은 귀, '테수'(Tesu, тесу)는 뚫다의 의미.

마치 소년이 할례를 받는 것과 같은 가치를 갖는다. 카자흐민족 전통 연구가이며 작가인 '제이네르 아흐메토바'(Zeinep Akhmetov)에 의하면 대부분의 경우 소녀의 귀를 뚫는 이러한 의식은 7세부터 진행한다. 원래 숫자 7은 카자흐민족의 신성한 숫자 중 하나이기 때문이다. 그런데 이러한 의식은 소비에트 시대에 사라졌다. 귀고리를 끼는 것은 학교에 가면 무례하다고 여겨졌다. 또한 '개척자(Pioneer)'[36]에 들어가지 못하게 된다고 위협을 받았다. 한 인터뷰 대상자에 따르면 "고대에는 어린 소녀가 귀를 뚫지 않았고, 귀를 뚫었다면 그 소녀에게 정혼자가 있다는 의미"라고 말했다. 다른 인터뷰 대

상자는 다음과 같이 말했다. "그 소녀는 귀를 뚫었다. 그러다가 소녀가 자라 결혼연령이 되었을 때 정혼한 소년의 부모가 소녀의 집에 와서 그녀에게 귀걸이를 걸어준다."

과거에 소녀의 귀는 귀걸이 대신 바늘로 뚫고 실을 꿰었다고 한다. 현재 귀는 특수 기계로 뚫고 금, 은 또는 특수 의료용 귀걸이를 착용한다. 이슬람 샤리아법 학자에 따르면 하디스(Hadith)에서 예언자 무함마드는 소녀의 귀

---

36. '개척자'(Pioneer)1922년 모스크바에서 처음 설립된 공산주의 아동 그룹의 일원. '피오네르'(러시아어: пионер, 영어: pioneer movement)는 소비에트 사회주의 연방의 소년소녀단을 말한다. 피오네르란 러시아어로 「개척자」를 의미한다. 보통 8세에서 19세를 대상으로 하며, 공산당의 지도를 받는다. https://ko.wikipedia.org/wiki/피오네르

를 뚫는 것을 금지하지 않았다고 한다.[37]

3. 결혼 의례

1) 결혼의례에 대한 인식

  카자흐인의 결혼의례은 크게 세 가지의 문화적 영향을 받았다고 할 수 있다. 첫째는, 지리적으로 중앙아시아라는 거대한 문화공동체로부터 받은 영향이고, 둘째는, 종교적으로 8세기부터 들어온 이슬람 종교가 카자흐인 삶에 미친 영향이며, 셋째는, 카자흐 민족이 역사적으로 오랜 기간 동안 독특한 부족 공동체를 형성해 오면서 계승되어 오는 문화적 영향이라고 할 수 있다. 이러한 영향들이 어우러져 카자흐인의 독특한 결혼문화형태를 이루었다고 할 수 있다.

  가정의 기초가 되는 결혼에 대한 기본적 인식은 온 인류가 공통적으로 공유하는 것이며, 카자흐인들도 예외는 아니다. 가정을 이루고, 자녀를 출산하고, 양육하는 활동을 통하여 후손을 이어가며, 동시에 자신들의 민족적 전통을 계승해 나가는 과정에서 출발점이 되는 결혼은 카자흐인들에게도 다른 어떤 민족과도 비교할 수 없이 중요하게 여겨진다.

---

37. 중앙아시아언어문화연구소 2021년도 인터뷰 자료(알마티)

2) 결혼 준비절차

(1) 결혼 의사 타진

　신랑측에서 신부측에 딸을 시집보낼 의사가 있는지 타진하기 위하여 아버지와 할아버지 등으로 구성된 대표단('엘셔')을 보낸다. 보통 3명에서 10명 이하의 소그룹으로 구성되며, 신부측에서도 가까운 가족들만 참여하게 된다. 만일 가능하게 되면 신부의 귀에 귀걸이 ('쓰르가')를 해 주고 온다.
이전에는 말 채찍('캄셔')을 사용했다고 한다. 친구의 딸을 데려오고 싶으면, 친구 집에 놀러 가서 주인 몰래 말 채찍을 놓고 간다고 한다. 나중에 이 것을 발견한 주인은 딸을 그 친구 집에 시집보내기 원하면 보관하고, 만일 딸을 주고 싶지 않으면 채찍을 다시 돌려준다고 한다. 지금은 사라진 문화이지만 말과 함께 사는 카자흐족의 재미있는 이야기이다.

(2) 사돈 인사 (쿠다륵 КҰДАЛЫҚ, 토누쉬 차이)

　엘셔를 통해 결혼 의사가 합의되면, 신부측에서 신랑측 사람들을 초대하여 차를 마시며 이야기를 나눈다. 신부측은 신랑측 손님들을 맞이하기 위해 집을 깨끗하게 단장하고, 양을 잡아서 음식을 정성껏 준비한다.
이때에는 노래나 춤 등의 잔치는 없고, 주로 이야기를 나누며 사돈 간에 우애를 다지는 시간을 갖는다. 이 모임에는 주로 여자들이 참여하는데, 가족들과 가까운 친척들이 각각10명에서 15명 정도 참여하게 된다. 이 때 서로 선물도 나누는데, 주로 사탕, 옷감, 음식('만띄': 만두의 일종) 등을 준비한다.

이 자리에서 결혼 예식에 대한 전반적인 계획도 세우게 되는데, 이것을 '쿠다릑 혹은 토누쉬 차이'라고 부른다. 보통 신랑측은 집을 준비하고, 신부 측은 냉장고, 세탁기 등 가전제품과 침대, 쇼파, 양탄자 등 모든 생활 용품을 준비하는 것을 주관하기로 한다.

카자흐인들은 "사위는 백년, 사돈은 천년"이라는 말을 하는데, 그만큼 사돈 맺는 것을 중요하게 생각한다. 아이들이 아직 어린 나이에 어른들끼리 미리 약속하여 사돈을 맺는 경우도 있다. 몇 십년 전까지도, 아직 아이가 뱃속에 있는 상태에서 사돈을 맺는 '벨쿠다'[38], 그리고 아이가 요람에 있을 때 맺는 '베씩쿠다'[39]가 있었지만 지금은 거의 사라진 상태이다.

(3) 신부 엄마에게 주는 선물 ('옷카 쿠야르')

딸을 키우느라 수고했다는 의미와 잘 키워 주심에 감사하다는 의미에서 신랑측에서 신부의 엄마에게 선물을 준다. 가정 형편에 따라 다르지만, 보통 양을 선물로 준다. 이것을 '옷카 쿠야르'라고 하는데, '기름 튀기는 향기

---

38. '벨'은 사람의 배를 의미하고, '쿠다'는 사돈을 의미한다.
39. '베씩'은 요람을 의미한다.

로 가득하라'는 뜻으로 위로와 감사와 축복을 비는 의미를 갖는다.

(4) 신부 몸값 지불 (칼릉말 ҚАЛЫҢ МАЛ)

칼릉말은 일반적으로 별도의 의식이라기 보다는 쿠다특(사돈인사)때 치루어지는데 신부측에 지불하는 값이다

신랑측은 10명에서 15명 정도의 가까운 가족들이 신부집을 방문하여 신부 몸값(칼릉말, Kalynmal)[40]을 지불한다. 이것은 카자흐족의 고대 전통인데, 전통적인 관습에 따르면 '신랑은 결혼식이 합의된 후 '칼릉말'을 지불해야 한다'라고 명기하고 있다.[41] 그 크기는 여자의 지위뿐 만 아니라 친척의 지위와 재산에 따라 다르다.

전에는 말과 소와 양 같은 짐승들, 또는 옷감 등 여러가지 선물을 준비했지만, 지금은 대부분 돈으로 지불하고 있다. 신부측은 이것으로 혼례 준비를 하게 되는데, 이것도 가정 형편에 따라 몇 만 탱게에서 몇 십 만 탱게까지 많은 차이가 있다. 현재 '칼릉말'은 지역에 따라 차이가 있지만, 점차 사라지고 있는 추세이다.

3) 결혼잔치

---

40. '칼릉'은 많다는 뜻이고, '말'은 가축을 의미한다.
41. 중앙아시아언어문화연구소 연구 자료 (2022)

(1) 신부를 보내는 결혼 잔치 ('크즈 우자투 토이'와 '말차이')

이후에 날을 정하여 신부측에서 다시 신랑측 손님을 초대한다. 신랑측은 10명에서 15명만이 참여하고, 신부측은 친지들까지 모두 초대하여 성대하게 잔치를 치른다. 이것을 '크즈 우자투 토이'라고 하는데, '딸을 보내는 잔치'라는 의미이다.

'말차이'는 낮 시간에 진행되는데, 신랑측에서 잔치에 사용할 황소를 끌고 신부집으로 온다. 황소 뒤에는 선물을 가득 실은 차량이 뒤따른다. 황소는 잡아서 일부 고기는 신부집에서 잔치에 쓰도록 나눠 주고, 나머지는 다시 가지고 가서 신랑측 잔치에 사용하게 된다. 이 때 신부측에서는 식탁을 준비하고, 많은 사람들이 춤을 추며 흥겨운 시간을 갖게 된다. 현재는 황소를 직접 끌고 오지 않고 신랑측에서 미리 잡아서 신부측에서 사용할 고기를 가져온다.

(2) 신랑측 결혼 잔치

신부측 결혼 잔치가 끝나고 10일 정도 후에 신랑측 결혼식을 갖는다. 신부측은 30명에서 40명 정도만 초대하고, 신랑측은 모든 친지들까지 참여하여 성대하게 치른다. 낮 12시경 신부측 손님들이 신부와 함께 신랑 집으로 와서 잔치를 시작하는데, 오후 5시경까지 진행된다.

① 혼인 서약 (네케 키유 HEKE КИЮ, 니카)

일반적으로 행정기관에 결혼 신고를 함으로 정부가 인정하는 부부가 되는데, 무슬림들은 이와 별도로 결혼식에서 특별한 종교적 의식을 갖게 된다. 이것을 '네케 키유'(혼인 서약)라고 한다. 모스크에 가서 하기도 하고, 종교 지도자인 물라를 집으로 초대하여 '네케 키유' 의식을 갖기도 한다.[42]

'네케 키유' 의식에는 신랑과 신부, 그리고 증인들이 참석하는데, 양 당사자의 친척도 참여할 수 있다. 물라는 신부에게 자발적으로 혼인을 하고 있는 것인지 묻는 등 서로의 혼인 의사를 묻는다. 그리고 신랑이 신부의 소원을 들어주게 한다. 이것은 무슬림들의 생활 규범인 '샤리야'(Shari'a)에서 신랑이 신부에게 선물을 주도록 하는 '마히르'(mahir)라고 하는 규정에 근거하고 있다.[43] 그리고 소금과 설탕 그리고 난(빵)조각을 넣은 물을 신랑 신부에게 마시게 한다. 이것은 앞으로의 인생에서 좋은 일이나 어려운 일을 만나도 항상 함께 하라는 의미를 담고 있다. 그리고 물라가 코란을 읽고, 기도함으로 '네케 키유'를 마친다.

② 사돈 맺기 (쿠다 투수, '쿠다 퀴티쉬')

---

42. 종교성이 강한 사람들은 모스크 사원에서 니카를 하지 않는 결혼은 간음(지나(зина))이라고 생각한다.
43. 중앙아시아언어문화연구소 연구 자료 (2022)

신부측은 신랑측 부모를 비롯한 가까운 가족들에게 선물로 가져온 옷을 입히며 기쁨의 시간을 갖는다. 이것을 카자흐말로 '키음 키이드루'[44]라고 하는데, 대략 15명에서 20명 정도의 선물을 준비한다.

이후에 식사를 하게 되는데, 양의 엉덩이 기름과 간을 신랑 신부 부모에게 먹인다. 카자흐인들은 기름이 고기보다 더 좋은 것으로 인식하는데, 풍성함을 나타내며, 간은 마음을 의미하는 것으로 인식한다. 따라서 이 의식을 통해 서로의 마음을 나누는 사돈 사이가 되었음을 선포하게 된다. 이것을 '쿠이륵 바우르 아싸투'[45]라고 하는데, 이 의식을 통해 두 가정은 정식으로 사돈이 된다. 이 때 기쁨의 표현으로 약간의 돈을 건네주는데, 이 돈은 잔치를 위해 수고한 며느리들이 나누어 갖게 된다.

③ 신부의 인사 (베일 벗기, '뵏아샤르')[46]

저녁 6경이 되면 모든 손님들을 모시고 레스토랑에서 잔치를 시작한다. 두타르를 비롯한 카자흐인 전통 악기로 연주를 하며, 신부 옆에는 며느리들이 자리한다. 신부는 얼굴을 가리고 있던 망사포를 들고 머리를 숙여 모든 사람들에게 공손히 인사를 한다. 인사를 받은 사람들은 답례로 돈을 주는데, 이것도 예식을 위해 수고한 며느리들에게 건네준다.

---

44. '키음'은 '옷', '키이드루'는 '입히다'는 의미이다.
45. '쿠이륵'은 '엉덩이', '바우르'는 '형제', '아싸투'는 '맺는다'라는 뜻으로, 엉덩이 기름을 나누어 사돈맺는 의식이라는 의미이다.
46. '뵏'은 '얼굴', '아샤르'는 '벗기다'는 의미이다.

④ 행사 진행

결혼식장은 아름답게 장식한다. 신랑과 신부의 하객들은 각각 두 그룹으로 나뉘어, '자르자르' (Zhar-Zhar)라는 노래로 신랑 신부를 맞이한다. 들어오는 젊은 신부 앞에 사탕을 뿌린다(샤슈). '자르자르' 노래가 끝나면 '벤아샤르' (Betashar)라는 노래가 나온다. 결혼식은 전통적으로 카자흐인 결혼식의 인도자인 '아사바(타마다)'가 진행한다. '아사바"는 사람들을 식탁에 앉히고, 결혼식의 친척들에게 나이에 따라 자리를 내어주며 결혼식을 끝까지 이끈다. 결혼식은 축복과 노래와 춤으로 가득 차 있는데, 중간에 혼인 증명서도 교부하며, 어른들이 나와서 신랑 신부에게 축복의 말을 하기도 한다.

(3) 혼례를 흥겹게 하는 경기들

인터뷰에 따르면, 혼주는 혼례가 진행되는 동안 염소빼앗기 경기('콕파르')와 경마 경주('바이가') 등 여러가지 경기를 진행시키기도 한다. '콕파르'는 장정들이 말을 타고 염소를 빼앗는 경기인데, 인근 마을에서도 참여하며, 이기는 자에게는 혼주가 상금을 지급한다. 또한, '바이가'는 말을 타고 40Km를 달리는 경주인데[47], 이것도 등수별로 혼주가 상금을 지급하

---

47. 경우에 따라 거리를 조정해서 경기를 치른다.

게 된다. 이러한 것은 일반적인 것은 아니지만, 부유한 계층의 사람들을 중심으로 결혼식과 연계하여 진행함으로 결혼을 더욱 흥겹게 하는 역할을 한다. 요즈음 결혼식에서 이런 행사는 안하는 추세이며 콕파르는 큰 명절 때 바이가는 큰 부자가 상금을 내고 경주를 주최하는 경우가 많다.

4) 결혼식후 의식: 신혼집 방문(예슥 퇴르 쾌르개 샤크루)[48]

결혼식 후 한 달 정도 지나면 신랑측에서 신부측 부모와 가족들을 신혼집으로 초청한다. 신부 부모에게 신부가 잘 살고 있다는 것을 보여 주기 위한 잔치이다. 8명에서 10명 정도의 손님이 방문해서 서로를 칭찬하고 권면하는 시간을 갖는다. 혹은 신랑 신부측 본가 방문(예슥 코르세투 ECIK KΘPCETY)이 있다. 이 방문이후에 양가는 서로 자유로이 방문할 수 있다.

5) 특별한 결혼관습으로서의 보쌈제도
(크즈 알릅 카슈 ҚЫЗ АЛЫП ҚАШУ)

일반적인 결혼 풍습 이외에 중앙아시아에 오랫동안 전통처럼 내려오고 있는 것이 있는데, 그것은 '납치' 또는 '도주'에 의한 결혼 풍습이다. 이것을 보쌈제도('크즈 알릅 카슈', 여성을 데리고 도망치기)라고 하는데, 현재에도

---

48. "예슥"은 "문"을, "퇴르"는 "쇼파"를, "코르개"는"보이기위해", "샤크루"는 "초대"를 의미한다.

카자흐인 가운데에 적지 않은 사람들이 이러한 풍습에 의해 결혼을 하고 있다.

납치 결혼 혹은 도주 결혼은 본인들이 서로 합의했는지에 따라 완전히 다른 성격을 갖는다. 대부분의 경우는 상호 합의에 기초하는 '도주'인 경우가 많다. 사실 이는 여자를 납치한 것이 아니라 특별한 상황에서 상호 합의하에 이루어지는 것인데, 양가의 재정적인 어려움으로 인하여 결혼이라는 의식을 없애거나 간소화시키기 위해 그런 길을 택하는 경우가 많다.

납치 결혼은 많은 경우 신부측이 결혼을 반대할 때 신랑측에서 수행하게 된다. 신랑이 신부를 납치한 후에, 신부에게 들어간 후, 결혼 허락을 받기 위해 2~3명의 대표자들을 신부 집으로 보낸다. 신부측에서는 신부의 행동이 자발적인지 비자발적인지 알아내기 위해 신랑 집에 중개인을 보낸다. 그것은 종종 신부측의 며느리가 담당한다. 이것도 보통 두 당사자 간의 타협으로 귀결된다.

그러나 신부의 의사에 반하는 납치결혼은 사회적으로 여러가지 문제를 야기하고 있는 것도 사실이다. 신부는 이미 그렇게 벌어진 일을 운명으로 받아들이는 경우도 있지만, 자살로 이어지는 사례도 적지 않게 나타나고 있어서 전통문화 속에 감추어진 어두운 그림자의 한 단면이라고 할 수 있다.

4. 장례의식

1) 카자흐인 장례의 독특성

장례가 생애주기에서 중요한 부분이라는 것은 인류의 공통적 인식이라고 할 수 있다. 특히 대부분이 스스로를 무슬림이라고 여기고 있는 카자흐인들에게는 내세에 대한 지극히 높은 관심으로 인하여 장례 의식을 상당히 중요한 의식으로 인식하고 있다.

카자흐인의 장례는 이슬람교라는 종교적 영향과, 오랜 동안 지켜져 내려오는 민족적 전통이 어우러져 독특한 색채를 내고 있다. 죽은 자의 매장에 관한 규칙은 샤리아 법과 밀접하게 관련되어 있다. 특히 이들이 장례식에 하고 있는 '쟈나자'(Zhanaza)는 무슬림들이 시신을 씻은 후에 행해지는 기도인데, 이맘이 태양이 뜨는 쪽을 보고(키블라, qibla) 서서 시신을 위해 기도하는 것이다.[49]

2) 장례에 관한 전통

카자흐인은 장례시 고인을 추모하는 것을 강조하는 전통을 가지고 있었으나, 최근에는 이러한 전통은 의례를 중시하는 성향으로 전환되고 있다. 예를 들어, 장례를 위한 음식을 만드는 문제에 있어서도, 전통적으로는 이웃의 도움으로 상을 당한 집은 사흘 동안 요리를 하지 않도록 함으로 고인

---

49. 중앙아시아언어문화연구소 연구 자료 (2022)

을 추모하는 일에 집중할 수 있도록 하였다. 그러나 지금은 상을 당한 가족들이 음식을 준비해서 손님들에게 접대한다. 무슬림의 한 종파인 하나피파 사람들은 고인을 추모하는 것을 강조하던 이전의 관습을 따를 것을 주장하면서, 의례를 위해 음식을 너무 성대하게 차리지 말 것을 당부하고 있다.[50]

이와 같이, 과거에는 사랑하는 사람을 잃은 카자흐인들은 식탁 위의 음식이 아니라, 고인을 추모하는 전통의 수행에 관심을 기울였다. 이것은 민족학자 바이야흐맡 주마바이(Bayakhmet Zhumabay)에 의해 언급되었는데, 그는 고인의 선행을 언급하며 "선한 사람의 죽음이 우리들의 삶의 본보기"라고 말한다.[51] 또한 그는 장례를 통해 고인의 실수를 용서할 것과, 친구와 친척들이 서로 화목할 것을 촉구한다. 요컨대 장례는 사람들에게 의미 있는 삶을 살 것을 교훈하게 된다.

3) 장례 절차

(1) 임종 전 준비

고인은 생전에 자신에게 죽음이 다가오는 것을 느끼게 되면, 가족들에게 유산을 배분한다. 일반적으로는, 법적으로 유효한 문서를 남기는 것이 아니라, 관련 있는 가족들을 모두 불러서 말로 유언을 하게 되는데, 유족들은 이

---

50. 중앙아시아언어문화연구소 연구 자료 (2022)
51. 중앙아시아언어문화연구소 연구 자료 (2022)

유언대로 순종하게 된다.

　카자흐인들은 보통 막내 아들이 마지막까지 부모와 함께 살기 때문에, 남은 유산의 상당 부분은 막내 아들에게 돌아간다. 그러나 다른 자녀들에게도 재산을 넘겨주는데, 딸도 아들과 차별 없이 유산을 받게 된다. 보통 사망 후 6개월 정도 지나서 유산 상속을 받는 가족들이 함께 법무 사무실('나타리우스')에 가서 정식으로 재산의 명의 변경 절차를 진행한다.

　일부 위구르인들은 임종이 가까이 오면, 무덤에 같이 묻힐 물건들을 준비한다. 생전에 작은 돌멩이 73개를 모아서 매장할 때에 함께 묻는데, 이것을 '타쉬 타르티쉬'라고 한다. 또한, 하늘 나라에 갈 때에 고운 모습으로 가시라는 의미에서 거울, 빗, 향수, 화장품 등을 함께 묻기도 하는데, 이 모든 것들은 본인이 직접 준비한다.

(2) 3일 장

　위구르인들은 보통 돌아가신 당일에 매장을 하지만[52], 카자흐인들은 3일 장을 한다. 이런 차이는 삶의 형태와 관계가 있는 것으로 보인다. 위구르인들은 주로 한 곳에 정착하여 사는 민족이기 때문에, 상을 당했을 때 소식을 전하고, 함께 모여서 장례를 치르는데 큰 어려움이 없다. 그러나 카자흐인들은 전통적으로 가축을 기르는데, 산지에 흩어져서 거주하기 때문에 소식

---

52. 사망 시점이 오후인 경우, 다음 날에 장례를 진행한다.

을 전하는 것도 어렵고, 함께 모이는 것도 많은 시간이 소요되기 때문에 3
일장으로 장례를 하는 전통이 생겼다고 한다.

(3) 장례 의식절차

① 장례 주관자

일부 마을에서는 모든 장례 절차를 마을 촌장(악사칼 AKCAKAЛ 혹은
'유룻 바스'[53]) 이 주관하여 진행하는데, 장례에 사용되는 천막, 식탁과 의자,
그리고 음식 만드는 도구들도 마을에서 공용으로 관리하는 물건을 사용하
도록 하고, 장례에 사용되는 비용도 마을 사람들로부터 돈을 모아서 충당해
줌으로, 경황이 없는 유족들이 걱정없이 장례를 치를 수 있도록 해 주기도
한다.

그러나 도시를 비롯한 대부분 마을에서는 상을 당한 유족들이 자체적으
로 장례를 주관하게 되는데, 경제적인 어려움이 있는 자들이 상을 당한 경
우는 마을 촌장이 주관하여 치러 주기도 한다. 가까운 친척들과 이웃들이
적극적으로 도와서 장례를 치르는 분위기는 이곳의 독특한 특징이라고 할
수 있다.

가족 대표는 장례 진행에 관한 세부 사항들을 이맘을 비롯한 마을 대표들

---

53. "유룻"은 마을, "바스"는 머리를 의미한다.

과 상의하여 결정한 후에, 친지들에게 사망 소식과 장례 일정 등을 알리게 된다.

② 부조금

장례에 참여하는 손님들은 유족을 위로하는 마음에서 부조금을 전달하기도 하고, 장례에 필요한 물품을 제공하기도 하고, 음식을 직접 만들어서 가져오기도 한다.

③ 매장 준비

마을마다 어귀에 공동묘지가 있는데, 무료로 이용할 수 있다. 이 안에 한 곳을 지정 받아서 매장 준비를 하게 되는데, 구조는 땅을 수직으로 깊이 파고, 다시 옆으로 파서 'ㄴ'자 모양으로 공간을 만드는데, 이 안쪽 공간에 시신을 두도록 한다.

④ 애도 표시

고인의 가까운 가족과 친지들은 몸에 애도의 표시를 하는데, 남자는 허리에 하얀 천을 두르고, 여자는 머리에 하얀 수건('아크 야글륵')을 쓴다. '아크

야글륵'은 보통 40일간 착용하면서 고인을 기리게 되는데, 경우에 따라서는 1년까지 착용한다. 40일 동안 착용하는 이유는 고인의 영이 40일간 이 땅에 머문다는 이들의 믿음과 관계가 있어 보인다.

⑤ 음식 준비

3일간 계속해서 조문객들이 찾아오는데, 이들에게 음식을 제공한다. 이것을 '코낙 아시르'라고 한다. 음식을 위해서는 일반적으로 말 한 마리를 잡는데, 이 고기가 부족하면 추가적으로 양을 잡아서 제공한다. 주로 집안 며느리들이 음식을 준비하는데, 이때 가까운 이웃들이 와서 함께 돕는 것이 일반적이다.

⑥ 시신을 정결하게 준비

가까운 친지들이 방으로 들어 가서 고인의 옷을 모두 가위로 잘라서 벗기고, 시신을 물로 깨끗하게 씻기는데, 이 물을 '메이람 수'(시신을 씻는 물)라고 한다. 보통 3-4명이 함께 일을 하는데, 한 사람은 물을 붓고, 한 사람은 머리 부분을, 한 사람은 몸통을, 한 사람은 다리 부분을 씻긴다. 하얀 천('악마타')으로 입이 벌어지지 않도록 턱을 묶고, 다리가 벌어지지 않도록 두 발의 엄지 발가락을 묶는다. 그 이후에는 준비한 하얀 천으로 만든 수의('케빈')

로 시신을 싸고 끈으로 묶어서 흐트러지지 않게 한다.

⑦ 장례 기도 ('쟈나자')

　시신은 친척들이 고인의 얼굴을 볼 수 있도록 놓는다. 시신이 준비가 완료되면 종교 지도자인 이맘이 나와서 사람들에게 설교를 하고, 해가 뜨는 방향인 '키블라'(qibla)를 바라보고 서서 기도 의식을 진행한다. 이때 시신도 '키블라'를 향하도록 한다.[54] 이것을 '쟈나자'(Zhanaza)라고 하며, 모든 무슬림 남성들은 이 '쟈나자'에 참여해야 한다. '쟈나자' 전에 해야 하는 일이 있는데, 그것은 고인의 부채를 정리하는 것이다. 이맘은 사람들 앞에서 고인에게 받지 못한 부채가 있는지를 확인하고, 이 고인의 부채를 담당할 사람을 정한다. 대부분 경우는 자녀들이 그 부채를 승계하게 되는데, 이것으로 고인의 짐을 가볍게 해 준다고 믿는다. 이후에 모스크 사원에 보관되어 있는 관('타붓')을 가져와서 시신을 넣고, 이맘이 다시 코란을 읽고, 죽은 영혼이 천국에 가도록 소원하며 기도한다.

⑧ 운구 및 매장

　운구에는 대부분의 남자들이 참여하게 되며, 여자는 참여할 수 없다. 묘지

---

54. 일부 사람들은 무슬림의 성지인 메카를 바라보아야 한다고 주장하기도 한다.

까지 거리가 먼 경우에는 운구 차량을 사용하지만, 대부분은 장정들이 교대로 관을 어깨에 메고 운구한다. 미리 파 놓은 묘의 안쪽 공간에 시신을 넣고, 흙으로 만든 벽돌로 안쪽 입구를 막는다. 그리고 이맘이 코란을 읽고 메카를 향해 고인을 위해 기도를 한다.

기도 후에 참가한 사람들 모두가 흙을 한 삽씩 떠서 무덤에 넣는다. 이때 남자들이 허리에 두른 하얀 천도 함께 묻는데, 이는 각자 집으로 돌아 갈 때 나쁜 액운이 따라오지 않게 하기 위한 것이라고 한다. 그리고는 흙으로 완전히 덮고, 지면 위로 분봉을 만들고, 그 위에 벽돌로 고인의 묘임을 표시한다. 이후에 비석이 만들어지면 묘지 앞에 세운다. 모든 일들이 마무리되면, 이맘이 다시 한번 코란을 읽고 기도를 함으로 매장 절차를 마치게 된다.

⑨ 식사 교제

매장 절차가 끝나면 집으로 돌아와서 식사 교제를 하게 되는데, 일반적으로 대부분의 사람들은 돌아가고 가까운 친척들만 남아서 식사 교제하면서 유족을 위로하게 된다. 남자들만 참여한 매장절차가 진행하는 동안 여성들이 식사를 준비하고 매장이후 돌아와 전체 식사를 한다. 식사를 할때는 상주의 모든 가족이 식사 시중을 들기 때문에 상객들이 모두 돌아가고 가족들이 모여서 식사를 한다.

(4) 이후의 추모의식들 (나지르 혹은 쿠다이타막 КҰДАЙ ТАМАҚ)

장례 후에 여러 차례에 걸쳐 가까운 친지들이 모여서 고인을 추모하는 의식을 거행한다. 이것을 '쿠다이타막 혹은 나지르'(Nazir)라고 부른다. 기본적으로 7일, 40일, 그리고 1년이 되는 날에 지낸다. 7일 제뜨스, 40일 크르크, 1년 즐득 쿠다이타막이라고 하며 1년은 정해진 것이 아니고 가족들의 합의가 되면 오라자(금식) 전이나 후로 미루거나 날씨가 춥기 전에 사람들이 오기에 편한 시간으로 유동적으로 정한다. 날짜는 상황에 따라 조금씩 조정할 수 있는데, 보통 홀수 날과 금요일을 택하는 경향이 있다.

카자흐스탄 무슬림 영적 관리부 샤리아 및 파트와의 전문가인 바우르잔 압두알리에프(Baurzhan Abdualiyev)는 이에 대해 다음과 같이 말한다. "기본적으로 7일, 40일, 100일, 1년 나지르가 있는데, 하나피 마드하브(Hanafi Madhhab)의 학자들은 나지르를 장례식에 참석하지 못한 먼 친척들에게 조의를 표할 수 있는 기회를 제공하는 의식 중 하나로 간주한다."[55]

고인의 가족은 말이나 소, 또는 양을 잡아서 음식을 준비하여 조문객들을 대접하게 되는데, 조문객들은 조금씩 돈을 모아서, 유족에게 마음을 전한다. 또한, 제사 때마다 기름밥('폴로')과 젯뜨 쉘팩(ЖЕТІ ШЕЛПЕК)[56]을 만들어서 참석자들과 이웃에 나누어 주는데, 이 음식을 만드는 이유는 고인이 기름 냄새를 맡고 기뻐할 것이라는 믿음 때문이다. 식사 때에는 이맘이 코

---

55. 중앙아시아언어문화연구소 연구 자료 (2022)
56. "일곱 개의 기름에 튀긴 부침개"라는 의미이다.

란을 읽고 고인과 유족들을 위해 기도하고, 마을 촌장이 권면의 말을 한다. 그리고 고인의 가족 중에 어른이 고인을 기억해서 온 사람들에게 감사의 인사를 한다.

(5) 조의를 표하는 태도

카자흐인이 유족들에게 조의를 표하는 태도는 다른 민족들과 동일하다. 포옹하면서 마음을 열고 진심으로 위로의 마음을 전한다. 유족들의 평안과 위로를 빌며, 마침내 유족에 좋은 일이 있기를 바라고, 고인의 영혼이 평안할 것과, 내세에 축복이 있을 것이라는 말을 사용한다. 흔히 하는 위로의 말로 "다음에는 좋은 일이 있기를" (아르트 카이으를르 볼슨), "잔치에서 만나자" (토이단 케즈데세이옥) 라고 한다. 또한 고인으로부터 받은 좋은 기억들을 나누며, 결코 고인을 잊지 않을 것과, 함께 슬픔을 공유하고 있음을 전해준다. 또한 계속 고인을 위해 기도하겠다는 말도 전한다.[57]

---

57. 중앙아시아언어문화연구소 연구 자료 (2022)

13장
중앙아시아의 청년세대의 이슬람 종교성
[카자흐스탄 알마티 무슬림 청년에 대한
설문조사 분석을 중심으로]

한 수 아

1. 중앙아시아의 인구학적 변화와 청년세대의 이슬람신앙

중앙아시아는 현재 구소련에서 독립한 지 30년이 넘어가면서, 그 지역내 러시아인들의 인구비율은 줄어들고, 무슬림들의 인구는 늘어나는 추세다. 그것은 구소련의 해체 후 지역내 러시아인들이 본국으로 돌아간 이유도 있지만 주로 무슬림 인구의 자연증가로 인한 것이었다. 이로 인해 중앙아시아 지역은 빠른 인구증가를 보이고 있다. 2020년에 중앙아시아 전체인구는 7,430만으로 2000년이래 1,890만명이 증가했다.[01] 추정전망치에 의하면 2050년까지 중앙아시아 지역의 인구는 1억명을 넘어설 것으로 보인다.[02]

구소련에서 독립 후 일어난 이러한 인구학적 변화는 이 지역의 이슬람 상

---

01. https://www.worldometers.info/world-population/central-asia-population/
02. https://www.eurasian-research.org/publication/un-population-prospects-case-of-central-asia/

황에 큰 영향을 주고 있다. 그것은 바로 독립 후 사회주의의 영향에서 벗어나, 민족주의와 전통의 부활에 영향을 받은 청년세대가 이 지역의 이슬람 상황에 영향을 줄 수 있기 때문이다. 중앙아시아의 인구는 꽤 젊다. 지역전체의 거의 삼분의 일에 달하는 인구가 15세 이하이다. 2020년 현재 중앙아시아의 중위연령(median age)은 27세이다.[03]

물론 모든 이슬람 지역에서 청년층의 이슬람 종교성이 강화되는 것이 아니다. 중동지역에서 15세에서 29세인구가 전체의 28%를 넘을 정도로 많은 비중을 차지하지만 그들 가운데 이슬람의 영향력이 약화되고 있다는 분석이 있다.[04]

중앙아시아에서 이러한 급격한 청년층 인구증가로 인해 나타나는 필요를 정부가 채우기는 어려운 실정이다. 가장 부유한 카자흐스탄을 포함해서 중앙아시아 국가들은 청년층을 고용할 수 있는 일자리를 만들어내지 못하고 있다. 이로 인해 이 지역이 높은 실업률을 보이고 있으며,[05] 이는 개인적으로 전문성 및 업무 경험부족을 초래하고 경제적 불안을 만들어 냄으로써, 주로 젊은이들에게 부정적 영향을 주고 있다.

어느 사회에서도 그렇듯이 청년층의 인구증가와 그들의 고용불안은 사회

---

03. 2014년 자료에 따르면 우즈베키스탄 - 27.1세, 키르기스스탄 25.7세, 타지키스탄 23.5세, 카자흐스탄 - 29.7세 Paul Stronski and Russell Zanca, (2019), "Societal change afoot in central asia, Carnegie endowment for international peace", 1-2, 2020년 한국은 43세, 카자흐스탄의 경우 2023년 중위연령은 29.5세이다.
04. 홍재훈, (2022), "개인화가 가속되는 아랍MZ세대에 대한 분석", 한국이슬람연구소, muslim-christian encounter, 29
05. 2017년 데이터에 따르면 키르기스스탄 7.8%에서 타지키스탄 10.8%

가 요동치게 되는 중요한 요인이 된다. 종교적으로는 불평등 및 사회 전체의 낮은 생활 수준과 함께 인구 구조에서 젊은 사람들의 비율이 높으면 이슬람 급진화의 위험이 현실화될 수 있다.[06]

미국 퓨 리서치 센터(American Pew Research Center)가 2011-2012년에 카자흐스탄, 키르기스스탄, 타지키스탄 및 우즈베키스탄에서 실시한 설문 조사에 따르면 키르기스스탄과 타지키스탄에서는 놀랍게도 많은 사람들이 샤리아의 합법화(각각 40%, 33.7%), 가족 문제에서 종교인의 권위(45.8%, 35.3%), 이슬람 정당의 합법화(40.1%, 31.6%)를 지지했다.

이 조사에서 극단주의 관행에 대한 지지에 대한 질문이 있었다. '불충실한 배우자를 돌로 치는 것'에 대한 질문이었는데 조사 대상자중에서 카자흐스탄의 6.5%(청소년의 9.1%), 키르기스스탄의 27.7%(청소년의 28.8%), 타지키스탄의 27.9%(청소년의 33.2%)가 이것을 지지했다. 이러한 극단주의 관행을 지지하는 인구의 전체 비율보다 청소년의 비율이 더 높은 것을 볼 수 있는데 이는 청소년들이 더 근본주의적인 성향을 가지고 있다는 뜻이 된다.[07]

중앙아시아 국가별로 무슬림 청년들의 이슬람 종교성의 상황을 좀더 살펴보자.

2015년 카자흐스탄의 한 대학에서 9천명 정도의 대학생들을 대상으로 조

06. https://www.zakon.kz/4965401-religioznyy-ekstremizm-v-tsentralnoy.html

07. Alina Iskanderova, "Radical Islamization of Central Asian Youth - Myth or Reality?" July 24, 2019 https://central-asia.institute/radikalnaya-islamizacziya-molodezhi-czentralnoj-azii-mif-ili-realnost/

사한바에 의하면 96.2%가 무슬림이라고 답을 했지만 11%의 학생만이 정기적으로 모스크에 간다고 답을 했다. 67%는 상황에 따라 가끔씩만 간다고 답했다. 학생의 15%는 정기적으로 종교 의식을 수행하고 37%는 상황에 따라 기도, 금식 또는 금요일 기도에 참석하고 자선을 행한다고 말했다.[08]

2017년 타지키스탄에서 발표한 한 조사결과에 따르면 거의 모든 젊은이들은 이슬람 신자이다. 응답자 1,000명 중 995명(99.5%)이 자신을 무슬림이라고 응답했다. 응답자의 30.9%는 이슬람의 가르침을 실천하고 있다. 그들은 정기적으로 모스크를 방문하고 모든 의식 및 금지 사항을 준수한다. 하지만 연령대별로 종교에 대한 태도의 차이도 주목해야 한다. 가장 종교성이 강한 연령대는 청년층 중 연령이 높은 그룹(25~29세 - 38.5%)이고, 종교성이 가장 낮은 그룹은 청년층내에서 연령이 낮은 그룹(15~19세 - 28.2%)이다.[09]

한편 2019년 우즈베키스탄 청년들에 대한 한 조사에 따르면 우즈벡 청년들은 "당신은 모스크에 가십니까"하는 질문에 "모스크에 전혀 가지 않는다"고 41.7%가 응답했고, "휴일이나 절기에 부정기적으로 간다"는 응답이 28.6%를 차지했다. 한편, 이슬람에 대한 태도를 나타내는 또 다른 행동은 우즈베키스탄의 이슬람 성지를 방문하는 것이다. 2019년에 54.7%(2017년 68.2%)가 우즈베키스탄의 성지를 방문했고, 31.8%가 "성지에 가본 적은 없지만 가보고 싶다"고 응답했다. 한편 응답자 다수는 종교국가의 건설에 부

08. Amangeldy Aitaly, "Religion and youth" Newspaper: Aktobe, February 5, 2015
09. https://library.fes.de/pdf-files/bueros/kasachstan/13346.pdf

정적인 의견을 가지고 있었다. 이런 점에서 조사기관은 젊은이들은 무엇보다도 종교를 민족적 전통과 문화의 수호자로 본다고 분석했다.[10]

이상의 내용을 볼 때 청년층의 이슬람 종교성의 측면에서 중앙아 국가들은 타지키스탄, 우즈베키스탄, 키르기스스탄, 카자흐스탄의 순서로 종교성이 강하게 나타난다고 할 수 있다. 이 네 나라를 비교하는 자세한 논의는 이 글의 목적을 벗어나는 것이므로 각 나라 청년들의 종교성을 간단히 서술하였다.

2. 현재 청년세대의 이슬람 종교성에 대한 설문조사분석 (카자흐스탄 알마티)

필자는 현재 청년세대의 이슬람 종교성에 대해 알아보기 위해 카자흐스탄 알마티에 있는 청년들을 대상으로 설문조사를 실시하였다.

2022년 10월부터 12월까지 설문지 작성을 하고 약 20개의 사례에 대한 예비조사를 통해 설문지 수정작업을 마쳤다. 2023년 2월 온라인 조사 및 3월 오프라인 현장 조사를 통해서 250개의 표본을 조사했으며 그 중 무슬림 청년은 203개 표본이 조사되었다.

2023년 현재 알마티 인구는 약 213만명이고 그 중 14세에서 29세 사이의

---

10. Latipova Nodira Mukhtarzhanovna "RELIGION IN THE LIFE OF MODERN YOUTH OF UZBEKISTAN"

청년 무슬림 인구는 약 30만명으로 추정된다.[11] 이 알마티의 30만명의 무슬림 청년을 모집단으로 하여 203개의 표본을 조사한 결과는 85%의 신뢰구간과 ± 5%의 표본 오차를 가진 통계학적인 의미를 지닌다.

알마티는 카자흐스탄의 최대 도시이며 국제화된 도시라고 할 수 있다. 그러므로 이곳에 사는 무슬림 청년들에 대한 조사가 카자흐스탄을 대표하는 것이라고는 볼 수 없다. 실제로 소도시나 시골지역에 갈수록 이슬람 종교성이 강화되어지는 모습을 볼 수 있다. 그렇지만 알마티 청년 무슬림들의 조사결과를 통해서 대도시 무슬림 청년들의 종교성의 상황을 볼 수 있을 것이다.

우선 설문조사한 표본의 특성을 살펴보자. 분석에 사용한 표본전체는 자신을 무슬림이라고 응답한 청년들이다. 흥미로운 부분은 자신의 민족이 러시아인이라고 한 사람 중에도 21명이나 스스로 무슬림이라고 답한 것이다. 이들은 카자흐스탄에 거주하면서 이슬람교를 받아들였거나 아니면 일부는 다른 민족이지만 러시아어 사용자라는 것을 러시아인으로 잘못 체크한 것으로 보인다. 그러나 조사결과 분석에는 영향을 주지 않는다. 각 연령별이나 성별 직업별 표본의 구성은 다음의 표와 같은데, 한쪽으로 치우치지 않고 잘 분포되어 있다고 볼 수 있다.

---

11. https://zhuji.world.com 청년의 나이를 어떻게 규정할 수 있는지는 논쟁의 여지가 있다. 그런데 일반적으로 칼리지 이상을 다니는 만14세 이상을 청년으로 본다. 그리고 30세까지를 청년층으로 보고자 한다. 한국에서도 15세에서 29세까지를 청년으로 보기도 한다.(청년고용촉진특별법 시행령상의 청년나이)

민족 / 응답 수	나이 / 응답 수	성별 / 응답 수	직업 / 응답 수
카자흐 161	14-17세 53	남자 88	고등학생 12
러시아 21	18-22세 69	여자 115	칼리지[12] 42
위구르 12	22-29세 81		대학생 52
우즈벡 3			직장인 71
기타 6			무직 26

1) 이슬람 종교성의 특징

조사 결과에서 이슬람 신앙의 5가지 기둥을 포함하여 종교성을 가늠해 볼 수 있는 행동들에 대한 응답을 가지고 이슬람 종교성을 살펴보자. 그것은 모스크 가기, 꾸란읽기, 기도하기, 라마단 금식, 기부하기, 이슬람 순례여행(하지)가기에 대한 응답이다. 다음에는 각각 질문에 대한 응답 수와 그 백분율, 그리고 그래프가 제시되어 있다.

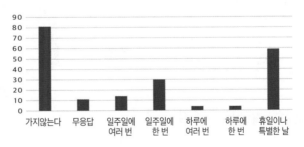

모스크 가기		
가지않는다	81	39.90%
무응답	11	5.42%
일주일에 여러 번	14	6.90%
일주일에 한 번	30	14.78%
하루에 여러 번	4	1.97%
하루에 한 번	4	1.97%
휴일이나 특별한 날	29	29.06%

---

12. 칼리지는 한국에서는 대학개념이지만 카자흐스탄에서는 만14세 이상이 다니는 직업고등학교 수준의 교육기관이다. 그래서 칼리지를 졸업하고 대학에 진학하기도 한다.

코란읽기		
가끔 읽는다	46	22.66%
무응답	16	7.88%
읽는다	35	17.24%
읽지 않는다	106	52.22%

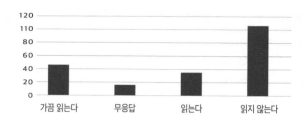

기도하기		
가끔 한다	11	5.42%
기도하지 않는다	141	69.46%
기도한다	38	18.72%
무응답	13	6.40%

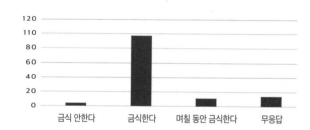

라마단 금식		
금식 안한다	4	1.97%
금식한다	97	47.78%
며칠 동안 금식한다	11	5.42%
무응답	14	6.90%

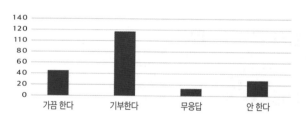

기부		
가끔 한다	45	22.17%
기부한다	117	57.64%
무응답	13	6.40%
안 한다	28	13.79%

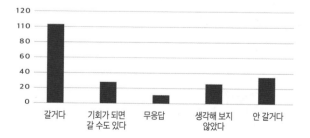

하지		
갈거다	103	50.74%
기회가 되면 갈 수도 있다	28	13.79%
무응답	11	5.42%
생각해 보지 않았다	26	12.81%
안 갈거다	35	17.24%

이상의 결과를 통해서 우리는 청년 무슬림들의 이슬람 종교성의 특징으로서 우선 '소극적 종교성'을 들 수 있다.

　이슬람에서 규정하는 종교 규율로서 종교성을 볼 수 있는 가장 기본적인 행위인 종교시설 모스크가기, 꾸란읽기, 기도하기에 대한 응답결과를 보면 자신을 무슬림이라고 여기면서도 그 행동을 하지 않는 비율이 가장 높았다. 기본적인 종교행위에 대해 매우 소극적이라는 점을 볼 수 있다. 이는 다른 중동의 무슬림국가와 비교해 보아도 그 뚜렷한 경향을 볼 수 있다. 예를 들어 모스크를 가는 빈도에 대한 한 조사결과를 보면 일주일에 한 번 이상 모스크 가는 비율은 터키 67%, 이집트 75%(2012년)에 비해서 카자흐스탄 청년 무슬림은 26%에 불과하다.[13]

　이러한 경향에 대해서 오원교는 카자흐스탄 청년 무슬림의 이슬람 종교성에서 양적 증가와 질적 저하라는 복합적인 양상이 나타난다고 보았다.[14] 그는 독립이후 카자흐스탄 청년세대에서 신자의 양적 규모는 괄목한 만한 성장을 보였지만 이에 비해 신자의 대부분은 종교활동에 적극적이기보다는 소극적인 태도를 취하고 있는 것으로 드러나고 있다고 말한다. 그는 이슬람의 규범과 계율에 대한 준수라는 측면에서 카자흐스탄 무슬림들은 적극적 이슬람보다는 소극적 이슬람에 가까운 경향을 보이고 있다고 말하면서 특히 이러한 특징이 청년 세대에도 나타난다고 지적하고 있다.

---

13. https://www.pewresearch.org/religion/2012/08/09/the-worlds-muslims-unity-and-diversity-2-religious-commitment/#mosque-attendance
14. 오원교, (2019), "현대카자흐스탄의 생활이슬람의 양상과 전망 - 청년 무슬림의 종교의식과 활동을 중심으로 - ", 러시아문학연구논집 제64집, 172.

하지만 본 설문조사 결과를 통해 그들의 종교행위를 좀더 자세히 살펴보았을 때 필자는 '개인적 종교성'과 '사회적 종교성'의 차이를 구분해야 한다고 말하고 싶다.

본 조사에 따르면 모스크가기와 꾸란읽기, 기도하기 같은 종교행위에 대한 참여비율은 낮지만 상대적으로 라마단 참여, 기부하기, 하지 참여에 대한 응답은 높게 나타나고 있다. '모스크에 가지 않는다'는 응답이 39.9%, '꾸란을 읽지 않는다'는 응답이 52.2%, '기도하지 않는다'는 응답이 69.5%이지만 '라마단에 금식한다' 47.8%, '기부한다' 57.6%, '순례여행(하지)을 갈 것이다' 50.7%로서 상반된 모습을 보인다. 여기서 모스크가기, 꾸란읽기, 기도하기는 개인적으로 시간을 내서 하는 종교행위로서 '개인적 종교성'을 볼 수 있는 행동이라고 할 수 있다. 반면 라마단 참여나 기부하기, 하지 참여는 사회적으로 조직되거나 홍보되어지고 공동체적으로 함께 참여하는 행위라고 할 수 있다. 이것을 필자는 '사회적 종교성'이라고 정의한다.

사회적 종교성의 강화는 무슬림 사회의 공동체성에 기인하는 것으로 보인다. 라마단이나 기부하기 등에 참여하는 청년 무슬림들은 개인적 종교성이 강해서라기 보다는 사회적 영향, 즉 다른 사람의 시선에 민감하게 반응하여 행동한 것이라고 할 수 있다. 실제로 라마단의 의미를 모르면서도 또래집단에서 밀려나지 않기 위해 라마단에 참여하는 경우도 많고 직장이나 동료들에게 자신이 무슬림이라는 것을 보이기 위해 참여하는 경우가 적지 않다.

키르기스 사회에 대한 한 연구에서, 이슬람 가부장제 사회의 요구와 기대에 부응하기 위해 젊은 여성이 히잡을 쓰는 행동을 하는 것을 언급한다. 그 조사는 많은 젊은 여성들이 종교에 대한 개인적인 믿음 때문이 아니라 결혼하기 위해서 혹은 남편과 그의 친척을 기쁘게 하기 위한 도구적 목적으로 히잡을 쓰는 것을 관찰했다.[15] 이것 역시 사회적 종교성의 측면이라고 할 수 있다.

또한, 이것은 사회속에서 이슬람을 통한 사회통합이라는 것이 정치적 혹은 종교적으로만 아니라 일상적인 사회적 관계에서 이루어지는 것을 나타내는 한 예라고 할 수 있다. 앞서 언급한 청년들의 라마단에 대한 참여가 높아지는 것도 이러한 사회적 통합의 과정으로 이해할 수 있다. 이처럼 청년들의 이슬람 종교성은 민족정체성 혹은 공동체성의 요소에 근거해서 사회통합의 기능을 하면서 강화되고 있다. 그리고 결국에 이러한 사회적 종교성은 개인적 종교성에 영향을 주어 전체적인 이슬람 종교성의 강화를 가져다 줄 것으로 보인다.

2) 혼합주의적 종교성

다음으로는 설문결과를 통해서 청년들의 이슬람 종교성이 혼합주의적인지를 살펴보자. 우리는 중앙아시아 이슬람의 특징으로서 민속이슬람 즉 혼

---

15. Asel Doolotkeldieva (2017) "Islam and the norms of the Kyrgyz society - do they contradict each other so much?" 27 March https://www.caa-network.org/archives/867

합주의적 특징을 가지고 있는 것을 알고 있다. 이러한 양상이 대도시 무슬림 청년들에게도 나타나는가? 필자는 이를 알아보기 위해서 무당을 찾아가기, 조상의 영 숭배, 그리고 금기 지키기에 대한 질문을 하였다.

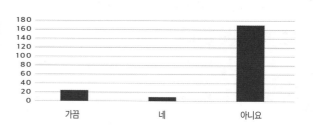

무당		
가끔	29	11.82%
네	9	4.43%
아니요	170	83.74%

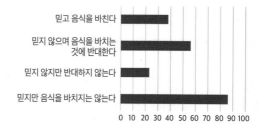

조상의 영		
믿고 음식을 바친다	45	22.17%
믿지 않으며 음식을 바치는 것에 반대한다	117	57.64%
믿지 않지만 반대하지 않는다	13	6.40%
믿지만 음식을 바치지는 않는다	28	13.79%

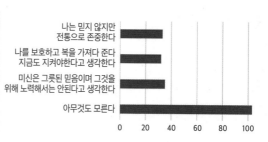

금 기		
나는 믿지 않지만 전통으로 존중한다	103	50.74%
나를 보호하고 복을 가져다 준다 지금도 지켜야한다고 생각한다	35	17.24%
미신은 그릇된 믿음이며 그것을 위해 노력해서는 안된다고 생각한다	32	15.76%
아무것도 모른다	33	16.26%

조사 결과를 보면 대도시 무슬림 청년들도 민속 이슬람의 특징을 보이고 있다.

무당찾기의 비율은 상당히 낮지만[16], 조상의 영 숭배(63%)와 금기 지키기 (68%)에 대해서는 높은 비율로 긍정적인 응답을 보이고 있다. 따라서 청년들도 혼합주의적 종교성을 보인다고 볼 수 있다.

3) 근본주의적 종교성

다음으로는 청년들이 얼마나 근본주의적 성향의 종교성을 가지고 있는지를 보고자 한다. 이를 위해서 샤리아법에 대한 의견을 물어보았다.

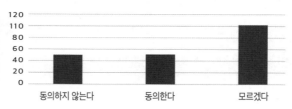

샤리아법		
동의하지 않는다	50	24.63%
동의한다	51	25.12%
모르겠다	102	50.25%

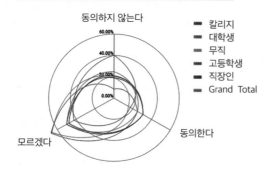

좋은 정부는 샤리아법을 지켜야 한다

---

16. 아마도 대도시에는 무당이 적고 또 청년들의 입장에서는 무당을 찾아가서 지불해야 하는 비용이 부담이 되어서 그럴 것이 아닐까 추측된다.

응답결과를 보면 25.12%가 국가는 샤리아법을 따라야 한다고 응답했다. 이는 세속국가이며 온건한 하나피파가 대부분인 카자흐스탄의 상황에서 상당히 높은 반응이라고 볼 수 있다. 2012년 전체 연령집단에 대한 조사에서는 샤리아법을 지지한다는 응답은 13%였다.[17]

이에 대해 오원교는 청년신앙의 급진성 또는 적극성을 이유로 들고 있다.[18] 청년층 자체가 지닌 급진성에 더해서 특별히 실업률의 증가와 높은 인플레이션, 빈부격차 등의 문제를 청년들이 심각하게 생각하고 이슬람을 통해 해결책을 찾는 것이라고 볼 수 있다. 필자의 조사에서도 무직청년들의 27.6%가 정기적으로 모스크를 간다. 이는 직업그룹에서 가장 높은 비율이다. 이런 경제적인 상황이 청년층에서 특별히 종교적 근본주의에 대한 관심을 만들어내는 이유 중 하나로 보인다.

4) 그룹별 이슬람 종교성의 정도

이슬람 종교성의 정도를 집단별로 분류해서 살펴보자.

첫째로, 사용언어별 응답이다. 도시에 사는 많은 카자흐 청년들은 어려서부터 러시아어로 교육을 받았기 때문에 민족언어인 카자흐어보다 러시아어를 더 편하게 사용하는 경우가 많다. 이에 사용언어별로 종교성이 어떤 지

---

17. Barbara Junisbai, Azamat Junisbai, and Baurzhan Zhussupov, (2017), "Two countries, Five Years: Islam in Kazakhstan and Kyrgyzstan through the lens of public opinion surveys", Junisbai et al. Central Asian Affairs, 4,1, 10
18. 오원교, (2019)., 171

를 살펴보았다.

조사된 카자흐민족 청년은 161명인데 그 중 카자흐어가 '편하다'에 136명이 응답하였고 25명은 카자흐어보다 러시아어를 더 편하게 사용하고 있다. 카자흐 청년의 15.5%는 러시아어를 더 편하게 사용하는 것이다. 이러한 러시아어 사용자들에서, 다음 그래프에서 볼 수 있듯이, 모스크에 가지 않는 비율(59.2%)과 쿠란을 읽지 않는 비율(68.8%)이 높게 나타난다. 이는 전체 평균 모스크에 가지 않는 비율(39.9%) 및 꾸란을 읽지 않는 비율(52.2%)보다 상당히 높다. 반면에 기부한다는 비율은 러시아어 사용자가 상당히 낮고 카자흐어 사용자가 높다.

이런 결과를 통해서 같은 카자흐 청년이라고 하더라도, 러시아어 사용자들의 이슬람 종교성이 낮다는 것을 알 수 있다. 이는 언어가 세계관에 영향을 주는 것을 고려할 때, 당연한 결과라고 볼 수 있다.

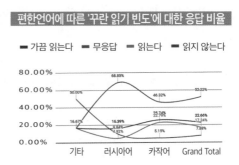

편한 언어에 따른 '기부하기'에 대한 응답

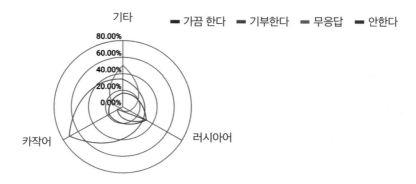

두번째로 연령별 종교성의 정도를 보자.

연령별 응답을 보면 개인적 종교성을 나타내는 모스크 가기를 통해 볼 때 14-17세의 비율이 낮게 나타나고 있으며 23-29세의 높은 연령대에서 보다 모스크에 자주 가는 것을 볼 수 있다. 한편 사회적 종교성을 나타내는 라마단 참여는 23-29세 그룹에서 가장 작게 나타나고 그것보다 낮은 연령대에서 더 높게 참여하는 것을 볼 수 있다. 이는 보다 낮은 연령대의 청년 그룹에서 또래집단의 영향력이 강하게 나타나기 때문이 아닐까 추측된다.

연령 별 '모스크 방문 빈도'에 대한 응답

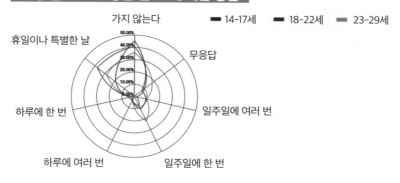

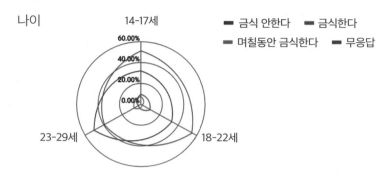

연령 별, 라마단 금식

나이   14-17세   ■ 금식 안한다   ■ 금식한다
                                ■ 며칠동안 금식한다   ■ 무응답

60.00%
40.00%
20.00%
0.00%

23-29세   18-22세

아래에서는 연령별로 샤리아 법에 대한 응답을 제시하였다.

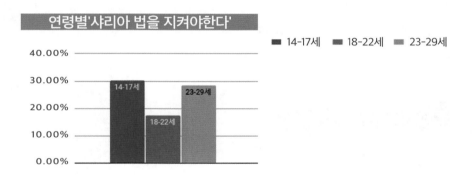

연령별'샤리아 법을 지켜야한다'

■ 14-17세   ■ 18-22세   ■ 23-29세

40.00%
30.00%
20.00%
10.00%
0.00%

14-17세
18-22세
23-29세

샤리아법에 대한 찬성의견은 연령대가 낮은 14-17세에서 가장 높은 응답 비율을 나타낸다. 그리고 23-29세 연령대도 비슷한 정도의 비율로 샤리아 법에 대한 찬성의견을 보인다. 그런데 특이한 점은 그 중간 연령인 18-22 세 그룹의 샤리아법에 대한 찬성의견이 다른 연령그룹에 비해 오히려 낮게 나타난다. 그것은 이 연령대가 대학에서 공부를 하는 시기인데 이 연령대 의 학생들에게 정부에서 집중적으로 근본주의 이슬람에 대한 교육을 시키

기 때문이 아닐까 생각된다. 실제로 대학은 학생들에 대해 자주 설문조사를 실시해서 근본주의에 대한 태도를 파악하고 있으며 그 영향력을 차단하기 위한 교육을 실시한다. 그 결과로 실제로 샤리아법에 대해 부정적인 생각을 가지게 되었을 수도 있고 아니면 설문응답에 정부와 학교의 입장과 상반된 의견을 표시하는 것을 꺼려하는 것일 수도 있다. 그런데 학교를 벗어난 23-29세 그룹에서 찬성의견이 다시 높아진 것을 보면 후자의 가능성이 더 커 보인다.

세번째로 성별차이를 살펴보자

아래의 표를 보면, 모스크에 가거나 기도하는 빈도에 있어서 모두 여성보다 남성이 높은 종교성을 나타내고 있다.

모스크에 가는 빈도에 대한 응답		
구 분	남자	여자
가지 않은다	21.59%	53.91%
무응답	2.27%	7.83%
일주일에 여러번	13.64%	1.74%
일주일에 한 번	29.55%	3.48%
하루에 여러 번	3.41%	0.87%
하루에 한 번	3.41%	0.87%
휴일이나 특별한 날	26.14%	31.30%

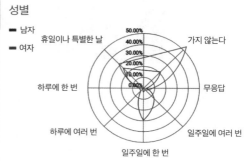

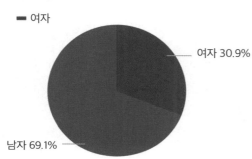

- 남자
- 여자

여자 30.9%

남자 69.1%

넷째로 직업별 그룹이다.

설교를 듣는 비율과 모스크에 가는 비율을 통해서 직업별 종교성의 정도를 보았다. 그림에서 보이듯이 대학생 그룹이 이슬람관련 설교를 제일 듣지 않으며 또한 모스크에 가는 비율도 가장 낮다. 앞서 언급한 다른 대학생 관련 조사에 따르면 11%의 정도의 대학생만이 모스크에 간다고 했는데 필자의 조사에 따르면 일주일에 일회이상 정기적으로 모스크에 가는 대학생의 비율은 13.5%였다.

직업 별 '설교' 듣는 빈도

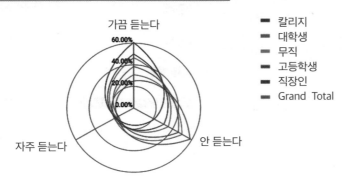

가끔 듣는다

60.00%
40.00%
20.00%
0.00%

- 칼리지
- 대학생
- 무직
- 고등학생
- 직장인
- Grand Total

자주 듣는다   안 듣는다

직업 별 '모스크' 방문 빈도

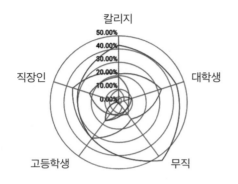

- ▬ 가지 않는다
- ▬ 무응답
- ▬ 일주일에 여러 번
- ▬ 일주일에 한 번
- ▬ 하루에 여러 번
- ▬ 하루에 한 번
- ▬ 휴일이나 특별한 날

다섯번째로 종교성의 개방성/배타성에 대한 것이다.

이를 알아보기 위해, 설문을 통해 태어나면서부터 무슬림이라고 생각하는 카자흐인이 다른 종교를 믿는 것에 대한 의견을 물어보았다. 많은 청년들은 '개인의 종교적 자유를 존중해야 한다'고 응답했다. (115명) 이는 카자흐 청년들이 다른 종교에 대해 아주 배타적이지는 않다는 것을 보여준다.

다른 종교

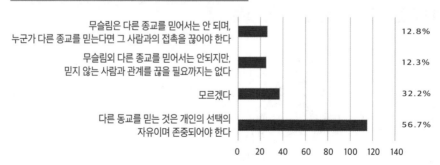

한편, 다음에 직업그룹과 연령별로 다른 종교성에 대한 배타성을 살펴보았다. 이를 통해서 알 수 있는 것은 16-22세의 연령대에서 배타성이 가장 낮고, 23세에서 29세 사이 연령대에서 가장 높은 배타성을 드러내고 있다. 그리고 직장인 그룹에서 다른 종교에 대한 상대적으로 높은 배타성을 드러냈다.

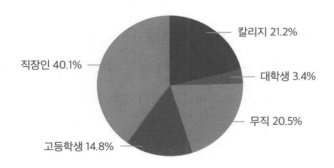

무슬림은 다른 종교를 믿어서는 안 되며, 누군가 다른 종교를 믿는다면 그 사람의 접촉을 끊어야 한다

칼리지 21.2%
대학생 3.4%
무직 20.5%
고등학생 14.8%
직장인 40.1%

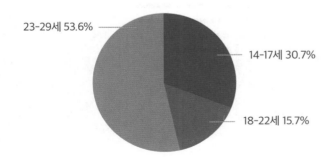

타 종교인과는 절교해야 한다

23-29세 53.6%
14-17세 30.7%
18-22세 15.7%

결론적으로 그룹별 종교성 분석에 따르면 이슬람 종교성이 가장 낮은 그룹은 러시아어 사용자, 여성, 직업적으로는 대학생 그룹이다. 반대로 직장인, 남성, 23-29세 연령층 집단이 보다 종교성이 강하다고 할 수 있다. 그들은 청년이지만 이미 자기 정체성이 확고해진 시기이고 한국과는 달리 직장생활을 하며 심지어 결혼해서 자녀도 있을 수 있는 연령이다.

5) 기타 설문조사 결과

다음에는 종교에 대한 정보를 얻는 경로에 대한 응답을 제시하였다. 인터넷과 SNS를 통해서 종교정보를 얻는 경우가 제일 많았다. 그 다음이 부모나 가족이다. 상대적으로 종교지도자나 신앙심이 강한 친구, 혹은 종교서적의 영향력은 적은 편이었다.

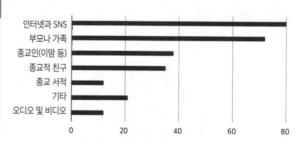

종교에 대한 정보는 주로 어디서 얻습니까?		
인터넷과 SNS	80	29.60%
부모나 가족	72	26.70%
종교인(이맘 등)	38	14.10%
종교적 친구	35	13.00%
종교 서적	12	4.40%
기타	21	7.80%
오디오 및 비디오	12	4.40%

다음에는 외국거주선호에 대한 설문결과를 제시하였다. 이 조사를 통해서 발견한 흥미로운 점의 하나는 대부분의 무슬림 청년들이 외국에 나가 거주하고 싶어한다는 것이다. 그리고 무슬림 청년들이 거주하고자 하는 나라는 미국이나 한국, 유럽 등 비무슬림 국가들이다. 그곳은 자유롭고 높은 소득을 올릴 수 있는 곳이기 때문이다. 그리고 당연하게 그 국가들에서 사용하는 언어를 배우고자 한다.

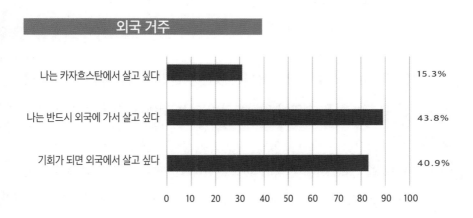

외국 거주

- 나는 카자흐스탄에서 살고 싶다 — 15.3%
- 나는 반드시 외국에 가서 살고 싶다 — 43.8%
- 기회가 되면 외국에서 살고 싶다 — 40.9%

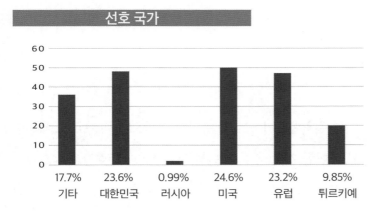

선호 국가

- 기타 17.7%
- 대한민국 23.6%
- 러시아 0.99%
- 미국 24.6%
- 유럽 23.2%
- 튀르키예 9.85%

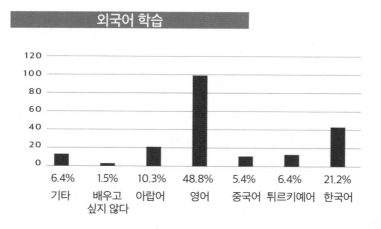

| 6.4% | 1.5% | 10.3% | 48.8% | 5.4% | 6.4% | 21.2% |
| 기타 | 배우고
싶지 않다 | 아랍어 | 영어 | 중국어 | 튀르키예어 | 한국어 |

외국어 학습

이 설문결과를 보고 한가지 주목되는 것은 무슬림 청년들이 가서 살고 싶은 나라에 한국이 높은 순위에 위치하고 있다는 것이다. 미국에 거의 근접한 선호도를 보이고 있으며 유럽을 능가한다. 그리고 한국어를 배우고 싶어하는 비율도 꽤 높다. 이는 한국과 한국문화에 대한 이 지역 청년들의 긍정적인 인식을 반영한 것이라고 할 수 있다.

글을 마치며

중앙아시아 지역에서 인구가 빠르게 증가하고 있으며 이는 주로 무슬림 인구의 자연증가로 인한 것이다. 이로 인해 청년층의 비중이 높은 데, 구소련에서 독립한 이후에 태어나고 교육받은 중앙아시아 무슬림 청년들은 이슬람 종교성이 이전 세대보다 강하다고 할 수 있다. 하지만 설문조사에 의하면 그들 역시 소극적인 종교성을 지니고 있었다. 그런데 공동체의 분위기에 영향을 받는 사회적 종교성은 상대적으로 강하게 나타나고 있다. 이 요인이 앞으로 전반적인 이슬람 종교성 강화에 영향을 줄 것으로 보인다. 또한 무슬림 청년들은 혼합주의적이며 동시에 근본주의적인, 어떻게 보면 모순된 성격을 드러내고 있다.

그룹별 종교성을 분석한 결과에 따르면 직장인, 남성, 23-29세 연령층 집단이 보다 종교성이 강하다고 할 수 있다. 반대로 이슬람 종교성이 가장 낮은 그룹은 러시아어 사용자, 여성, 직업적으로는 대학생 그룹이다.

참고문헌)

오원교, (2019), "현대카자흐스탄의 생활이슬람의 양상과 전망 – 청년 무슬림의
　　종교의식과 활동을 중심으로 – ", 러시아문학연구논집 제64집
홍재훈, (2022), "개인화가 가속되는 아랍MZ세대에 대한 분석", 한국이슬람연구소,
　　muslim-christian encounter,
Barbara Junisbai, Azamat Junisbai, and Baurzhan Zhussupov, (2017), "Two
　　countries, Five Years: Islam in Kazakhstan and Kyrgyzstan through the lens of
　　public opinion surveys", Junisbai et al. Central Asian Affairs, 4,1,
Paul Stronski and Russell Zanca, (2019), "Societal change afoot in central Asia",
　　Carnegie endowment for international peace https://carnegieendowment.
　　org/2019/10/18/societal-change-afoot-in-central-asia-pub-80086
Alina Iskanderova, (2019) "Radical Islamization of Central Asian Youth – Myth or
　　Reality?" July 24, https://central-asia.institute/radikalnaya-islamizacziya-
　　molodezhi-czentralnoj-azii-mif-ili-realnost/
Amangeldy Aitaly, (2015), "Religion and youth" Newspaper: Aktobe, February 5,
　　https://library.fes.de/pdf-files/bueros/kasachstan/13346.pdf
Asel Doolotkeldieva, (2017), "Islam and the norms of the Kyrgyz society - do
　　they contradict each other so much?" 27 March, https://www.caa-network.org/
　　archives/8672
Latipova Nodira Mukhtarzhanovna "RELIGION IN THE LIFE OF MODERN
　　YOUTH OF UZBEKISTAN" file:///C:/Users/arman/Downloads/religiya-v-
　　zhizni-sovremennoy-molodezhi-uzbekistana.pdf
https://www.worldometers.info/world-population/central-asia-population/
https://www.eurasian-research.org/publication/un-population-prospects-case-of-
　　central-asia/
https://www.zakon.kz/4965401-religioznyy-ekstremizm-v-tsentralnoy.html
https://zhuji.world.com
https://www.pewresearch.org/religion/2012/08/09/the-worlds-muslims-unity-
　　and-diversity-2- religious-commitment/#mosque-attendance

제 4 부
이슬람 이전의
중앙아시아 기독교 전파와 유산

제 4부는 이슬람 이전의

중앙아시아 기독교 전파와 그 유산을 설명한다.

알마티의 젠코브 러시아정교회 성당 내부

14장
중앙아시아의
동방 기독교전파 역사

안 도 현

그림1 중앙아시아로의 동방 기독교전파 100 - 1350 (Dr. S. Glibert)

"시리아로부터 메소포타미아, 페르시아, 소그디아, 백훈족, 튀르크족,
중국 및 튀르크-몽골족까지"

들어가는 말

초기 기독교는 사도 바울 일행을 통해 유프라테스 강 서쪽에 위치한 로마

제국을 통해 활발하게 전파되어 서방교회를 이루어 갔다. 같은 시기 사도 도마 일행은 동쪽에 위치한 파르티아 제국을 통해 동방교회를 개척해 갔다. 이렇게 시작된 동방교회는 다른 세계 종교들과는 다르게 대체적으로 국가 권력의 뒷받침을 받아 본 적이 없고, 오히려 국가권력으로부터 탄압을 받는 가운데도 자신들의 신앙을 지켜왔다.[01] 필자는 현재 중앙아시아 카자흐스탄 에서 크리스토퍼 바우머, 스티븐 길버트, 챨스 스튜어트, 마크 디킨스 교수 등 국제적인 고고학 전문가들 및 중앙아시아의 드미트리 보야킨, 발레리 콜 젠코 교수 등 현지 고고학자들[02]과 함께 중앙아시아 지역에서의 동방 기독 교 고고학 발굴과 연구를 공동으로 진행하고 있다. 이에 필자는 이 글에서 간략하게 과거 동방 기독교 전파의 역사, 특별히 중앙아시아에서의 동방 기 독교 유적유물발굴을 통해 나타난 기독교전파의 역사에 대해 고찰하고자 한다. (그림 1)

필자는 이 글에서는 '네스토리안 교회'라는 용어보다는 '동방 기독교'라 는 용어를 더 많이 사용하기를 원한다. 동방교회는 네스토리우스파[03]보다

---

01. 크리스토퍼 바우머, (2016), 실크로드 기독교 동방교회의 역사, (안경덕 역), 일조각, 25

02. 크리스토퍼 바우머(Dr. Christoph Baumer, the Swiss Society for the Exploration of Eurasia, http://www.exploration-eurasia.com), 스티븐 길버트(Dr. Steven T. Gilbert, Tandy Institute for Archaeology, USA), 챨스 스튜어트 (Prof. Charles A. Stewart, University of St. Thomas, Houston, USA), 마크 디킨스(Prof. Mark Dickens, University of Alberta, Cana), 드 미트리 보야킨(Dr. Dmitry Voyakin, Archeological Expertise, Kazakhstan, Director of The International Institute for Central Asian Studies (IICAS) by UNESCO Silk Ro Programmes, https://www.unesco-iicas.org), 발레리 콜젠코(Prof. Valery Kolchenko, Institute of History, Archeology and Ethnology of the National Academy of Sciences of the Kyrgyz Republic)

03. '네스토리우스(Nestorius)' (382-451년) 안디옥 학파의 사제이자 수도사였으며, 이후 콘스탄티 노플의 총대주교(428-431)가 된다. 431년 에베소 공의회에서 이단으로 몰려 435년 국외로 추 방되어 페트라로 망명, 수도원에서 은둔하였다. 이후 다시 이집트로 추방되어 많은 저술을 남기

훨씬 이전 이미 초대교회부터 동쪽으로 기독교를 전파하여 세운 교회로부터 출발하기 때문이다. 더 나아가 '동방 기독교'라는 용어에는 '서방교회'에 반대되는 지리적 개념보다는 '예수님께서 해 뜨는 곳 즉, 동방에서 다시 오실 것이라'[04]고 하는 것을 강하게 믿었던 당시 동방 그리스도인들의 믿음과 소망이 들어 있기 때문이다.[05]

1. 동방기독교역사의 시작

초대교회이래 기독교는 로마제국을 통해 서방으로 전해졌으며, 동시에 메소포타미아를 너머 페르시아를 지나 2세기 말에는 이미 중앙아시아에 기독교가 전파되어왔다.[06] 시리아의 기독교 신학자인 바르다이산(Bardaisan)

고 451년 사망하였다.

04. 마태복음 24:27 "번개가 동편에서 나서 서편까지 번쩍임 같이 인자의 임함도 그러하리라." (개역개정)

05. "…과거 북방의 유목민들은 동서남북과 같은 방위를 나타낼 때 좌우전후라는 말을 흔히 사용했다. …돌궐인들은 해가 뜨는 북방을 왼쪽으로 남방을 오른쪽으로 칭했음을 알 수 있다. 그것은 그들의 방향 설정이 기본적으로 동향이었기 때문이다. 그러나 몽골들의 경우는 달랐다. 그들에게 왼쪽은 동방을, 그리고 오른쪽은 서방을 뜻했다. 그것은 그들이 남쪽을 향해 바라보았기 때문이다…"
김호동, (1999), 황하에서 천산까지, 사계절, 154
동쪽이라는 말은 카자흐어로 '셔그스' 즉 해가 뜨는 쪽이고, 서쪽이라는 말은 '바트스' 즉 해가 지는 쪽이라고 말한다. 즉, 동서남북의 개념에서 해가 뜨는 쪽을 바라보고 서면 앞쪽이 동쪽이고, 해가 지는 뒤쪽이 서쪽이며, 오른쪽이 남쪽에 해당하며, 왼쪽은 북쪽에 해당한다.

06. 사무엘 모펫(Samuel H. Moffett), (2004), 아시아 기독교회사, (김인수 역), 장로회신학대학교 출판부, 152

은 196~222년에 트란스옥시아나 지방(Transoxiana)[07]에 이미 기독교 공동체가 있었다고 기록하였다. 즉, 기독교는 유프라테스 강에서부터 널리 힌두쿠시 산맥 기슭에까지 도달하였다.[08] 초기 기독교는 사도 바울일행을 통해 유프라테스 강 서쪽에 위치한 로마제국으로, 그리고 사도 도마 일행들을 통해 동쪽에 위치한 파르티아 제국(Parthian Empire)[09]을 넘어 활발하게 전파되었다. 로마제국 하에서 기독교는 박해를 받았지만, 313년 콘스탄티누스 황제의 기독교 공인 이후 기독교는 국가권력의 뒷받침 아래 서방세계로 지속적으로 활발하게 전파되었다. 이러한 배경에는 당시 대부분 서방의 이방 종교들이 멸망하고 있었던 상황이 있었다.

반대로 기독교의 탄생지역인 아시아에는 조로아스터교, 힌두교, 불교, 이슬람 및 유교에 이르기까지 강력한 장애물들이 있었다.[10] 이러한 커다란 장애와 핍박 가운데 기독교는 널리 안디옥에서 중앙아시아에 이르는 지역에서 공용어로 쓰였던 아람어(Aramaic)[11]를 통해 전파되었다. 즉 아람어를 쓰

---

07. '트란스옥시아나 지방(Transoxiana)' 시르다리야강과 아무다리야강(혹은 옥수스강)의 사이에 위치한 지역으로 현재의 우즈베키스탄 대부분, 타지키스탄 대부분 및 카자흐스탄 남서부를 포함하는 지역이다.

08. 크리스토퍼 바우머, (2016), 123

09. 파르티아 제국(Parthian Empire, BC 247-224) 아르사케스 제국(Arsacid Empire)이라고도 하며 고대 이란에 있었던 이란족의 정치문화적 세력이었다. 전성기 때 파르티아 제국은 오늘날 중동부 터키 일대인 유프라테스 강 일대에서 오늘날 아프가니스탄과 서부 파키스탄 지역까지를 영토로 보유하고 있었다. 파르티아 제국은 지중해 분지에 있는 로마 제국과 고대 중국의 한나라를 잇는 비단길 교역로에 위치하고 있었기에 무역과 상업의 중심지가 되었다. 파르티아인들은 페르시아, 헬레니즘, 그리고 역내 문화들을 포괄하는, 다양한 문화를 아우르는 제국이었다.

10. 사무엘 모펫(Samuel H. Moffett), (2004), 777-780

11. '아람어(Aramaic)' 시리아어와 문자는 에데사의 아람어 방언에서 기원한다.

는 선교사들이 상업의 통로였던 실크로드를 통해 신흥종교인 기독교를 동방으로 전파했다. 당시 서방교회는 그리스어를 사용하였고, 동방교회는 시리아어를 사용하였다.[12]

동방교회의 전파 시기는 크게 네스토리안 교회가 전파되기 이전의 시기와 이후의 시기로 대별될 수 있다. 네스토리안 교회가 전파되기 이전의 시기에는, 동방 기독교가 당시의 로마와 페르시아의 접경 지역 에데사(Edessa)[13]와 당시의 아르벨라(Arbela)[14]라는 곳을 중심으로 발전하였다. 에데사는 '시리아 기독교의 어머니 도시'라 불리울 만큼 동방 기독교의 중심이 되었다.[15] 네스토리우스가 43년 에베소 종교회의에서 이단으로 규정된 이후 그를 추종하는 지지자들이 박해를 피해 48년 로마를 떠나 페르시아로 넘어갔다. 안디옥 신학의 전통을 고수하는 앗시리아 동방교회 즉 에데사 교회와 아르벨라 교회는 49년 네스토리안 교회와 통합하여 '페르시아 교회'로 불리게 되었으며, 이후 '네스토리우스 교단' 이라는 새로운 이름으로 동방 기독교가 발전해 갔다.[16]

---

12. 크리스토퍼 바우머, (2016), 60
13. 지금의 튀르키예 지역 우르파(Urfa)
14. '아르벨라(Arbela)' 현재 이라크의 아르빌(Erbil)이다.
15. 크리스토퍼 바우머, (2016), 49
16. 김호동, (2002), 동방 기독교와 동서문명, 까치글방, 106

2. 동방 기독교 신학

동방 기독교 신학은 네스토리안 신학에 기초하여 발전해 갔다. 313년 콘스탄티누스 황제는 로마제국이 하나의 종교로 결속되기를 원해 기독교 교리를 하나로 통일하기를 바랐다. 이러한 가운데 가장 큰 문제는 기독론에 관한 것이었다. 안디옥 학파는 공관복음서에서 묘사하고 있는 역사적 예수 즉 '예수 그리스도의 인성'에 가장 큰 의미를 두었다. 이에 반해 알렉산드리아 학파는 요한복음의 '말씀이 육신이 되었다'는 말씀에 집중하여 '예수 그리스도의 신성'을 강조하였다. 당시 키릴로스 대주교를 중심으로 한 알렉산드리아 학파는 예수 그리스도의 신성을 강조하며 마리아를 '데오토코스' (Theotokos) 즉 '하나님을 낳은 자'라고 주장하였다. 당시 이집트의 여신인 '이시스(Isis)'와 그 아들 '호루스(Horus)'가 로마제국내에서 숭배의 대상이었다. 이러한 영향 가운데 많은 그리스도인들은 마리아를 숭배하기까지 이르렀다. 이에 반해 예수 그리스도의 인성을 강조하는 안디옥 학파의 네스토리우스 대주교는 마리아를 존경하지만 신으로 숭배하는 것을 반대하였다. 그는 마리아는 '그리스도를 낳은 자'라는 '크리스토토코스'(Chistotokos)라는 용어를 사용하였다. 하지만 431년 에베소 공의회에서 불법적으로 네스토리우스와 안디옥 학파를 이단으로 결정하였다.[17]

---

17. 크리스토퍼 바우머, (2016), 88-107

3. 메소포타미아지역[18]으로의 동방 기독교전파

신약성경 사도행전에는 사도 베드로가 예루살렘에서 오순절[19] 성령강림의 날 설교를 했을 때 여러 곳에 흩어져 살던 유대인 디아스포라들과 유대교로 개종한 이방인들이 참여하였다라고 기록하고 있다.[20] 이 중의 한 곳이 바로 메소포타미아 지역이다. 또한 기독교인들은 35년경 스데반의 순교이후 박해를 피해 남쪽의 이집트 국경과 북쪽의 안디옥(Antioch)[21]과 키프로스(Cyprus)에 이르기까지 복음을 전파했다. 안디옥에서 40년경 그리스어로 '크리스티아노니(Chirstianoni)' 즉, '그리스도인'이라는 말이 처음으로 사용되었다. 이 '그리스도인'이라는 말은 당시 유대인 기독교인인 '나사렛인'과 구별해 그리스어를 사용하는 비유대인 기독교인들을 부르는 말로 사용되기 시작했다.[22] 안디옥은 서방적이고 헬라적이며 로마제국의 세 번째로 중요한 도시였으며, 로마의 아시아 지역내에서의 교회의 중심지가 되었다.[23] 이후 로마와 페르시아의 중간에 위치한 파르티아 제국(Parthian

---

18. '메소포타미아'는 지금의 이라크 지역으로 그리스어로 '두 강 사이의 땅'이라는 뜻으로 두 강은 유프라테스 강과 티그리스 강이다.
"…1세기 메소포타미아에는 약 100만명에 달하는 유대인 디아스포라가 있었다고 한다…", Ibid., 40
19. '오순절' 33년 예수 그리스도의 부활 이후 50일째되는 날.
20. 신약성경 사도행전 2장1-13절
21. '안디옥(Antioch)' 안티오크라고도 하며 오늘날 터키 남부, 시리아-레바논 해안 지역에 있는 항구 도시이다. 초기 기독교의 발전에서 중요한 역할을 했고 중요한 5개의 총대주교좌가 있는 도시 가운데 하나였다.
22. 크리스토퍼 바우머, (2016), 41-42
23. 사무엘 모펫(Samuel H. Moffett), (2004), 108 / 크리스토퍼 바우머, (2016), 41

Empire)[24]에 속한 유프라테스 강변에 위치한 오스로에네(Osrhoene)[25] 왕국의 수도인 에데사(Edessa)에 복음이 전해졌다.[26] 기독교의 복음은 사도 도마(Thomas)와 그의 제자인 아다이(Mar dai)[27]에 의해 에데사에 전해졌다. 에데사는 '시리아 기독교의 어머니 도시'라 불리울 만큼 기독교가 번성하였다.[28] 에데사는 로마제국밖의 아시아내의 최초의 기독교 중심지가 된 것이다.[29] 이후 동쪽으로 선교사 아다이의 후계자인 아가이(Mar Aggai)와 마리(Mar Mari)에 의해 니시비스(Nisibis)를 거쳐[30] 티그리스 강변에 위치한 파

---

24. '파르티아 제국(Parthian Empire)' BC247-224까지 카스피해의 남 동쪽 현재의 이란 북부에서 투르크메니스탄 남부 일대의 고대 왕조이다.

25. '오스로에네(Osrhoene)'(BC2세기-3세기) 메소포타미아 북부지역에 있던 옛 지방이자 국가이다. 에데사 왕국 또는 우르하이 왕국이라고도 불리웠고 아브가르 왕조의 통치를 받았다. 파르티아 제국과 동맹을 맺었으며 BC132년부터 214년까지 독립을 위해서 반 자치 상태를 누렸다. 214년 로마의 속주로 편입되었다. 인구는 그리스인들과 파르티아인들이 섞인 가운데, 주로 아람인들이었다.

26. '에데사(Edessa)' 오늘날 튀르키예의 우르파(Urfa)라고 불리우는 시리아국경 바로 북쪽의 튀르키예의 동부에 위치한 도시이다. 구 비단길은 고대 로마의 안디옥에서부터 200마일 떨어진 에데사를 통해 페르시아 국경까지 동쪽으로 이어지며, 아시아를 가로질러 인도와 중국까지 이어졌다. 또한 아르메니아 산맥으로부터 아라비아를 가로질러 내려가 이집트까지 남북으로 교차하는 구 비단길의 교차점에 에데사가 위치했다. /사무엘 모펫(Samuel H. Moffett), (2004), 100-101 "…에데사(Edessa)-로마와 파르티아라는 두 대제국의 바깥쪽 가장자리 사이에 있는 작은 왕국 오스로에네의 수도였으며, 때로는 로마의 속국이 되었으며(116년) 때로는 파르티아의 종주국하에 있었으나, 216년 로마의 군사 식민지가 되었다. 더 남쪽에 있는 페르시아의 사산 왕조는 226년에 파르티아를 정복했으며, 그 세기 내내 로마와 간헐적으로 전쟁을 벌였다." John M. L. Young, (1984), BY FOOT TO CHINA, Mission of The Church of the East, to 1400, Assyrian International News Agency Books Online www.aina.org Published, 8-9

27. '아다이'(Mar dai) 동방 기독교 전통에 따르면, 에데사의 아다이 또는 에데사의 타데우스(Thaddeus of Edessa)라 불리우며 예수의 70명의 제자 중 한 명(John M. L. Young,1984, p8) 또는 예수의 열 두 사도 중 한 사람인 다대오와 동일인으로 추정된다.

28. 크리스토퍼 바우머, (2016), 48-49

29. 사무엘 모펫(Samuel H. Moffett), (2004), 109

30. '니시비스(Nisibis)'는 현재 튀르키예의 누사이빈(Nusaybin)이다. 초기 동방 기독교의 영적 중심지 중의 하나였다.

르티아 제국의 종속국이었던 아디아베네(iabene) 왕국의 수도인 아르벨라
(Arbela)[31]에까지 널리 복음이 전파되었다.[32]

4. 페르시아 사산왕조[33]의 핍박 가운데 동방 기독교전파

224년 약해진 파르티아 제국(Parthian Empire)을 전복시킨 페르시아
(Persia) 사산왕조는, 조로아스터교를 신봉하였는데, 초기에는 기독교를 심
하게 핍박하지 않았다. 하지만 313년 로마에서 기독교가 공인되어 공개적
인 활동과 기독교 포교활동이 보장을 받게 된 이후, 로마에 적대국이었던
페르시아 사산왕조와 조로아스터 사제들은 기독교를 조직적으로 혹독하게
핍박하였다. 예를 들어, 446년 지금의 이라크 북부 키르쿠크인 당시 카르카
(Karka)에서 10명의 주교와 15만 3천명의 기독교 신도들이 최악의 대학살
을 당했다. 이러한 엄청난 핍박 가운데에서도 기독교는 명맥을 유지해 나갈
뿐만 아니라, 오히려 박해를 피해 다른 지역으로 흩어진 자들을 통해 동방

---

31. '아르벨라(Arbela)' 현재 이라크의 아르빌(Erbil)이다. 이라크 쿠르드 자치구의 수도이며, 모
    술에서 약 80km정도 떨어져 있다. 현재 앗시리아 동방교회 (Assyrian Church of The East,
    ACOE)의 본부가 2015년 다시 이곳으로 이주해왔다. 현재 앗시리아 동방교회의 최고의 수장
    (Catholicos Patriarch)은 마르 아와 3세(HH Mar Awa III Roel)이다.
32. 사무엘 모펫(Samuel H. Moffett), (2004), 138-139
33. '페르시아 사산왕조(Sasanian Persia)' 사산왕조(Sasanian)의 이름을 따서 이름 지어진 224-
    651년까지 존속했던 고대 이란제국이다.

교회가 널리 퍼져 나가게 되었다.[34]

이러한 페르시아 사산왕조의 시기 로마의 서방교회가 교리적 논쟁에 집중하고 있었을 때에도 동방교회는 복음전파 활동에 진력하였다.[35] 동방교회는 단일성을 강화하기 위해 모든 지방과 교구에서 시리아어를 사용했다. 하지만 예배 중에 설교를 하고 찬송가를 부르거나 성경을 읽을 때는 현지 토착어로 번역하여 사용하였다.[36] 5세기초에 이르러 에데사(Edessa)의 주교였던 라볼라(Rabbula)에 의해 완성된 시리아어 신약성경 '페쉬타(Peshitta)'[37]가 널리 사용되어졌다.[38]

5. 이슬람의 핍박 가운데 동방 기독교전파

유세비우스와 같은 교회사가들에 의하면 사도 바돌로메에 의해 아라비아 남부에 처음으로 기독교가 전해졌다고 한다. 동방 기독교는 아라비아 반도에서 유대교와 공존하며 발전하였다. 당시 아랍어로 성경이 번역이 되지 않고 있었다. 이러한 가운데 예언자 무하마드(570-632)에 의해 이슬람교가 창

34. 김호동, (2002), 101-104 / 크리스토퍼 바우머, (2016), 136-149
35. 윌리엄, 조지(William C. Emhardt & George M. Lamsa), (2008), 아시아교회의 발자취, (김상동 편역), 동서남북, 79
36. 크리스토퍼 바우머, (2016), 158
37. '페쉬타(Peshitta)' 신약성경에서 베드로후서, 요한2서, 요한3서, 유다서 및 요한 계시록이 빠져있음-
38. 김호동, (2002), 105 / 크리스토퍼 바우머, (2016), 119-121

시되었다. 이슬람의 등장으로 동방 기독교는 이슬람의 관용과 억압을 동시에 받았다. 사산왕조 페르시아가 아랍인들에게 넘어간 이후 동방 기독교는 사산왕조에서 받았던 것과 같은 심각한 박해를 더이상 받지 않았다. 또한 이슬람 정부로부터 여러 사회적인 불평등과 차별을 받았지만 개종을 강요받지는 않았다. 하지만 이슬람 정부는 동방교회가 국교인 이슬람 신봉자들에게 포교활동을 하는 것을 엄격하게 금했다. 이러한 가운데 동방교회는 계속해서 동쪽으로 선교활동을 펼쳐 나갔다.[39]

6. 중앙아시아로의 동방 기독교전파

초대교회이래 기독교가 메소포타미아를 너머 페르시아를 지나 2세기 말에는 이미 중앙아시아에 전파되었다는 기록을 비롯하여 수많은 역사적 문헌 기록들이 남아있다. 또한, 중앙아시아의 고고학 자료들을 지역적이고 체계적으로 분석해 볼 때 7~14세기까지의 다양한 기독교 고고학 자료들이 발견되고 있음을 알 수 있다.[40]

39. 크리스토퍼 바우머, (2016), 253-280
40. Zhuldyz Tashmanbetova, (2019), "Christianity in Central Asia: option of East Syriac Christianity in the medieval period", Nazarbayev University, School of Humanities and Social Science, Nur-Sultan, Kazakhstan, 9

1) 백훈족(헤프탈인)[41]에게 동방 기독교 전파

3세기에 카스피해 연안과 지금의 사마르칸트 지역인 트란스옥시아나 지역에 이미 기독교가 전파되었다. 페르시아 사산왕조의 핍박 가운데 4세기와 5세기 동방 기독교는 지금의 이란의 북동부인 호라산(Khorasan)과 지금의 투르키스탄과 아프가니스탄에 위치해 있던 백훈족에게까지 전파되었다. 549년에 백훈족(헤프탈인)들이 자신들의 동방 기독교 교구를 만들었다는 기록이 있다.[42]

2) 돌궐(튀르크)인들에게 동방 기독교 전파

6세기 중엽부터 8세기 중엽까지 중앙아시아 지역을 지배한 돌궐족에게 동방 기독교가 전파되었다. 알타이산맥 부근에서 유목하던 튀르크인들이 550년 유연족을 물리치고 몽골리아를 통일한 뒤 돌궐제국을 건설한 후 중앙아시아로 진출하여 헤프탈족을 병합하였다. 680년경에 기록된 네스토리

---

41. '백훈족(White Huns)' 헤프탈족(Ephthalitae)이라고도 한다. 5~8세기 동안 중앙아시아에 살았던 유목민이다. 박트리아에 기반을 둔 헤프탈 제국은 동쪽으로는 타림 분지까지, 서쪽으로는 소그디아나까지, 남쪽으로는 아프가니스탄까지 확장하였다.
'박트리아(Bactria)' 힌두쿠시산맥과 아무다리야 강(옥서스) 사이에 있는 역사적 지역이다. 박트리아는 오늘날의 우즈베키스탄,·타지키스탄의 남쪽과 아프가니스탄의 북쪽으로, 근래에는 중앙아시아의 모든 나라를 지칭하는데 쓰인다.
42. 안경덕 역, 『실크로드 기독교 동방교회의 역사』, Christoph Baumer, 일조각, 2016, p311

안 교단의 한 문서의 기록에 의하면 644년 메르브(Merv)[43]의 대사제 엘리야(Eliya)가 이 지역의 돌궐인들에게 세례를 주어 대부족 전체가 개종하였다고 한다. 또한 페커에 의하면, 당제국을 건국한 당태조 이연(Yi Yuan)[44]의 어머니가 돌궐 몽고인으로 동방 기독교인이었다고 한다. 즉 돌궐족이 당나라에 동방 기독교가 전파되도록 중간 다리 역할을 한 것이다.[45]

3) 소그드인들[46]에게 동방 기독교전파

실크로드를 따라 종교(기독교, 불교, 마니교 또는 이슬람교 등)를 전파하는 주요 주체는 소그드인이었다. 이들은 고대 이란어를 사용하였고 무역을 크게 번성시켰다. 소그드인들은 이 지역의 고대 그리스 이름인 트란스옥시

---

43. '메르브(Merv)'는 실크로드의 남쪽길과 북쪽길이 텐산산맥의 서쪽에서 만나는 오아시스 도시이다. 위치는 오늘날 투르크메니스탄의 마리 근처이다. 다양한 도시들이 이 위치 근처에 존재하였다. 이 전략적인 위치는 문화와 정보의 교환에 중요하였다. 12세기에는 세계에서 거의 최대의 도시였다고 주장된다. https://ko.wikipedia.org/wiki/
44. 이연은 선비족 가계의 무장 출신인 아버지 이병과 튀르크 몽골인 혈통으로 선비족 탁발부(Tabgachi) 출신이며, 독실한 동방 기독교 어머니 사이에서 태어났다. / 김규동, (2019), 장안의 봄, 쿰란출판사, 218
45. 김호동, (2002), 249-250
46. '소그드인(Sogdian)'은 본래 "스키타이"라고 불렸다. 스키타이(Scythian), 사쿠라(Skudra), 소그디아(Sogdian), 사카(Saka)라고도 한다. 유라시아를 횡단하는 최초의 기마민족인 스키타이인들 중에 중앙아시아에 사는 스키타이를 소그드라고 일컫는다. 소그드(Sogd)인은 이란계 스키타이 유목민들이며, 이들은 인류 최초의 유목민으로서 넓은 유라시아를 횡단하며 흉노(튀르크) 등 많은 민족들에게 기마 유목 문화를 전파하고 영향을 주었다. 이들은 6세기부터 튀르크 제국에 속하여 같은 유목민족으로서 6세기부터 튀르크화 되었다. 5세기에서 9세기에 걸쳐 한반도와 중국, 인도, 동로마 제국에 걸쳐 통상을 하였다. 마니교, 조로아스터교, 소그드 문자를 여러 지역에 전파하였다. 중국의 기록에서는 속특(粟特)이라고 불렀다. https://ko.wikipedia.org/wiki/

아나 지역 즉 옥수스강(또는 아무다리야강) 너머에 현대 우즈베키스탄 지역에 거주했다. "시리아어는 네스토리우스 교회의 전례 언어였지만, 아시아 전역에 전파된 네스토리우스 기독교가 사용했던 언어는 기본적으로 소그드어(Sogdian)였다."[47] 예를 들어 기독교인을 뜻하는 이란어 단어 타르사칸(Tarsakan)이 중앙아시아로 전달되어 키르기스스탄 서사시 마나스에서는 중앙아시아의 네스토리우스 기독교인을 타르사(Tarsa)라고 하였다.[48]

그림2 수도원 터,
우르구트, 사마르칸트

정착문화를 가진 소그드인(Sogdian)들은 지금의 우즈베키스탄의 사마르칸트에 뿌리를 내리며 동방 기독교를 발전시켰다. 지금의 아프가니스탄에 있는 헤라트(Herat)와 발흐(Balkh)에도 대교구좌가 있었다. 사마르칸트에서 남쪽으로 약 30km 떨어진 우르구트(Urgut)의 남쪽 수피온(Sufyon) 근처에서 십자가가 조각된 약 100개의 옛 시리아 비석들이 발견되었다. 비석에 적힌 글의 내용을 보면 895/896년인 것을 알 수 있다. 그 밖에 발견된 수많은 유물들을 통해 트란

---

47. Foltz, Richard C. (1999), Religions of the Silk Ro, New York: St. Martin's Press, 68.
48. Mark Dickens, (2001), Nestorian Christianity in Central Asia, Independent Scholar & Educational Consultant, Cana & Uzbekistan, 5

스옥시아나 지역에 기독교인 공동체가 번창했다는 것을 알 수 있다.[49]

그림3 공동묘지 발굴,
우르구트, 사마르칸트

우르구트(Urgut)의 술레이만 테라(Suleiman Tepa)에 위치한 동방 기독교 수도원(그림 2) 부근의 산에 있는 동굴들에서 동방 기독교인들에 의해 새겨진 160개 이상의 시리아어 문자 기록들이 발견되었다.[50] 또한 2022년 이 수도원의 남쪽으로 240m 떨어진 곳에서 대규모 동방 기독교 묘지(그림 3)가 새롭게 발견되어 발굴 작업을 진행하고 있다. 현재까지 발굴된 유골과 유적들을 통해 볼 때 수도사들의 무덤으로 추정된다. 방사성 탄소분석을 통해 연대가 9세기로 추정되며, 이는 수도원이 건축된 시기와 일치한다.[51]

49. 크리스토퍼 바우머, (2016), 311-314
Urgut, Uzbekistan, Excavation of a presumed Christian monastery, 2008 http://www.exploration- eurasia.com/inhalt_english/projekt_2.htm
Alexei Savchenko, Roads and Kingdoms: (2023), Two Encounters with the Nazarenes Beyond the River, BRILL, 36-60

50. Mark Dickens, (2017), Syriac Inscriptions near Urgut, Uzbekistan, University of Alberta Studia Iranica 46, 205-260 / Alexei Savchenko, Roads and Kingdoms: (2023), 25-36
A. V. Savchenko, (2005), On the Christian settlement of Urgut, Transactions of the Oriental Department of the Russian Archaeological Society, Vol. II (XXVII), St. Petersburg

51. The medieval Christian monument Suleiman Tepa. www.unesco-iicas.org

네스토리안 십자가는 사방 길이가 똑같은 특유의 십자가 모양을 하고 있다. 사마르칸트의 폐허가 된 옛 도시 아프로시압(Afrasiob)에서 이러한 십자가가 발굴되었다.[52] 부하라 서쪽의 호라즘(Choresm)에도 동방교회 교인들이 살았다. 러시아 고고학자들에 의해 이곳의 갸우르 칼라(Gyaur Kala)[53]라는 도시의 폐허 밑에서 7-8세기의 것으로 추정되는 약 200구 가량의 유골이 안치된 거대한 묘실이 발견되었다. 이곳에서 동방 기독교 십자가 장식들이 많이 발견되었다.

709 - 714년 사이에 부하라, 사마르칸트와 타슈켄트가 이슬람에 의해 정복당하였다. 이후 750년 타슈켄트가 중국 당나라에 의해 점령되자 751년 돌궐계 카를루그(Turkic Karluqs)는 아랍 쪽으로 가세해 사마르칸트 또는 탈라스에서 당나라군을 궤멸시켰다. 이로 인해 이 지역은 급격하게 이슬람화되었다. 하지만 이 가운데에서도 동방 기독교는 대교구를 세워 뻗어 나갔다.[54] 사마르칸트(Samarkand)에서 남동쪽으로 약 20km 떨어진 자라브샨(Zaravshan) 언덕의 두르멘(Durmen) 마을 근처에서 1986년 고고학발굴 결과 네스토리안 무덤이 발견되었다. 이곳에서 여러 가지 장식품과 함께 십자가가 발견되었는데 기독교와 다른 종교가 서로 공존하는 혼합유형의 무덤이었다.[55]

---

52. 최하영, (2021), 실크로드 지역의 네스토리안 선교역사, 세미레치예연구소 연구백서, 327
53. '갸우르 칼라(Gyaur Kala)' 이교도들의 도시라는 뜻.
54. 크리스토퍼 바우머, (2016), 315-317
55. Monastery of the Church of the East in Uzbekistan https://serg-slavorum.livejournal.com/1858810.html

4) '7개의 강'[56] 으로의 동방 기독교전파

중앙아시아에서 동방교회의 또 다른 거점은 지금의 키르기스스탄과 카자흐스탄의 남부에 걸쳐 있는 '7개의 강' 이 흐르는 지역이다. 이 지역의 동방 기독교 공동체는 두 시기에 걸쳐 있었다. 첫 번째 시기는 7-8세기부터 11세기까지 소그드인들이 도시를 이루며 거주할 때였고, 두 번째 시기는 13세기 초부터 1350년대까지로 돌궐인들이 농업과 축산업을 일으킨 시기였다.[57]

다음에는 키르기스스탄에 있는 동방기독교 유적을 살펴볼 것이다. (그림 4) 카자흐스탄의 유적은 별도의 글에서 다루었다.

그림4 키르기스스탄 동방 기독교 유적

---

56. '7개의 강(Seven Rivers)' 카작어로 '제띄수(Zhetysu)', 러시아어로 '세미레치예(Semirechiye)' 라고 한다.
57. 크리스토퍼 바우머, (2016), 317-318
Gian Luca Bonora, (2010), Guide to Kazakhstan sites of faith sites of history, UMBERTO ALLEMANDI & C., Turin, Italy, 89

(1) '카라 즈카치(Kara Jygach)'

비쉬켁 시내에서 약 2km정도 떨어진 지역으로 타르사켄트(Tarsakent)로 불리던 지역이다. '타르사(Tarsa)'는 페르시아어로 기독교, 그리스도인이라는 뜻이고, '켄트(Kent)'는 소그드어로 도시, 마을이라는 뜻이다. 이곳에서 발견된 많은 유물들을 통해 13-14세기 이 도시에는 많은 네스토리안 기독교인들이 살고 있던 것을 알 수 있다.[58]

(2) '크라스나야 레치카(Krasnaya Rechka)'

러시아어로 붉은 강이라는 뜻으로 비쉬켁에서 칸트(Kant)라는 도시를 지나 네바겟(Nevakat)안에 있다. 이 도시는 7-12세기까지 부흥했던 실크로드 상의 가장 발달한 도시 중의 하나로 많은 기독교 유물들이 발굴되었다. 카쉬가르 대주교 관구가 있을 정도로 많은 네스토리안 기독교인들이 있었다.[59]

---

58. 최근봉, (2021), 동방 기독교의 중앙아시아 유적 조명, 세미레치예연구소 연구백서, 279-282
59. Ibid., 282
   Valery Kolchenko et al., (2017), "Protection and Research on Cultural Heritage in the Chuy Valley, the Kyrgyz Republic, Ak Beshim and Ken Bulun", Institute of History and Cultural Heritage of the National Academy of Sciences of the Kyrgyz Republic, Tokyo National Research Institute for Cultural Properties, 17-30

(3) '부라나(Burana)'

비쉬켁에서 동쪽으로 약 80km지점에 위치해 있다. 이 곳은 튀르크족이
세운 최초의 이슬람국가인 튀르크 카라한(Kara Khanid) 왕조의 수도로 여
겨지는 발라사군(Balasaghun)의 옛 도심안에 세워져 있다.[60] 이곳에는 약
25m 높이의 탑이 남아 있는데 이 탑 주위로 교회 공동체, 불교사원, 조로아
스터 사원 등이 있었던 것으로 추정된다. 이곳에서 네스토리안 묘비석, 십
자가 목걸이 등이 많이 발견되었다.[61]

그림5 동방 기독교유적 "악베심(Ak-Beshim), 키르기즈스탄

60. '토크마크 (Tokmak)' https://ko.wikipedia.org/wiki/
61. 최근봉, (2021), 279 / Valery Kolchenko et al., (2017), 17-30

(4) '악베심(Ak-Beshim)'(그림 5)

키르기스스탄의 츄이(Chuy)주 토크막(Tokmak) 지역은 과거 수얍(Suyab)이라는 고대도시이다. 이곳에서 러시아 고고학자들에 의해 8-11세기의 동방교회 교회당 두 곳이 발견되었다.[62] 이 도시는 6세기에 소그드인들에 의해 세워졌다고 하며, 중국과 튀르크를 연결해주는 중요한 거점지역 중의 하나이다. 이곳은 당나라의 시인 이백의 출생지로 간주되고 있다. 또한 이곳에서 '네스토리안 종합센터'가 발견되었다. 건축양식은 시리아와 페르시아의 혼합양식이다. 이 건물은 세례를 주는 등 기독교 건물로 사용되다가 후에 묘지로 사용된 것으로 추정하고 있다. 이곳에서 동전, 항아리 등의 도자기들과 함께 기독교인들의 무덤에서 유골들이 발굴되었다.[63]

(5) 이식쿨 (Issyk Kul)

키르기스스탄의 동북부에 거대한 '이식쿨(Issyk Kul)' 호수[64]가 있다. 추운 겨울에도 물이 얼지 않는 이 '이식쿨' 호수 근처에서 그동안 무려 610개의 묘비석들이 발견되었다. 비문에는 대체로 매장자의 이름 및 사망연도가 표시되어 있다. 이 중 연대를 알 수 있는 묘비석의 숫자는 432개인데 858

---

62. 크리스토퍼 바우머, (2016), 317
63. 최근봉, (2021), 286-289 / Valery Kolchenko et al., (2017), 17-30
64. '이식쿨(Issyk Kul)' 키르기즈어로 이식(Issyk)은 따뜻한, 쿨(Kul)은 호수라는 뜻이다.

년, 911년에 세워졌고 나머지는 모두 13-14세기에 만들어진 것이다. 가장 마지막에 세워진 것으로 보이는 비석은 1345년에 세워진 것이다. 이 '7개의 강' 유역에 9-14세기 중반까지 동방 기독교인들이 지속적으로 살고 있었음을 입증해준다.[65] 이 묘비석은 주로 시리아어 문자로 그리고 사용된 언어는 튀르크어로 기록되어 있다. 이 외에도 터어키어, 소그드어 및 위구르어(Uyghur)가 소규모로 기록되어 있다. 1340년 함달라흐-카즈비(Хамдаллах - Казви)의 작품의 글에 의하면 츄이(Chuy)주의 많은 사람들이 기독교인들이었다.[66]

그림6 "타쉬 라밧(Tash-Rabat)", 키르기즈스탄

(6) '타쉬 라밧(Tash-Rabat)'(그림 6)

---

65. 김호동, (2002), 161-162
66. 최근봉, (2021), 276-279

키르기스스탄의 나른(Naryn)지역에 속하는 이곳은 아트-바쉬 (At-Bashy)지역에서 80km 떨어진 곳에 위치해 있고 해발 3,500m 높이에 있다. 이곳은 기독교 수도원으로 추정되며 본래는 방이 40개였는데 현재는 34개정도 남아 있다.[67] 1901년에 타쉬-라바트(Tash-Rabat) 근처의 지역 역사가 N. 판투소프(N. Pantusov)가 시리아 비문이 새겨진 묘비를 발견했는데, 이것은 또한 네스토리우스파 소속임을 확인시켜준다.[68]

(7) 우젠드와 쿠바

또한 현재 키르기스스탄 오쉬(Osh) 지역의 중심지인 우젠드(Uzend)와 우즈베키스탄의 페르가나(Fergana) 지역의 중심지인 쿠바(Kuva)지역에서 1956년 여러 개의 기독교 교회들이 발견되었다. 특히 우젠드(Uzend) 지역의 기독교 교회들은 중세 동방지역에서 중요한 역할을 한 것으로 알려졌다.[69]

나가는 말

67. Ibid., 291-295
68. S. G. Klyashtorny, V. M. Ploskikh, V. P. Mokrynin, Early Christianity and the Turkic world of Central Asia. September 2013: https://kghistory.akipress.org/unews/un_post:1814
69. Dmitry Pitirimov, (2007), History of Christianity in Central Asia, Tashkent, Uzbekistan

초대교회이래 기독교는 로마제국을 통해 서방으로 전해졌으며, 동시에 메소포타미아를 넘어 페르시아를 지나 2세기 말에 이미 중앙아시아에 동방 기독교가 전파되었다는 기록이 있다. 필자는 이 글에서 동방 기독교가 어떻게 시리아의 안디옥에서 동방으로, 오늘날의 튀르키예 지역인 에데사를 통해 그리고 오늘날의 이란인 페르시아를 거쳐 중앙아시아 지역에 이르기까지 전파되었는지를 간략하게 살펴보았다.

동시에 중앙아시아 지역에 남아있는 동방기독교유적을 통해 그 전파의 증거를 제시하였다. 현재 진행중인 이 지역에 대한 지속적인 고고학적인 발굴과 연구를 통해 중앙아시아 지역의 동방 기독교 전래, 발전 및 멸절에 대한 구체적인 사실들이 더욱 밝혀 드러나기를 기대한다.

중앙아시아는 지금도 다양한 민족들이 거주하고 서로 왕래하며, 다양한 문화와 종교가 공존하고 동양과 서양이 서로 역동적으로 만나는 교차지역이다. 과거의 동방기독교회는 사라졌지만, 현재 이곳에 살고 있는 기독교인들이 자신들의 정체성을 바로 찾아가며 주위의 서로 다른 문화와 종교들 가운데 아름답게 조화를 이루어 나가기를 바라며 이 글을 마친다.

참고문헌)

크리스토퍼 바우머, (2016), 실크로드 기독교 동방교회의 역사, (안경덕 역), 일조각

윌리엄, 조지(William C. Emhardt & George M. Lamsa), (2008), 아시아교회의 발자취, (김상동 편역), 동서남북, 사무엘 모펫(Samuel H. Moffett), (2004), 아시아 기독교 회사, (김인수 역), 장로회신학대학교출판부

김규동, (2019), 장안의 봄, 쿰란출판사

김호동, (1999), 황하에서 천산까지, 사계절

김호동, (2002), 동방 기독교와 동서문명, 까치글방

박순영 편저, (2020), 뼈로 읽는 과거사회, 서울대학교출판문화원

최근봉, (2021), 동방 기독교의 중앙아시아 유적 조명, 세미레치예연구소, 주안대학원대학교출판부

최하영, (2021), 실크로드 지역의 네스토리안 선교역사, 세미레치예연구소 주안대학원대학교출판부,

Alexei Savchenko, Roads and Kingdoms: (2023), Two Encounters with the Nazarenes Beyond the River, BRILL

A. V. Savchenko, (2005), On the Christian settlement of Urgut, Transactions of the Oriental Department of the Russian Archaeological Society, Vol. II (XXVII), St. Petersburg

Dmitry Pitirimov, (2007), History of Christianity in Central Asia, Tashkent, Uzbekistan

Dr. Dmitry Voyakin, www.linkedin.com/in/dmitry-voyakin-8b242830/

Foltz, Richard C. (1999), Religions of the Silk Ro, New York: St. Martin's Press,

Gian Luca Bonora, (2010), Guide to Kazakhstan sites of faith sites of history, UMBERTO ALLEMANDI & C., Turin, Italy

John M. L. Young, (1984), BY FOOT TO CHINA, Mission of The Church of the

East, to 1400, Assyrian International News Agency Books Online www.aina.org Published

Mark Dickens, (2001), Nestorian Christianity in Central Asia, Independent Scholar & Educational Consultant, Cana & Uzbekistan

Mark Dickens, (2017), Syriac Inscriptions near Urgut, Uzbekistan, University of Alberta Studia Iranica 46

Valery Kolchenko et al., (2017), "Protection and Research on Cultural Heritage in the Chuy Valley, the Kyrgyz Republic, Ak Beshim and Ken Bulun", Institute of History and Cultural Heritage of the National Academy of Sciences of the Kyrgyz Republic, Tokyo National Research Institute for Cultural Properties

Zhuldyz Tashmanbetova, (2019), "Christianity in Central Asia: option of East Syriac Christianity in the medieval period", Nazarbayev University, School of Humanities and Social Science, Nur-Sultan, Kazakhstan

S. G. Klyashtorny, V. M. Ploskikh, V. P. Mokrynin, Early Christianity and the Turkic world of Central Asia. September 2013: https://kghistory.akipress.org/unews/un_post:1814

https://ko.wikipedia.org/wiki/

http://www.exploration-eurasia.com/inhalt_english/projekt_2.htm

Monastery of the Church of the East in Uzbekistan.

https://serg-slavorum.livejournal.com/1858810.html

중앙아시아는 다양한 문화와 종교가 공존하고
만나는 교차지역이다.

15장
카자흐스탄의
네스토리안 동방기독교 유적 및 유물

안 도 현

들어가는 말

네스토리안 동방교회가 가장 늦게까지 남아 생존하였던 지역은 현재의 카자흐스탄에 속한 '7개의 강' 지역이다.[01] 이 글에서는 특별히 카자흐스탄에서의 동방 기독교 유적을 살펴보고자 한다. 필자는 국제 고고학 전문가들과 현지의 고고학자들과 함께[02] 중앙아시아 지역의 고고학 발굴 및 연구를

---

01. '7개의 강(Seven Rivers)' 세미레치예(Semirechiye)라는 말은 러시아어로 '7개의 강'을 의미한다. '세미레치예'는 실크로드라는 단어가 생겨나기 이전 중앙아시아 카자흐스탄 지역, 특히 천산 북로를 중심으로 한 지역을 지칭하는 것으로 카자흐스탄의 남부지역을 총칭하는 용어이다. 이 '7개의 강'은 틴엔샨에서 시작하여 발하슈 호수로 들어 가는 강을 말한다. 이 이름은 러시아가 18세기에 붙인 것으로 카자흐어로는 '제띄수(Zhetysu)'라고 한다.
   김상길, (2021), 세미레치예와 실크로드의 관계이해, 세미레치예연구소, 30

02. 크리스토퍼 바우머(Dr. Christoph Baumer, the Swiss Society for the Exploration of Eurasia, http://www.exploration-eurasia.com), 스티븐 길버트(Dr. Steven T. Gilbert, Tandy Institute for Archaeology, USA), 찰스 스튜어트(Prof. Charles A. Stewart, University of St. Thomas, Houston, USA), 마크 디킨스(Prof. Mark Dickens, University of Alberta, Cana), 드미트리 보야킨(Dr. Dmitry Voyakin, Archeological Expertise, Kazakhstan, Director of The International Institute for Central Asian Studies (IICAS) by UNESCO Silk Ro Programmes, https://www.unesco-iicas.org), 발레리 콜젠코(Prof. Valery Kolchenko, Institute of History, Archeology and Ethnology of the National Academy of Sciences of the Kyrgyz Republic)

진행하고 있다. 이 유적에 대한 서술에는 대부분 필자가 실제로 발굴에 참여하고 분석한 결과들이 다수 포함돼 있다. 이러한 유적들을 통해서 우리는 이슬람교가 전파되기 전후 중앙아시아 지역 특히 카자흐스탄에서 기독교가 매우 유행했음을 알 수 있다. (그림 1)

그림1 지도 카얄릭, 타라즈, 메르키, 우샤랄-일리발릭, 자르켄트, 카자흐스탄

1. 중세의 카얄릭(Medieval Kayalyk)[03]

현재의 카자흐스탄에 과거 존재했던 대규모 기독교 공동체에 대한 기록

---

03. '중세의 카얄릭(Medieval Kayalyk)' 고대 실크로드상에 있었던 카자흐스탄 고대 유적지로서 당시 일리 계곡에서 가장 큰 정착지였다. 이 도시는 11세기부터 13세기 초에 카를룩(Karluk State)의 수도로 큰 무역 중심지였다. 이곳에는 사원, 모스크, 기독교 교회가 있었다고 한다. 현재의 카자흐스탄의 남동쪽에 위치하며 중국과 국경을 마주하고 있다.

을 남긴 사람이 있다. 그는 '7개의 강' 영토를 지나 여행했던 유명한 플랑드르 수도사이자, 프랑스 왕 루이 9세의 몽골 대사인 루브룩(Guillaume de Rubrouck)이다.[04] 루브룩은 1253년 11월 몽골의 수도인 카라코람으로 가는 길에 카이알릭(Caialic, Kayalyk)으로 알려진 마을을 통과했다. 카이알릭은 한때 11세기 카를룩(Karluk State)[05]의 수도였으며, 이후 실크로드(Great Silk Road)에 있는 몽골 분할제국인 차가타이 칸국(Chagatai Khanate)[06]의 주요도시 중의 하나였다. 루브룩은 카이알릭(Caialic, Kayalyk)에서 약 2주를 보내며 이곳 일대의 네스토리안 기독교인 마을과 교회를 방문하여 다음과 같이 기록했다.

> "성 안드레의 축제일에 우리는 이 도시(카이알릭, Caialic)를 떠나 약 15km 지점에서 마을의 모든 사람들이 네스토리안 그리스도인인, 한 마을을 발견하였다. 우리는 교회를 본 지 오래되었기 때문에 즐겁게 목청껏 "성모 마리아께 영광을(Salvey regina!)!"를 부르며 그들의 교

04. '기욤 드 루브룩(Guillaume de Rubrouck)' 그는 또한 '루브룩의 윌리엄(William of Rubruck)'으로도 알려진 프란체스코 수도사였으며, 1251년부터 1259년까지 몽골 제국의 대칸(Kagan)인 징기스칸의 손자 몽케(Möngke)에게 프랑스의 루이 9세(Louis IX)가 보낸 대사였다.

05. '카를룩(Karluk)' 7세기부터 12세기에 걸쳐 중앙 아시아에 존재한 튀르크계 유목민이다. 아랍 세력과 대결하면서 최초로 이슬람 문화와 접촉하게 된 카를룩은 후일 이슬람화 된 투르크 국가의 건설 주역이 된다. 최초의 투르크 이슬람 국가인 카라한조(Karakhanid)와 가즈나조(Ghaznavid)의 핵심 지배 세력이 카를룩족이었다는 사실이 이를 잘 설명해 준다. 카를룩의 수도는 카얄릭(Kayalik)이었다. 카를룩은 12세기 이후, 서투르키스탄 지역의 새로운 지배자로 등장한 카라 키타이(Kara-Khitan Khanate, 서요)의 강성으로 인해 차츰 그 존재가 약화되어 갔다. https://ko.wikipedia.org/wiki/

06. '차가타이칸국(Chagatai Khanate or Chagatai Ulus)'은 신장 웨이우얼 자치구 지역에서 중앙아시아에 걸쳐 있던 국가이다. 1370년 티무르에 의해 멸망 당했지만 차가타이칸국을 계승한 동차가타이칸국(모굴리스탄 칸국)은 18세기 초 준가르에 의해 멸망 당할 때까지 존속했다. https://ko.wikipedia.org/wiki/

회에 들어갔다." [07]

   그는 또한 튀르크계 케레이트족(Turkic tribe of Kereys) 200,000명이 그들의 통치자와 함께 1007년에 기독교로 개종했다고 기록했다. 나중에 카를룩(Karluk)과 노가이 부족(Nogai tribes)[08]의 일부 씨족도 침례를 받았다. 루브룩이 '카이알릭(Caialic)'이라고 불렀던 카자흐스탄의 남동부 '카얄릭(Kayalyk)'에서 3개의 십자가가 발견되었다.[09]

2. 타라즈(Taraz)[10]

   동방 기독교는 카자흐스탄의 남부 타라즈(Taraz)에서 활발하였다. 타라즈 부근의 옛 지명이 자무하트(Jamukhat)인 코스토베(Kostobe)에서 은십자가가 발굴되었다.[11] 또한 타라즈에서 6-8세기 사이의 지층에서 시리아어

---

07. Dr. Dmitry Voyakin, www.linkedin.com/in/dmitry-voyakin-8b242830/
Gian Luca Bonora, (2010), Guide to Kazakhstan sites of faith sites of history, UMBERTO ALLEMANDI & C., Turin, Italy, 100
08. '노가이인(Nogai tribes)'은 러시아연방 북캅카스 남부에 사는 민족이다. 킵차크 칸국을 세운 몽골계 유목민의 후예이다. https://ko.wikipedia.org/wiki/
09. 크리스토퍼 바우머, (2016), 실크로드 기독교 동방교회의 역사, (안경덕 역), 일조각, 320
10. '타라즈(Taraz)' 카자흐스탄의 남쪽 잠빌(Jambyl)주의 주도로서, 키르기스스탄 과 경계에 위치하며 탈라스 강이 흐른다.
11. 크리스토퍼 바우머, (2016), 320

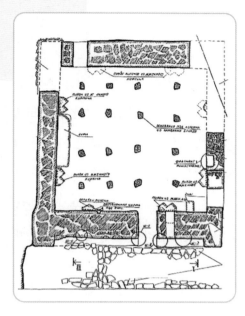

그림2 모스크로 바뀐
동방교회 예배당

로 '베드로 및 가브리엘'이라 새겨진 도자기 컵이 발견되었다.[12]

8-9세기의 문서 자료에 의하면 이 시기에 카자흐스탄 남부의 이슬람화가 시작되었다. 893년 이스마일 이븐 아흐마드(Ismail ibn-Ahm)[13] 가 타라즈를 점령하고, 이 도시의 동방교회 대예배당을 모스크로 바꾸었다. (그림 2) 같은 시기에 메르키(Merki)[14] 에서도 기독교 예배당이 모스크로 바뀌었다.[15] 10세기 초 카라한 (Karakhanid) 왕조의 사투크(Satuk)는 이슬람교로 개종하였다.[16]

---

12. Dr. Dmitry Voyakin, www.linkedin.com/in/dmitry-voyakin-8b242830/

13. '이스마일 이븐 아흐마드(Ismail ibn-Ahm, 849-907)' '이스마일 사마니 (Ismail-i Samani)'라고도 불림. 그는 중앙아시아의 트란스옥시아나와 이란의 호라산 지방에 있던 사만 이슬람 왕조 (Samanian Empire)의 지배자(아미르)였다.

14. '메르키(Merki)' 카자흐스탄 남동부의 잠빌(Jambyl)지역에 위치하며, 키르기즈스탄 국경을 마주하고 있다.

15. 크리스토퍼 바우머, (2016), 320

16. Dr. Dmitry Voyakin, www.linkedin.com/in/dmitry-voyakin-8b242830/ Gian Luca Bonora, (2010), 106

3. 중세 동방 기독교 도시 우샤랄-일리발릭(Usharal-Ilibalyk)[17]

2014년 카자흐스탄의 동남쪽 중국과 접경지역인 자르켄트(Zharkent) 근처에 있는 우샤랄-일리발릭(Usharal-Ilibalyk)에서 네스토리안 동방교회 공동묘지가 발견되었다. 이후 2023년 현재까지 이 지역에 대한 고고학 발굴작업이 계속 진행되어 오고 있다. 이곳에는 약 500기 정도의 유골이 매장되어 있는 것으로 추정하고 있다. 현재 이 마을의 이름은 '우샤랄'인데 12-14세기의 기록에 의하면 이 지역의 이름은 '일리발릭'이다. 이곳은 '7개의 강' 북부지역에 위치해 있다. 중국에서 카자흐스탄으로 흐르는 일리강(Ili River)[18]의 북쪽에 위치해 있는 이곳은 서쪽으로는 과거 상업 통로로서 키르기스스탄의 악베심(Ak-Beshim), 나바켄트(Krasnaya Rechaka) 및 발라사군(Burana)과 연결되어 있다. 또한 동쪽으로는 중국의 알말릭(Almalyk)[19]과 굴자(Ghulja or Yining)로 연결되어 있다. (그림1참조)[20]

---

17. '우샤랄-일리발릭(Usharal-Ilibalyk)' '우샤랄(Usharal)' 카자흐어 우쉬(Ush) 3개, 아랄(Aral) 섬 즉, 3개의 섬이라는 뜻이다. '일리발릭(Ilibalyk)' 튀르크어로 일리(Ili) 일리 강, 발릭(balyk) 도시 즉, 일리강의 도시라는 뜻이다.

18. '일리강(Ili River)' 중국 북서부와 카자흐스탄 남동부를 흐르는 길이 약 1,439km의 강이다. 즉, 중국의 신장 위구르 자치주의 이리 카자흐 자치주에서 카자흐스탄의 알마티주로 흐른다. 톈산산맥(Tienshan Mountains)에서 발원하여, 발하쉬 호수(Balkhash Lake)로 흘러 들어 간다.

19. '알말릭(Almalyk)' 차가타이칸국(Chagatai Khanate or Chagatai Ulus)의 수도. Almaliq(위구르어: ﺍﻟﻤﺎﻟﯩﻖ; 중국어: 阿力麻里), Almalik이라고도 한다. 현재 중국 신장성 후오청현(HuoCheng County)의 일리 분지에 있는 중세 도시이다. 동차가타이칸국 모굴리스탄칸국의 초대 칸인 투글루크 티무르(Tughlugh Timur)의 영묘가 자리잡고 있다.

20. D. Voyakin, S.T. Gilbert, C.A. Stewart, (2020), "The Christian Community of Medieval Ilibalyk", Initial Archaeological Investigations of a Medieval Site in Southeastern Kazakhstan, 356

1986년 카자흐스탄 고고학자인 칼 바이파코프(Karl Baipakov) 교수 (1940-2018)는 일리발릭의 유적지가 카자흐스탄 남동부에 위치한 현재의 우샤랄(Usharal)지역 아래에 있다는 이론을 세웠다. 그후 2014년 이곳에서 우연히 고대 튀르크어를 시리아 문자로 새긴 비문과 함께 십자가 모양이 새겨진 1m 길이의 묘비석(Kayrak)이 발견되었다. 우리는 그것을 페트로스 묘비석(Petros Kayrak)[21]이라 명명하였다. 이 묘비석을 통해 13세기 후반 카자흐스탄 기독교에 대한 중요한 초기 증거를 찾을 수 있었다. 이 묘비석은 '동방교회' 즉 '네스토리안 교회' 교인의 소유였으며, 당시 기독교 공동체가 이 지역에 거주했다는 것을 입증하는 최초의 유형적인 고고학적 증거이다.[22]

2016년부터 국제 고고학 팀은 이곳 우샤랄(Usharal)의 전체 지역의 역사적 유적을 면밀히 조사했다. 샤크리스탄(Shakristan)[23]을 둘러싸고 있는 커다란 진흙벽돌로 축조된 성벽의 윤곽을 확인했다. 또한, 이 샤크리스탄을 중심으로 남쪽, 북쪽과 서쪽으로 대규모 라바드(Rab)[24]가 있었음을 나타내는 방대한 양의 도자기와 유물들을 발견하였다. (그림3) 이러한 본격적인 발굴이 시작되기 몇 년 전 이 마을에서 총 3개의 보물과 총 175개의 동전이 발견되었다.

---

21. '카이락(Kayrak, кайрак)'은 중앙 아시아와 몽골에서 묘지의 위치를 표시하는 돌 즉, 묘비석을 의미하는 명칭이다.
22. D. Voyakin, S.T. Gilbert, C.A. Stewart, (2020), 356
    Charles Anthony Stewart, (2020), "The Four-Petal Almond Rosette in Central Asia", Bulletin of IICAS, 69
23. '샤크리스탄(Shakristan)' 왕궁 및 행정 중심지라는 뜻.
24. '라바드(Rab)' 주거, 상업 및 산업 공간이라는 뜻.

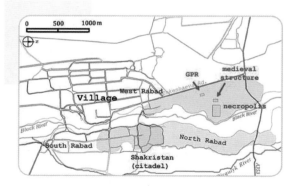

이 동전들을 분석한 결과 11세기에서 15세기 사이에 주조 되었으며, 이중 대부분은 당시 가장 번영을 누리던 13세기에 주조된 것으로 판명되었다.[25]

그림3 우샤랄-일리발릭
고고학 발굴지역지도 (© C.A.Stewart)

이 지역은 12세기부터 14세기초까지 처음에는 카라한 튀르크, 그 다음에는 몽골, 특히 차가타이 칸국 아래서 번성하였다.[26]

1) 지형학적 위치

우샤랄-일리발릭(Usharal-Ilibalyk)은 일리 강(Ili River)[27] 에서 북쪽으로 26km 떨어진 곳에 위치해 있다. 고대와 중세 시대에는 일리 강의 폭이 훨씬 넓고 범람원도 넓었기 때문에 이 도시는 강변에 더 가까이 위치해 있었

---

25. D. Voyakin, S.T. Gilbert, C.A. Stewart, (2020), 357

26. Charles Anthony Stewart, (2020), 69

27. '일리 강(Ili River)' 중국 북서부와 카자흐스탄 남동부를 흐르는 길이 약 1,439km의 강이다. 즉, 중국의 신장 위구르 자치주의 이리 카자흐 자치주에서 카자흐스탄의 알마티주로 흐른다. 텐산산맥(Tienshan Mountains)에서 발원하여, 발하쉬 호수(Balkhash Lake)로 흘러 들어 간다.

다. 그래서 갑작스러운 홍수로부터 도시를 보호하고, 도시 방어를 위해 전략적으로 유리하도록 해발이 높은 위치에 샤크리스탄을 세웠다. 이 마을의 서쪽과 동쪽에 '검은 강(Karasu River 또는 Black River)'과 북쪽에서 남쪽으로 '디르굴릭 강(Dirgulyk River)'이 각각 흘러내려온다. 이 두 강줄기는 마을의 남쪽으로 흘러내려와 커다란 '우섹 강(Usek River)'과 합류한 후 마침내 거대한 '일리 강(Ili River)'으로 흘러 들어간다.[28]

2016년 고고학 발굴 동안 토털 스테이션[29]으로 측정한 지상지형과 함께 드론 사진 측량을 활용하여 현장을 조사했다. 그 결과 이곳은 과거 약 5k㎡에 달하는 일리 계곡(Ili Valley)의 가장 큰 정착지들 중의 하나였음이 밝혀졌다. 이 도시는 지리적으로 준가르 산맥(Jungar-Alatau)과 천산(Tien Shan) 산맥 사이에 위치했으며, 실크로드의 중요한 지점을 형성하는 무역로 선상에 있었다. 오늘날 중국의 호르고스(Horgos)와 카자흐스탄의 알마티(Almaty)를 연결하는 주요 고속도로가 이곳을 지나간다. 몽골제국시대 후반 칸국이 4분할 체제로 분열되었는데, 이곳 일리발릭(Ilibalyk)은 차가타이 칸국의 행정 수도인 알말릭(Almalyk)에서 약 53km 떨어져 있다. 알말릭에서 주조된 동전이 일리발릭의 화폐 자료에서 발견된 것을 볼 때 두 도시가 상업적으로 서로 연결되어 있었음을 알 수 있다. 또한 종교적인 연관성

---

28. D. Voyakin, S.T. Gilbert, C.A. Stewart, (2020), 357
   샤크리스탄의 동쪽 성벽은 북쪽에서 남쪽으로 흐르는 '디르굴릭 강(Dirgulyk River)'을 따라 형성되어 있으며, 남아 있는 성벽의 높이는 1~1.5m까지 다양하다. 과거 온전한 상태의 가장 높은 성벽은 약 5.6m 정도로 추정된다. 서쪽 성벽은 현대식 건물로 허물어져 있으며 성벽 옆으로 '검은 강(Karasu River 또는 Black River)'이 북에서 남으로 흘러간다.
29. '토털 스테이션(Total Station)' 측량 및 건축공사에서 사용되는 전자/광학기기이다.

도 있었다. 두 곳 모두에서 시리아-튀르크 문자가 새겨진 기독교인 무덤이 발견되었기 때문이다. 2018년 바이라코프(Baipakov) 교수가 이끄는 팀이 새로운 동전 무더기와 함께 대형 목욕탕(Hamam)을 추가로 발굴하였다.[30]

2) 일리발릭(Ilibalyk)의 발견

바실리(Vasily Bartold)와 같은 유명한 동양학자도 중세 일리발릭(Ilan-Balyk) 도시의 위치에 대해 알려고 애를 썼으나 끝내 발견하지 못했었다. 그는 그 정착지가 카자흐스탄의 셩겔디(Shengeldy) 마을 근처에 있다고 믿었지만 나중에 과학자들은 그곳에서 대상여관(Caravanserai)의 유적만을 발굴하는데 그쳤다.[31]

마침내 이 지역의 규모와 연대 등에 관한 두 가지 신뢰할 수 있는 역사적 출처를 기반으로 이 도시의 위치를 식별할 수 있었다. 13세기 아르메니아 역사가인 간드작(Gandzak)의 키라코스(Kirakos)가 저술한 '아르메니아

---

30. "우샤랄 - 일리발릭(Usharal-Ilibalyk)의 서쪽 부분은 남북으로 약 4km, 가장 넓은 지점에서 동쪽에서 서쪽으로 1km의 폭을 가지고 있다. 이곳에 묘비석과 유골들이 발견된 공동묘지와 주민들의 정착지가 있다. 동쪽 부분(북쪽 및 남쪽 라바드 포함)은 중간에 직사각형 샤크리스탄을 포함하고 있다. 샤크리스탄이 축성된 정확한 위치는 아직 밝혀지지 않았는데, 이곳은 아마도 행정 중심지이자 성채(Citel)였을 것이다. 지형분석을 통해 확인된 약 10,500m² 면적의 샤크리스탄에 상당한 양의 도자기와 구운 벽돌을 포함하여 지상과 지하에 상당량의 유적 유물들이 있다." D. Voyakin, S.T. Gilbert, C.A. Stewart, (2020), 358-359

31. Svyatoslav Antonov, (2018), Christians of the Great Steppe: How the Lost History of Kazakhstan is Discovered. 10/30/2018 Христиане Великой степи: Как открывают потерянную историю Казахстана
https://voxpopuli.kz/hristiane-velikoy-stepi-kak-otkryvayut-poteryannuyu-istoriyu-kazahstana-13825/

역사'(History of Armenia)에 일란발릭(Ilan-Balyk)이라는 도시에 관한 기록을 남겼다.[32] 그는 일란발릭 도시는 대 실크로드(Great Silk Road)의 천산(Tien-Shan)산맥 회랑(Corridor)에 위치해 있는 한 무역 정착지라고 언급하였다.[33] 여기에서 그는 1254년에서 1255년 사이에 아르메니아 킬리키아의 왕 헤툼 1세가 카라코룸에 위치한 몽골 황제 몽케 칸(Möngke Khan)을 만나기 위해 가는 여정에 대해 기록하고 있다.

> *"그리고 그들은 투르키스탄에 들어갔다. 거기서 [그들은] 에르고포륵(Ergop'orug), 딩아발렉스(Dingabalex)와 풀라드(Pul)로 갔다. 숱콜(Sutk'ol) 또는 우유바다(Milk-Sea)를 지나 알우알렉스(Alualex)와 일란발렉스(Ilanblex)에 왔다. 그리고 일란수(Ilansu)라고 하는 강을 건너 토로스(Toros) 산맥의 가지를 지나 탈라스(Talas)에 도착했다."[34]*

보일(J.A.Boyle, 1916-1978) 교수가 55년 전에 이 텍스트를 분석하고 번역했지만 대부분의 이러한 장소의 지리와 위치는 불확실했다. 지난 30년 동안 중국의 신장(XinJiang)과 서부 카자흐스탄의 지형과 고대 도시에 대한 연구가 많이 진행되었다. 이를 바탕으로 키라코스(Kirakos)가 언급한 이 도시는 현대 지명과 동일시될 수 있다. 따라서 이 구절들이 다음과 같이 재해석할 수 있다.

---

32. D. Voyakin, S.T. Gilbert, C.A. Stewart, (2020), 360
33. Svyatoslav Antonov, Ibid.,
34. Translated by J. Boyle, 1964: 182-3, (c.f. above). / D. Voyakin, S.T. Gilbert, C.A. Stewart, (2020), 366

"그리고 그곳에서 그들은 익오구즈(Iki-Oguz), 칭발릭(Ching-Balyk), 풀라드(Pul)로 갔다. 숱콜(Sutkoln 또는 Milk-Sea)을 지나 알말릭(Almalyk)과 일리발릭(Ilibalyk)에 왔다. 그리고 일리(Ili)라고 불리는 강을 건너 알라타우(Alatau) 산맥의 한 가지를 넘어 타라즈(Taraz, 카자흐스탄)에 도착했다. … "[35]

키라코스가 언급한 근동의 유명한 유적지의 지명들을 분석함으로써 헤툼왕의 통시적(시간적) 움직임을 추적하고, 공시적(공간적) 순서를 도식화하는 것이 정확했음을 알 수 있다.

그가 방문한 장소 또한 그가 소규모 거주지는 생략하고 대규모 도시 중심지와 중요한 지리적 랜드마크만 나열한 것도 분명하다.

그림4 묘비석(Kayrak) 발굴,
우샤랄-일리발릭 2018

---

35. "그리고 그곳에서 그들은 익오구즈(Iki-Oguz, 현대 중국의 울란 우수(Ulan Usu), 칭발릭(Ching-Balyk, 현대 중국의 징허(Jinghe), 풀라드(Pul, 현대 중국의 보르탈라(Bortala)로 갔다. 숱콜(Sutkoln 또는 Milk-Sea, 현대 중국의 사이람 호수(Sayram)를 지나 알말릭(Almalyk, 현대 중국의 훠얼궈스 Huoerguosishi)와 일리발릭(Ilibalyk, 현대 카자흐스탄의 우샤랄(Usharal)에 왔다. 그리고 일리(Ili)라고 불리는 강을 건너 알라타우(Alatau) 산맥의 한 가지를 넘어 타라즈(Taraz, 카자흐스탄)에 도착했다."
D. Voyakin, S.T. Gilbert, C.A. Stewart, (2020), 360

분명히 일리발릭(Ilibalyk)이라는 도시는 그가 역사기록에 포함시킬 만큼 충분히 컸으며 알말릭(Almalyk, 중국)과 일리 강(Ili River)의 주요 교차점 사이, 아마도 셩겔디(Shengeldy, 카자흐스탄)[36]에 있는 일리 계곡(Ili Valley) 어딘가에 위치했다.[37]

이러한 여러 고고학 자료들을 종합해볼 때 현대의 우샤랄 마을(Usharal Village)이 중세의 일리발릭(Ilibalyk)이라고 할 수 있다. 다행히도 이러한 주장을 뒷받침해주는 또 다른 중국의 역사적 문서가 있다. 1331년 중국 원나라 투그 테무르(Tugh Temür) 황제의[38] 궁정 지도 제작자들이 킹스타티엔(King-Shi-Ta-Tien) 지도라고 하는 중앙아시아의 도면을 작성하였다. 이 지도에 일리발리('I-li-ba-li', Ilibali)이라는 도시가 알말릭(Almalyk, 중국)의 남서쪽에 그려져 있다.[39]

---

36. 메이람(Meyram Seytkaliyev)이 2014년부터 매년 실시한 발굴에서 이 곳에서 10세기에서 11세기에 걸쳐 일리 강(Ili River) 건너는 것을 보호했던 대상여관(Caravanserai)과 요새(fortress)가 밝혀졌다.
   Ibid., 366

37. Ibid., 360

38. '투그 테무르(Tugh Temür) 황제' 원 문종(元 文宗, 1295-1332) 대원의 제12대, 제14대 칸(재위: 1328-1329, 1329-1332)이다. 본명은 툭 테무르 혹은 투그 테무르이다.

39. "1331년 투그 테무르 (Tugh Temür) 황제의 궁정 지도 제작자들은 킹스타티엔(King-Shi-Ta-Tien) 지도라고 하는 중앙아시아의 도면을 작성했는데 이는 아직도 모스크바의 러시아 국립도서관에 보관되어 있다. 지도의 동쪽 부분에는 '두와 티무르(Duwa Temür)의 영토'로 구성되어 있으며, 도시 일리발리('I-li-ba-li', Ilibali)이 알말릭(Almalyk, 중국)의 남서쪽과 예윈치(Ye-yün-ch'i)'의 북동쪽에 그려져 있다. 위치는 확인되지 않았지만 타라즈(Taraz, 카자흐스탄) 동쪽에 있었던 것으로 추정된다. 이 지점은 이 영역에 대한 키르코스(Kirkos)의 설명과 일치한다. 중국지도의 주요기능은 통치중인 몽골 칸국의 영역을 전략적으로 식별하는 것이었기 때문에 각 도시는 나침반의 기점을 기반으로 서로 관계를 맺고 있었다. 지도의 지명은 페르시아어 발음을 많이 따르고 있음을 볼 때, 이는 저자가 이전의 몽골 또는 일칸국(Ilkhanate)의 텍스트를 번역하고 있었음을 알 수 있다."
   Ibid., 360

3) 문화적 발견에 기초한 연대추정

우리 고고학 팀은 우샤랄(Usharal)의 현장조사 실시 결과 서쪽 지역의 너비 약 70m 정도의 가장자리를 따라 문화자료가 가장 많이 집중되어 있음을 발견하였다. 여기에는 농업상의 이유로 토지 개간과 쟁기질 등으로 인한 수많은 도랑들이 나 있어서 지표상의 유물들을 얻는데 도움이 되었다. 여기에서 카라한 시대(12세기)와 차가타이 칸국 시대(13-14세기)의 동전들과 주로 13-14세기경에 만들어진 도자기 파편들과 같은 문화자료들을 많이 얻었다. 상당한 양의 세라믹 슬래그, 붉은 소성벽돌, 유리, 철 제품 및 동물 뼈들이 발견되었다. 페트로스 묘비석(Petros Kayrak) (그림 5) 또한 이 지역에서 발견되었는데, 그 묘비문 분석을 통해 13세기 초에 매장되었음을 확인하였다.[40]

또한 다른 관련 유물들 분석을 통해 13-14세기에 이 지역에 광범위한 사람들의 생활활동이 있었음을 알 수 있다. 동물 뼈와 탄소-14 연대 측정법 등을 통해 13세기의 것들로 확인이 되었다.(즉, 1217년에서 1270년 사이) 발견한 도자기와 화폐들의 대한 문체분석 결과를 통해서도 이 지역이 13-14세기 전반에 걸쳐 매우 번성했음을 알 수 있다.[41] 2022년 우리는 이 공동묘지

---

40. '페트로스 묘비석(Petros Kayrak)' 이 묘비석의 정확한 연대는 알 수 없으나, 비문에 '원숭이의 해'가 언급되어 있는데, 이는 당시 튀르크 부족이 사용했던 12년의 동물 주기와 관련이 있다. 비문에서 알 수 있듯 여러 세대에 걸쳐 매장이 이루어졌기 때문에 이 묘지는 몽골시대 이전에 조성되어 계속 활용되었던 것으로 보인다. Ibid., 366

41. Ibid., 361

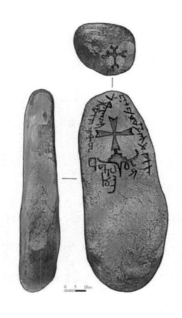

Gravestone "Petros Stone"

Original inscription:

ܒܪܫܒܐ ܩܘܨ ܐܟ
ܐܪܘܐܠ
ܒܠܝ ܝ ܝ
ܐܪܘܐܠ ܦܝܪܘܣ[ܦ] ܩܣ
[ܐܕ]
ܦ ܝ
ܝ ܝ
ܐܪܘܠ

Translation:

Baršabbā Quča's son
Tiles'/Tegiz's son Petros the priest
It is the year of the monkey

그림5 페트로스 묘비석(Petros Kayrak)

와 바로 연결되어 있는 장례식장(Funerary Chapel) 건물 안에서 유약이 발라진 고급 도자기 잔(Goblet)[42] 을 발견하였다. 이 잔의 상태와 주어진 위치 등으로 볼 때 아마도 신성한 의식에 사용된 잔인 것 같다. 또한, 남성으로 추정되는 한 유골의 골반 부위에서 폭 4cm x 길이 40cm 정도의 천 조각(Fabric)을 발견하였다.[43]

---

42. '도자기 잔(Goblet)' 높이 8.2cm, 테두리 직경 8.5cm, 원추모양 받침대 높이 2.5cm, 지름 5.7cm

43. Field Report on the Archeological Excavations at Usharal-Ilibalyk, Kazakhstan in 2022 (Revised & Expanded), pp.166-170

4) 묘비석(Kayrak)의 분석

2022년 현재까지 우샤랄-일리발릭 공동묘지에서 단단한 화성암으로 구성된 총 40개의 묘비석(Kayrak)이 발견하였다. 이 40개 중에 6개의 묘비석에서 묘비문이 발견되었다. 이중 페트로스 묘비석(Petros Kayrak)에는 2개의 십자가가 새겨져 있었다. (그림 5) 나머지 다른 묘비석에는 각각 1개의 십자가만이 음각형태(Sunken Relief)로 파여 새겨져 있다.

묘비석에는 8가지 다양한 형태의 십자가 유형이 조각되어 있다. 예를 들어, 갈래 십자가(Forked Cross), 문장 십자가(紋章, Fleury type), 플레어 형태 십자가(Flared Type)가 있다. 특히 6개의 묘비석에서 가장 눈에 띄는 특징으로 계단식 베이스가 있는 갈보리 십자가(Calvary Cross) 문양을 가지고 있다. 우리는 이러한 기독교를 상징하는 수많은 형태의 십자가 유형의 출현을 통해 기독교가 아시아, 북아프리카 및 유럽에 이르는 실크로드를 따라 광범위하게 서로 연결되어 있음을 알 수 있었다.[44]

우리는 이러한 도상학(Iconography)을 통해 많은 정보를 알 수 있을 뿐아니라, 묘비석에 적혀 있는 비문연구를 통해 당시의 지역사회에 대한 중요한 정보를 얻을 수 있다. 마크 디킨스(Mark Dickens) 박사가 이 비문들을 계속 연구하고 있다. 이러한 비문들을 통해 당시 일리발릭(Ilibalyk)의 기독교 공동체를 이해하는데 큰 도움이 된다.[45]

---

44. D. Voyakin, S.T. Gilbert, C.A. Stewart, (2020), 361-363
45. Ibid., 363

발굴한 몇 개의 묘비석에는 고대 튀르크어가 시리아 문자를 사용하여 새겨져 있다. 또 다른 몇 개의 묘비석에는 동방교회의 전례 언어인 시리아어로 새겨져 있다. 따라서 동방교회가 토착어를 사용하는 사람들에게 글을 쓰고 읽는 방법을 가르쳐 주었음이 입증되었다. 같은 기간 동안 키르기스스탄과 중국 북서부에서 발견된 묘비석 자료와 마찬가지로 이 지역에서도 시리아 문자가 사용되었음이 확인되었다.[46]

우리는 또한 묘비석에 새겨진 이름들을 통해 그들이 튀르크 민족들 가운데 있었던 기독교인들이며, 자신들이 기독교인이라는 정체성을 가지고 있었음 알 수 있다. 그 두가지 예로 테긴(Tegin) 및 시린(Shirin)과 같은 튀르크식 이름을 들 수 있다.[47] 또한 같은 이름이 두 번 발견된 이름인 바샤바 쿠쉬(Barshabba Qush(Qu'cha)는 시리아어-튀르크어 이름의 조합을 나타낸다.[48]

---

46. Ibid., 363-364
47. '시린(Shirin)'은 실제로 페르시아어 이름이다. 그러나 그것은 튀르크인들에게도 사용되었으며 오늘날에는 카자흐족과 다른 튀르크족 사람들이 '주스' 또는 '달콤한'이라는 단어에도 사용되는 이름을 사용한다. 동방교회 신봉자였던 페르시아 여왕 '시린'에 대한 자세한 내용은 바움(Baum) 2004 참조. 일리발릭에 있는 '신도 시린(Shrin)'을 기리는 비석은 6-7세기에 살았던 시린 여왕의 이름과 동명일 가능성이 높다.
    Ibid., 366
48. "'안식일의 아들'을 의미하는 시리아어 바샤바(Barshabba)와 '힘'을 의미하는 튀르크어 쿠쉬(Qush). 이 흥미로운 이중 이름은 신학적 측면(안식일에 대한 성경적 개념, 구약에서 발견되는 종교적 "안식일")과 민족적 측면 (튀르크어로 "Qush"는 힘을 의미)을 의미한다. 페트로스 묘비석(Petros Kayrak)에서 발견되는 사제인 페트로스(Petros)의 이름은 분명히 예수의 첫 번째 사도이자 친한 친구인 베드로와 같은 이름이다."
    Ibid., 364

묘비석은 또한 일리발릭(Ilibalyk)에 성직자의 존재를 확인시켜준다. 페트로스 묘비석(Petros Kayrak)과 요시미드 묘비석(Yoshmid Kayrak)에는 모두 사제에 대해 언급한다. 즉, 사제 페트로스(Petros)와 사제 요시미드(Yoshmid)이다.

이러한 증거들로부터 또 다른 추론을 이끌어낼 수 있다. 이 두 서로 다른 묘비석에 새겨진 바샤바 쿠차(Barshabba Qu'cha)와 바샤바 쿠쉬(Barshabba Qush)가 동일인물이라면 일리발릭(Ilibalyk)에서 서로 가족관계인 즉, 다세대 기독교인들이었을 가능성을 생각해 볼 수 있다. 이 묘비석의 장식 형태와 비문을 새긴 사실을 통해, 교육적, 성직적, 경제적 관점에서 볼 때, 이 사람들이 엘리트 지위를 가지고 있었음을 알 수 있다. (그림 6).[49]

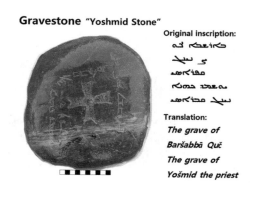

그림6 요시미드 묘비석(Yoshimid Kayrak)

49. "높이가 1m의 큰 비석인 페트로스 묘비석(Petros Kayrak)은 바샤바 쿠차(Bashabba Qu'cha)의 아들의 매장에 대해 언급한다. 요시미드 묘비석(Yoshmid Kayrak)은 추정하기로 바샤바 쿠쉬(Barshabba Kush) 자신과 요시미드(Yoshmid)가 함께 묻힌 것을 기념하는 것 같다." Ibid., 364

5) 인체유골분석

우샤랄-일리발릭(Usharal-Ilibalyk)의 고고학 팀은 2018년 발굴 기간 동안 총 33기의 무덤을 발굴했다. 이들 중 31기가 대부분 5세 미만의 어린이 유골이었다. 이 곳은 카자흐스탄에서 처음으로 발견된 기독교 공동묘지일 뿐만 아니라, 지난 130년이 넘는 기간 동안 중앙아시아에서 처음으로 발견된 동방 기독교 공동묘지이다. 우리는 2022 현재까지 소아 및 성인의 유골을 모두 포함하여 모두 103기의 유골을 발굴하였고, 일반적인 분석과 함께 실험실 및 법의학 분석을 진행하고 있다.[50]

일반적으로 매장관행은 동질적인 문화를 반영한다. 우리가 발굴한 유골들은 모두 몸은 머리가 서쪽을 향하고 발이 동쪽을 향하고 있다.

그림7 유골발굴지역, 우샤랄-일리발릭

이는 아마도 죽은 사람이 동쪽으로부터 떠오르는 태양을 더 잘 바라볼 수

---

50. Ibid., 365

있도록 하기 위한 것으로 생각된다. 이와 관련된 여러 연구들을 통해 볼 때 이러한 매장 관행은 아마도 동방 기독교인들이 자신들이 믿고 있는 예수 그리스도가 언젠가 동쪽 하늘로부터 다시 올 것이라는 성경의 내용을 반영하고 있는 것이라고 여겨지고 있다.[51]

중앙아시아의 동방 기독교인들의 공동묘지에 관한 고고학적 기록은 많지 않지만 그동안 발굴된 다른 지역의 고고학 기록들과 이곳의 우샤랄 - 일리발릭의 발굴결과가 서로 일치함을 볼 수 있다. 개인용 장신구와 같은 무덤 부장품 등을 그 예로 들 수 있다. 또한 일반적으로 어린이 무덤이 성인 무덤보다 더 얕게 묻혀 있다. 이러한 것은 1880년대에 키르기스스탄에서 발굴된 고고학 자료에서도 확인된다. 우샤랄-일리발릭 고고학 팀이 어린이 무덤 밑으로 더 깊이 땅을 파고 들어가자 진흙 벽돌로 덮인 성인 무덤들이 나왔다.[52]

우리는 현장에서 발굴해 온 각각의 유골들에 대한 계측 및 비계측 분석을 통해 어떤 외상성 골절의 여부 및 성별 연령추정을 하고 있다. 이러한 각 개체의 생물학적 특성을 분석하여 키, 인구집단, 병리적 특성들을 추정한다. 이를 통해 과거 집단의 사망률과 출생률 및 그들의 생활상과 건강을 재구성하고 있다. 예를 들어 삽모양(Shovel)을 한 상악치아의 특징은 동아시아인들에게 많이 관찰된다. 또한 국제적인 전문 DNA 연구분석기관에 의뢰하여

---

51. 신약성경 마태복음 24:27 "번개가 동편에서 나서 서편까지 번쩍임 같이 인자의 임함도 그러하리라."(개역개정)

52. D. Voyakin, S.T. Gilbert, C.A. Stewart, (2020), 365

분자생물학적 연구를 통해 당시의 어떤 대사성 질병, 선페스트 흑사병과 같은 전염성 질병들에 대해 알아볼 수 있다. 뼈에서 추출한 안정동위원소 분석을 이용한 식생활 변화연구, 뼈와 치아를 통한 당시 질병의 흔적과 생활 수준들을 추정해 볼 수 있다. 우리는 DNA분석을 위해 주로 치아(Tooth)와 측두골의 추체골(Petrous part)을 사용한다. 현재까지의 연구를 토대로 볼 때 이 곳은 카자흐인, 키르기스인, 타직인, 위구르인, 몽골인, 동아시아인 등의 다민족 사회를 이루고 있었음을 알 수 있다.[53]

6) 중앙아시아에서의 네 잎 꽃 모양

그림8 출토된 부장품, 우샤랄-일리발릭, 자르켄트, 카자흐스탄
(Field IV. Unit 7b. Loc. 89) Photo by D. Sorokin

53. 13세기 페스트는 유럽 역사상 최악의 전염병인 흑사병으로 알려졌는데 중앙아시아에서 시작되어 몽골을 거쳐 유럽으로 퍼졌다는 이론이 있어 많은 관심을 받고 있다.
Ibid., 366
박순영 편저, (2020), "뼈로 읽는 과거사회", 서울대학교출판문화원, 3-56, 139-180, 217-263
우은진, 정충원, 조혜란, (2018), 우리는 모두 2% 네안데르탈인이다, 뿌리와 이파리, 99-116
김대욱, 우은진, 정상수, 하대룡, (2020), 고인골, 고대 압독 사람들, 영남대학교 박물관, 43-70

2019년 우샤랄 – 일리발릭 고고학 발굴 기간동안 한 무덤에서, 발은 동쪽으로 머리가 서쪽으로 놓여 동쪽을 바라보고 누워있는 한 여성의 유골을 발굴하였다. (Field 4, Unit7b. Loc.89) 이 여성의 유골에서 팔찌, 반지 등 여러 장신구가 발견되었다. 우리 고고학 발굴 팀의 찰스 스튜어트(C.A. Stewart) 박사는 특별히 네 개의 꽃잎을 가진 로제트 디자인(Four-Petal Rosette Design)을 가진 두 개의 은팔찌와 두 개의 반지에 대해 다각적인 연구 분석을 하였다. (그림 8)

연구 결과 챨스 스튜어트 박사는 이러한 기독교 아몬드 로제트가 '상징속의 또 다른 상징'이었다고 주장한다. 꽃은 생명을 주는 십자가를 상징하고, 뒤집을 수 있는 이미지이기 때문에 기독교인들이 극심한 박해 가운데도 자신들의 기독교 신앙을 밖으로 드러내지 않으면서도 이와

그림9 볼니시(Bolnisi) 십자가

같은 독특한 방법을 통해 자신들의 믿음을 서로 나누며 격려하였을 것이다. 즉, 네 잎 꽃 모양과 십자가 이미지를 모두 표시하는 착시적이고 암호적인 이미지를 사용한 것이다. (그림 9)

13세기말경부터 차가타이칸국(Chagatai Khan)의 칸들(the Chagatai Khans)이 수도인 알말릭(Almalyk)에서부터 종교적인 불관용 정책을 나타내기 시작하였다. 이 시기에 이곳 우샤랄-일리발릭의 동방 기독교 공동체는

갑자기 불어 닥친 이와 같은 심한 종교적 억압을 견뎌내며 자신들의 신앙을 지키기 위해 이러한 상징개념을 사용하였다.[54]

4. 네스토리안 동방 기독교의 갑작스런 사라짐

역사 기록에서 14세기 후반 중앙아시아와 일리 계곡에서 네스토리우스 동방 기독교에 관한 어떠한 흔적도 찾기가 어렵다. 이 지역에서 동방 기독교가 이렇게 갑작스럽게 멸절해버린 원인에 대한 다양한 주장들이 있다. 아마도 이슬람의 확장에 따른 기독교에 대한 불관용 정책이 큰 요인으로 작용하였을 것이다. 특히 아미르 티무르(Amir Timur or Tamerlane 1336-1405)의 정복으로 인해 기독교인, 힌두교인, 이교도들이 무차별 학살당했다는 기록이 있다.[55] 하지만 학자들은 아미르 티무르가 중앙아시아의 네스토리안교회의 종말에 수행한 역할에 대해 의견이 일치하지 않고 있다. 최근 아미르 티무르가 사마르칸트를 수도로 삼은 이후에도 네스토리안 동방 기독교인들이 남아 있었다는 기록들이 발견되었기 때문이다. 그래서 어떤 학자들은

---

54. "…이러한 은 팔찌는 중국의 울란캅(Ulanqab) 지역과 보탈라(Bortala, 중세의 Pul)지역 등과 같은 실크로드상의 다른 유적지에서도 발견되었다. 또한 우샤랄-일리발릭 고고학 발굴도중 이와 거의 동일한 형태의 은반지가 3-5세로 추정되는 어린 아이의 무덤에서도 발견되었다. (Field 4, Unit5. Loc26)…"
    Charles Anthony Stewart, (2020), "The Four-Petal Almond Rosette in Central Asia", Bulletin of IICAS, 69, 70, 72-73, 82
55. Samuel H. Moffett, (1998), A History of Christianity in Asia, Volume I : Beginnings to 1500, Orbis Books, Maryknoll, New York, USA, 483-487

제 4부 이슬람 이전의 중앙아시아 기독교 전파와 유산   393

티무르의 손자 울루그 베그(Ulugh Beg, 1409-1449)의 통치 기간 동안 이어진 종교에 대한 극심한 박해가 기독교의 멸절에 최종적인 작용을 했다고 주장한다.[56]

어떤 학자들은 1338~1339년경 '7개의 강' 지역을 휩쓸었던 흑사병과 같은 전염병으로 인해 그곳의 기독교 공동체 대부분이 멸절되었을 것이라 주장하기도 한다. 독일의 막스 플랑크 연구소(Max Planck Institute)는 2022년에 발표한 논문을 통해 1330년대 키르기스스탄의 이식쿨 호수 지역을 중심으로 흑사병이 발생해서 전 중앙아시아 및 유럽으로 퍼졌다고 주장하였다.[57]

또한 어떤 학자들은 이 당시 실크로드 상의 무역이 거의 모두 무슬림들의 손에 넘어갔기 때문에 무역에 종사하는 사람들이 이슬람으로 개종하였을 것이라고 주장하기도 한다. 이 대혼란의 시기 가운데 기록된 문서들이 거의

---

56. Mark Dickens, (2001), Nestorian Christianity in Central Asia, Independent Scholar & Educational Consultant, Cana & Uzbekistan, 18

57. 막스 플랑크 연구소 (Department of Archaeogenetics, Max Planck Institute for the Science of Human History, Jena, Germany)
    "…우리는 상트페테르부르크의 Peter the Great Museum of Anthropology and Ethnography, Kunstkamera로부터 1885년에서 1892년 사이에 키르기스스탄 카라 즈카치(Kara-Djigach)와 부라나(Burana)의 중세 묘지에서 발굴된 7개의 치아 표본의 샘플링 및 고대 DNA 분석에 대한 허가를 받았다…."
    "…우리는 키르기스스탄 카라 즈카치(Kara-Djigach)와 부라나(Burana) 두 곳의 묘지에서 발굴된 7명의 유골에서 채취한 고대 DNA 데이터를 보고한다. 고고학, 역사 및 고대 게놈 데이터를 종합한 결과, 이 전염병 사건에 흑사병 박테리아인 Yersinia pestis가 분명히 관여했음을 알 수 있다…."
    Maria A. Spyrou, et al., (2022), "The source of the Black Death in fourteenth-century central Eurasia", www.nature.com

남아 있지 않기 때문에 중앙아시아 동방교회가 멸절한 정확한 이유에 대해 알기는 쉽지 않을 것이다. 당시의 국제정세의 변화가운데 종교적, 정치적 및 경제적 요인들이 서로 복합적으로 작용하였을 것이다.[58]

나오는 말

---

58. Mark Dickens, (2001), 12-19

"라틴계와 네스토리우스파 기독교는 14세기 후반 중앙아시아와 일리 계곡에 관한 역사적 기록에서 자기 사라졌다. 이러한 기독교의 붕괴는 도시 생활과 국제 무역의 전반적인 쇠퇴, 그리고 급진적 이슬람의 부상과 동시에 일어났다. 우리의 발굴은 우샤랄-일리발릭(Usharal-Ilibalyk)이 어떻게 그리고 왜 갑자기 사라졌는지에 대한 구체적인 증거를 찾지 못하고 있다. 이 시점에서 (건물들의) 연소, 살인으로 인한 유해 또는 군사 발사체들을 아직까지 찾지 못했다.……1330년대 질병, 특히 흑사병 (선페스트, 나병, 기생충을 비롯한 다양한 질병을 포함하는 것으로 보임)이 실크로드를 따라 퍼졌다. 이는 인구 감소로 이어졌고, 이는 다시 경제 악화로 이어졌다. 경제 문제는 중앙 아시아의 정치적 불안정의 기초였다. 1370년까지 아무르 티무르(Amir Timur or Tamerlane 1336-1405)의 군대는 동부 차가타이칸국(Chagatai Khanate)의 대부분을 정복하여 그의 신하들에게 엄격한 이슬람 관습을 따르도록 하였다. 비순응자들은 극심한 박해를 받고 살해당했다. 몇몇 학자들은 아무르 티무르(Amir Timur)의 정복과 정책으로 인해 약 1,700만 명이 사망했다고 계산했다(Marozzi 2004). 도시에서는 모든 종파의 기독교인, 특히 네스토리우스 교인들은 사회에서 지위를 상실하고 재산과 생계를 박탈당했다. 결국 교회는 감독단을 채우지 못한 채 "지하" 상태가 되었다(Winkler 2003; Bostom 2010: 460). 아무르 티무르(Amir Timur, 1336-1405)의 급진적인 이슬람화 정책은 1360년경 투글루크 티무르 칸(Tughlugh Timur Khan, 1329-1363)이 이슬람으로 개종한 것과 일치한다. 차가타이 칸국(Chagatai Khanate)과 그 수도 알말릭(Almalyk)이 이때 이슬람 국가로 바뀌게 되었다. 결국 이슬람 샤리아법이 몽골의 법전인 야사(Yassa)를 대체하게 되었다. 덧붙여서, 1360년 이후 기독교는 1840년대에 러시아가 재도입할 때까지 일리 계곡에서 더 이상 언급되지 않는다.……1415년까지 현재 중국의 알말릭(Almalyk)시는 굴자(Ghulja)와 나중에 베쉬발릭(Beshbalyk)에 의해 가려진 수도로 버려졌다. '7개의 강(제트수, Zhetysu)' 마을과 도시의 운명은 당시 쓰여진 역사에 기록되지 않았다……약 1400년에서 1425년까지 다양한 부족들(우즈벡, 오이라트, 카자흐, 키르기즈 등)이 이 파괴된 일리 계곡(Ili Valley)에 정착촌을 형성하며 들어왔다. 우샤랄-일리발릭(Usharal-Ilibalyk)은 그때까지 파괴되어 버려진 이러한 곳들 중의 하나이다."

Field Report on the Archaeological Excavation at Usharal-Ilibalyk, Kazakhstan, Partial Report 1, 2017, p31

이 글에서 필자는 카자흐스탄의 네스토리안 동방 기독교 유적 및 유물들을 특히 2014년 우샤랄-일리발릭 지역에서 페트로스 묘비석이 발견된 이래 2023년 현재까지 진행중인 고고학적 발굴 및 연구를 중심으로 고찰해 보았다. 우샤랄-일리발릭(Usharal-Ilibalyk)의 발굴과 이 중세 도시의 가장자리에 있는 기독교 묘지의 발견을 통해 우리는 중세 후기 이 지역의 상황에 대한 통찰력을 가질 수 있게 되었다. 또한 12세기부터 14세기까지 실크로드 무역로를 따라 '7개의 강'의 북부 지역을 포함하는 동방 기독교의 범위에 관한 중요한 새로운 정보를 알 수 있게 되었다. 하지만 아직도 이 기독교인들의 정확한 신원과 다른 중세도시와의 관계 및 일반 대중들과의 관계 등에 관한 다음과 같은 수많은 질문이 남아 있다.

"이 그리스도인들은 나이만(Naiman)이나 케레이트(Keriet)와 같이 이 지역의 튀르크-몽골계 유목 민족이었을까? 그들은 '7개의 강'의 도시 지역에 거주하고 결국 카라한(Karakhanid) 왕조 아래 이슬람을 수용하고 정착한 카를룩 튀르크(Karluk Türks)의 후손들이었을까? 이 기독교인들은 변화하는 문화적, 종교적 환경에서 자신들의 정체성을 어떻게 유지하려고 하였는가? 14세기경 이곳 중앙아시아 지역에서 동방교회는 어떤 이유로 갑자기 역사에서 사라져 버렸는가? 이러한 고고학적 발굴연구가 역사적 기록에서 발견할 수 없는 사실들에 대한 어떤 통찰력을 제공할 수 있는가?"[59]

59. D. Voyakin, S.T. Gilbert, C.A. Stewart, (2020), 365-366

참고문헌)

김대욱, 우은진, 정상수, 하대룡, (2020), 고인골, 고대 압독 사람들, 영남대학교 박물관,

김상길, (2021), 세미레치예와 실크로드의 관계이해, 세미레치예연구소

박순영 편저, (2020), "뼈로 읽는 과거사회", 서울대학교출판문화원

크리스토퍼 바우머, (2016), 실크로드 기독교 동방교회의 역사, (안경덕 역), 일조각

우은진, 정충원, 조혜란, (2018), 우리는 모두 2% 네안데르탈인이다, 뿌리와 이파리

Charles Anthony Stewart, (2020), "The Four-Petal Almond Rosette in Central Asia",
    Bulletin of IICAS D. Voyakin, S.T. Gilbert, C.A. Stewart, (2020), "The Christian
    Community of Medieval Ilibalyk", Initial Archaeological Investigations of a
    Medieval Site in Southeastern Kazakhstan

Field Report on the Archeological Excavations at Usharal-Ilibalyk, Kazakhstan,
    2022 (Revised & Expanded)

Gian Luca Bonora, (2010), Guide to Kazakhstan sites of faith sites of history,
    UMBERTO ALLEMANDI & C., Turin, Italy,

Maria A. Spyrou, et al., (2022), "The source of the Black Death in fourteenth-
    century central Eurasia", www.nature.com

Mark Dickens, (2001), Nestorian Christianity in Central Asia, Independent Scholar
    & Educational Consultant, Cana & Uzbekistan

Mark Dickens, (2017), University of Alberta, Syriac Inscriptions near Urgut,
    Uzbekistan, Studia Iranica 46

Samuel H. Moffett, (1998), A History of Christianity in Asia, Volume I : Beginnings
    to 1500, Orbis Books, Maryknoll, New York, USA

Svyatoslav Antonov, (2018), Christians of the Great Steppe: How the Lost History
    of Kazakhstan is Discovered. 10/30/2018 Христиане Великой степи: Как от
    крывают потерянную историю Казахстана

https://voxpopuli.kz/hristiane-velikoy-stepi-kak-otkryvayut-poteryannuyu-istoriyu-
    kazahstana-13825/

https://ko.wikipedia.org/wiki/

http://www.exploration-eurasia.com/inhalt_english/projekt_2.htm

중앙아시아와 이슬람

초판발행일 | 2024년 3월 5일

펴 낸 이 | 중앙아시아언어문화연구소
저   자 | 공재영 노성열 서현석 안도현 오요셉 이광천 이규성 하자크 한수아
펴 낸 곳 | 마루 출판사
등 록 번 호 | 제2020-000020호 (2020-01-28)
주   소 | 06940 서울 동작구 등용로 123 예본빌딩

디 자 인 | 그나라기획

ISBN 979-11-91070-60-6

정가 20,000원